我国三位一体
学校体育风险管理体系
研究

王 岩　臧建成　著

湖南师范大学出版社

·长沙·

图书在版编目（CIP）数据

我国三位一体学校体育风险管理体系研究／王岩，臧建成主编. --长沙：湖南师范大学出版社，2024.12. --ISBN 978 - 7 - 5648 - 5705 - 9

Ⅰ. G807

中国国家版本馆 CIP 数据核字第 2025RM8680 号

我国三位一体学校体育风险管理体系研究

Woguo Sanwei Yiti Xuexiao Tiyu Fengxian Guanli Tixi Yanjiu

王　岩　臧建成　主编

◇出 版 人：吴真文
◇责任编辑：唐言晴　廖小刚
◇责任校对：朱卓娉
◇出版发行：湖南师范大学出版社
　　　　　　地址/长沙市岳麓区　邮编/410081
　　　　　　电话/0731 - 88873071　88873070
　　　　　　网址/https：//press. hunnu. edu. cn
◇经销：新华书店
◇印刷：长沙雅佳印刷有限公司
◇开本：710 mm×1000 mm　1/16
◇印张：14
◇字数：220 千字
◇版次：2024 年 12 月第 1 版
◇印次：2024 年 12 月第 1 次印刷
◇书号：ISBN 978 - 7 - 5648 - 5705 - 9
◇定价：69. 00 元

目录
CONTENTS
......

第一节 学校体育风险管理体系研究的意义

我国儿童青少年的体质健康问题始终受到党和国家的高度重视。2019年11月21日，习近平寄语希望工程时强调"让青少年健康成长，是国家和民族的未来所系"。2020年4月22日，习近平再次表达了对儿童青少年身体健康的诚挚关切，指出"现在孩子普遍眼镜化，这是我的隐忧。还有身体的健康程度，由于体育锻炼少，有所下降。文明其精神，野蛮其体魄，我说的'野蛮其体魄'就是强身健体"。2020年5月31日，习近平向全国各族少年儿童致以节日的祝贺里提出"少年强则国强。希望广大少年儿童刻苦学习知识，坚定理想信念，磨炼坚强意志，锻炼强健体魄，为实现中华民族伟大复兴的中国梦时刻准备着"。启蒙思想家梁启超的《中国少年说》振聋发聩地告诫国人，少年是祖国的未来，唯有造就品格坚毅、素质过硬的少年，国家才能更加繁荣昌盛。而青少年的全面发展离不开体育教育，正如中国近代教育家蔡元培先生所倡导的"完全人格，首在体育"。毛泽东在《体育之研究》中也强调"体育一道，配德育与智育，而德智皆寄于体，无体是无德智也"，又指出"体育于吾人实占第一位置"，并认为"儿童及年入小学，小学之时，宜专注重于身体之发育，而知识之增进、道德之养成次之。中学及中学以上，宜三育并重，今人则多偏于智"①。

在党的领导下，新中国的学校体育事业得以不断壮大，尤其是1979年扬州会议以后，学校体育各项工作步入正轨，学校体育课程逐渐规范化、科学化，学校体育场地设施也得以改善。尤其是经过"十二五""十三五"时期的长足发展，学校体育工作进一步得到强化，形成了完善的体质测试办法，体育也已成为各省中考的重要组成部分，而且分值权重在不断增大。当下国家审时度势，推行"五育"并举，加强"固本培元行动"，充分彰显了学校体育的育人价值。"十四五"时期，学校体育的地位进一步得到提升，提出"深化体教融合，保障学校体育课与课外锻炼时间"。2021年《政府工作报告》提出"构建德智体美劳全面培养的教育体系，实施教育提质扩容工程"②。中共中央办公厅、国务院办公厅印发的《关于全面加强和改进新时代学校体育工作的意见》提出"学校体育是实现立德树人根本任务、提升学生综合素质的基础性工程，是加快推进教育现代化、建设教育强国和体育强国的重要工作"。学校体育的重要性不言而喻，尤其是在实现了第一个百年奋斗目标，向第二个百年奋斗目标奋进的征程中，国家急需思想坚定、品质坚毅、体质健康、素质全面的栋梁之才推进中国特色社会主义现代化建设的步伐。尽管党和国家对学校体育无比关心，对其育人功能无比重视，然而学校体育风险问题却始终禁锢着学校体育的全面发挥。在社会主义新时代，此问题理应得以高度的重视以及科学的治理。

一、完善学校体育风险管理体系是国家体育事业发展的需要

为保障学校体育工作的安全开展，国家相继出台了一系列的法律、法规等规范性文件。《中华人民共和国义务教育法》《中华人民共和国未成年人保护法》《中华人民共和国教育法》均从法律层面明确规定学校、家庭、社会、政府要充分保障青少年的人身安全。《学校体育工作条例》《学校

---

① 黄俊兴.福建省体育中考实施审视［J］.教育评论，2020（12）：52-56.
② 李克强.政府工作报告——2021年3月5日在第十三届全国人民代表大会第四次会议上［EB/OL］.（2021-03-12）［2021-03-19］http://www.gov.cn.

卫生工作条例》专门强调学校体育安全管理问题。为加强学校体育风险管理，维护正常教学秩序，《学生伤害事故处理办法》（中华人民共和国教育部令第12号）提出"应当按照规定，建立健全安全制度，采取相应的管理措施，预防和消除教育教学环境中存在的安全隐患"。《中小学幼儿园管理办法》（中华人民共和国教育部令第23号）指出："学校、幼儿园、托儿所应当建立安全制度，加强对未成年人的安全教育，采取措施保障未成年人的人身安全"。《教育等部门关于进一步加强学校体育工作若干意见》（国办发〔2012〕53号）第八条规定"健全学校体育风险管理体系。研究制订学校安全条例"。《学校体育运动风险防控暂行办法》（教体艺〔2015〕3号）对学校体育风险的管理职责、常规要求及事故处理也进行了比较明确的规定。《国务院办公厅关于强化学校体育促进学生身心健康全面发展的意见》（国办发〔2016〕27号）指出"健全学校体育运动伤害风险防范机制，保障学校体育工作健康有序开展"。《国务院办公厅关于加强中小学幼儿园安全风险防控体系建设的意见》（国办发〔2017〕35号）（以下简称"35号文件"）对加强学校安全做了全面部署。《教育部等五部门关于完善事故处理机制维护学校教育教学秩序的意见》（教政法〔2019〕11号）也展现了国家在维护老师和学校尊严，保护学生生命安全的决心和意见。2021年4月27日，中共中央办公厅印发的《关于全面加强和改进时代学校体育工作的意见》，更是明确指出"完善学校体育法律制度，研究修订《学校体育工作条例》。鼓励地方出台学校体育法规制度，为推动学校体育法发展提供有力法治保障。建立政府主导、部门协同、社会参与安全风险管理机制。健全政府、学校、家庭共同参与的学校体育运动伤害风险防范和处理机制，探索建立涵盖体育意外伤害的学生综合保险机制"。

以上诸多规范性文件的出台，显示出国家对于学校体育安全的重视，也对学校体育风险的管控工作起到了督导和推进作用，在一定程度上缓解了学校和一线体育工作者的压力。尤其是2021年1月1日开始实施的《中华人民共和国民法典》第1176条增加了"自甘风险"。该法条是我国第一次确认"自甘风险"为免责事由，实现了体育界的强烈期待。然而，鉴于学校体育伤害事故责任划分的复杂性，在现实工作中依然存在"讨说法""校闹"等对待学校体育伤害事故处理的不良现象。其不仅影响正常教学秩序，对校内人员人身安全构成威胁，甚至会破坏学校教育生态①。因此，如何依据国家法律、法规，充分发挥政府、学校、家庭、社会四方的力量，协同管理学校体育风险是迫在眉睫的问题。

二、创新学校体育风险管理体系是学校体育事业发展的需求

建设体育强国，推进体教融合，促进学校体育发展，增强青少年体质，是国家重要的体育工作方针。如此，学生参与体育运动人数、频数势必会增加，同样面临的伤害风险也会随之增大。根据国外的研究经验，随着青少年运动群体的加大，参加运动项目、次数的增多，伤害总量及比例也会随之加大。因而，构建科学、合理的风险管理体系以应对学校体育风险，为健康中国体育强国战略的落实保驾护航，为青少年体育的发展构建安全防线，并期望尽快、尽可能地解决现实中的瓶颈问题，促进我国学校体育风险管理效能，提升校园安全环境。针对现实中存在的学生运动安全教育不足、风险事故责任划分难度大、风险转移通道不畅通、社会认知失衡等瓶颈问题进行突破。通过发挥政府的主导地位、学校的主体地位、家庭的辅助功能以及社会的协同功能，共同推进学校体育风险管理的社会进程。

（一）健全学校体育风险管理体系是学生体质健康的保障

自中华人民共和国成立以来，党和政府为促进学校体育的开展，加快青少年体质健康的提升，投入了大量的人力、物力、财力，然而青少年的体质水平却没有达到预期效果，曾出现 25 年连续下滑的现象。2014 年，第七次全国学生体质与健康调研结果显示，与四年前的调查结果相比，2014 年我国城乡学生身体形态发育水平（身高、体重、胸围等发育水平）继续提

---

① 李广海，伍秋林."校闹"问题的法治透视及解决路径［J］.现代教育管理，2020（6）：108-114.

高；肺活量继续呈现上升的趋势；中小学生速度、柔韧、力量、耐力等身体素质继续呈现稳中向好趋势①。但是，大学生的体质健康状况依然不容乐观，虽然有一定的提高，但是身体素质仍然呈下降趋势。另外，各年龄阶段学生肥胖率持续上升②。儿童青少年的视力健康问题非但没有得到遏制，反而越来越严重，视力不良检出率居高不下，继续呈现低龄化倾向。2018年，总体的近视率为 53.6%，6 岁儿童为 14.5%，小学生为 36.0%，初中生为 71.6%，高中生为 81.0%③。2020 年教育部对 9 省份 14532 人的调研显示，与 2019 年相比，半年来学生近视率增加了 11.7%。增加最快的是小学生群体，为 15.2%；初中生近视率 15.2%，增加 8.2%；高中生近视率增加了 3.8%。每天保证户外活动 2 小时以上，是国家卫健委提倡的近视防控措施④。

纵观有关学生体质下降原因的分析，主要包含以下几个方面：社会层面的因素，包括"重文轻武思想"的影响，家庭体育文化氛围不足以及现代生活方式的冲击；管理层面的因素，包括反馈机制缺位，干预手段缺失，问责制度虚设；学校层面因素，包括教育目标偏差，体育教学错位，评价体系单一；学生层面的因素，包括健康意识薄弱，健身动机低，体育行为消极⑤。此外，也有学者提出学校体育风险问题对学生体质健康提升的掣肘。刘海元提出："运动安全防范不力，体育伤害事故引发因噎废食现象，体育课和活动中尽可能减少运动量，尽可能降低难度，实际上对增强体质意义不大"。⑥王惠敏等人的研究也提出："家长安全理念的偏差和极强的维权意识对学校体质健康工作的开展形成了巨大的压力。在学校里，一旦学

---

① 中华人民共和国教育部，2014 年全国学生体质健康调研结果［J］.中国学校卫生，2015，36（12）：1.

② 张欣.我国学生体质健康调研的贡献与面临的挑战［J］.中国学校卫生，2016，37（8）：1121-1123.

③ 中华人民共和国国家卫生健康委员会.儿童青少年总体近视率为 53.6%，我国将更有针对性地开展近视干预［EB/OL］.（2019-04-30）［2021-03-17］.http：//www.nhc.gov.cn.

④ 李红梅.增加户外运动少用电子产品 保护好孩子的视力［N］.人民日报，2020-12-04（19）.

⑤ 蒋立兵，李永安.青少年体育问题致因分析与健康促进协同机制研究［J］.中国青年研究，2016（6）：13-19.

⑥ 刘海元.学生体质健康水平下降原因及解决对策［J］.体育学刊，2008（1）：67-71.

生的安全出现了问题，家长在偏差的安全理念下，施压于学校，学校就尽可能地缩短体育锻炼时间、减少危险性项目、减少或异化学生体育锻炼内容。"① 程铭等人的研究提出"近年来，学校运动伤害事故、运动猝死事件时有发生，家长无休止地追责学校，给学校带来巨大的压力，导致体育课内容'缩水'明显，学生体质严重下滑"②。韦颖颖的研究也提出学生体育伤害事故已经成为阻碍学校体育事业发展的突出性问题③。及丽丽等提出学校体育风险管理体系不健全等问题是学校体育发展的瓶颈问题，进而提出"通过加强体育风险管理，确保体育教学安全高效，是解决学校体育瓶颈问题的措施之一"④。

课题组的访谈、实地调查结果也证实了以上观点。由于很多家长对于学校体育伤害事故的"认知失衡"，加上法律知识不健全，导致不少家长认为学校对学生具有监护责任，一旦学生发生学校体育伤害，有些家长则臆断为校方及体育教师的失职，过分夸大校方或者体育教师的责任，提出很多不符合法律预判的诉求，给学校及体育教师造成了巨大的精神、经济压力。因此，不少学校采取了直接回避风险的消极应对措施，取消了不少运动项目甚至缩减学生体育活动时间，体育教师为自我保护也会降低运动强度。致使"宁让学生坐死，不让学生跑死"的不良现象依然存在。长此以往，学校体育的育人效果堪忧。《健康中国行动（2019-2030年）》所预定的"到2022年和2030年，国家学生体质健康标准达标优良率分别达到50%及以上和60%及以上；小学生近视率下降到38%以下"等健康促进行动目标实现难度加大。针对"学校消极回避风险"的做法，《教育部等五部门关于完善安全事故处理机制维护学校教育教学秩序的意见》（教政法〔2019〕11号）（以下简称《五部门意见》）明确指出："学校要切实树立依法治校、

---

① 王惠敏，刘金舰，王道杰.家长理念对中小学生体质的影响研究［J］.体育科技文献通报，2010，18（10）：91-93.

② 程铭，田福军.我国青少年学生体质健康水平下降的原因及提升策略研究［J］.教育理论践，2018，38（24）：21-23.

③ 韦颖颖.学校体育伤害事故法律责任研究［D］.苏州：苏州大学，2014：1。

④ 及丽丽，高飞，屈丽蕊，苏国柏，等.中小学学校体育的发展瓶颈与破解途径：以天津市为例［J］.首都体育学院学报，2015，（3）：228-233.

依法办学理念，通过法治思维和法治方式化解矛盾纠纷，不得为防止发生安全事故而限制或取消正常的课间活动、体育活动和其他社会实践活动。"国家体育总局和教育部于 2020 年 8 月 3 日联合公布了《深化体教融合 促进青少年健康发展意见的通知》（体发〔2020〕1 号）提出"树立健康第一的教育理念，面向全体学生，开齐开足体育课，帮助学生在体育锻炼中享受乐趣、增强体质、健全人格、锤炼意志，实现文明其精神、野蛮其体魄"。因此，如何安全、保质保量地开展学校体育工作，促进学生体质提升是当前亟须解决的一个重要问题。

（二）创新学校体育风险管理体系是学校安全管理的需求

加强校园安全管理，健全校园风险防范制度，全面强化学校体育安全教育，降低校园安全事故，是学校管理的重要工作，也是国家赋予学校的权利和责任。《中华人民共和国教育法》第二十四条规定"学校应当建立健全安全制度和应急机制，对学生进行安全教育，加强管理，及时消除隐患，预防发生事故"。第七十三条则对校舍以及教学设施安全作出了规定，对于明知校舍及教学设施存在危险而不采取预防措施造成人身损伤或是财产重大损失的，对直接责任主管和直接责任人依法追究刑事责任。《中华人民共和国未成年人保护法》第二十三条规定"教育行政等部门和学校、幼儿园、托儿所应当根据需要，制定应对各种灾害、传染性疾病、食物中毒、意外伤害等突发事件的预案"。《学生伤害事故处理办法》第五条规定"学校应当对在校学生进行必要的安全教育和自护自救教育，应当按照规定建立健全安全制度，采取相应的管理措施，预防和消除教育教学环境中存在的安全隐患"[①]。我国教育部的《中小学幼儿园安全管理办法》第四十五条规定"学校应当制定教职工安全教育培训计划，通过多种途径和方法，使教职工熟悉安全规章制度、掌握安全救护常识，学会指导学生预防事故、自救、逃生、紧急避险的方法和手段"。2007 年 5 月颁布的《中共中央 国务院关

[①] 中华人民共和国教育部.《学生伤害事故处理办法》［EB/OL］.（2002-06-25）［2021-01-06］. http://www.moe.gov.cn.

于加强青少年体育增强青少年体质的意见》第十二条规定"学校要加强体育安全管理，对体育教师进行安全知识和技能培训，对学生加强安全教育"。《学校体育运动风险防控暂行办法》（教体艺〔2015〕3号）规定"学校组织学生参加体育锻炼活动应当加强体育运动风险防控工作，明确风险防控的具体内容和基本要求，指导并督促学校建立完善学校体育运动风险防控机制，落实防控责任和措施"。

上述法律法规等规范性文件明确规定学校要加强学校体育安全管理工作，完善学校体育运动风险防控机制，为学生创造安全的运动环境。

三、协同学校体育风险管理工作是社会发展的历史必然

法律法规等规范性文件赋予了学校管理体育安全的权利和责任，但是鉴于学校体育风险的复杂性，事实证明仅仅依靠学校的力量难以达到令人满意的效果。因此，国家提倡协同治理学校体育风险，建议当地政府、学校、家庭、协同社会力量共同治理此难题。协同治理模式是公共危机管理的重要方式之一。为发挥政府、企业和个体的力量，公共危机管理提出了协同治理的创新管理模式，强调"公共危机管理主体，包括政府、非政府公共部门、企业部门、个人，针对潜在的或者显现的危机，协同实施系列性的控制活动，以期有效地预防、处置和消弭危机"[1]。"协同治理有利于打破各自为政、单打独斗的格局，既强化中央政府的统一决断，又保证平时组织机构正常的分权运作，同时调动多元社会力量特别是企业组织、非政府组织以及公民个人的力量协同应对。" 2020年10月颁布的《关于全面加强和改进新时代学校体育工作的意见》强调"建立政府主导、部门协同、社会参与的安全风险管理机制。健全政府、学校、家庭共同参与的学校体育运动伤害风险防范和处理机制"。《五部门意见》规定"要通过家长学校、家长委员会等多种方式拓宽学生父母或其他监护人参与学校管理和监督的渠道，

---

[1] 张立荣，冷向明.协同治理与我国公共危机管理模式创新——基于协同理论的视角 [J].华中师范大学学报（人文社会科学版），2008，47（2）：11-19.

加强对学生父母或其他监护人的法治宣传,形成和谐家校关系"①。因此,学校体育风险需要政府、家庭、学校、社会协同,法律、保险、调解机制并举的治理方式。

要落实健康中国体育强国等国家战略,充分发挥学校体育的育人功能,实现"固本行动",达到"五育"并举的目标,势必要广大学生积极地参加体育运动。随着学生参与人数的增多,暴露风险的概率增加,体育风险事故也难免会增多。强调学校体育在促进学生身体健康、心理健康及社会适应功能的同时,必须清醒地认识到,运动风险也是体育运动难以摆脱的属性之一。美国、日本等国家大量的运动伤害流行病学研究表明,随着运动员参与人数及参与频次的增多,体育风险也随之增加,运动伤害和运动性疾病的发生率也会相应提高。因此,要发挥学校体育的育人功能,必须保障学校体育的安全,没有安全作为前提,学校体育工作难以全面落实,其功能难以全面发挥。纵观国内的研究数据可知,学校体育伤害事故在全国各地、各类学校时有发生,有的后果轻,有的后果重,有的事后处理得好,学校、教师、学生、家长等都能相互理解,有的事后处理得不好,可导致学校与学生、家长形成对立,对簿公堂,造成不良的社会影响。因此,要保障学校体育环境安全,必须有完善的学校体育风险管理机制。

鉴于此,有必要创新学校体育风险管理工作,通过构建政府主导,"学校—家庭—社会"三位一体的学校体育风险管理体系,为青少年构筑安全、舒适的运动环境,以实现习近平总书记提出的"享受乐趣、增强体质、健全人格、锤炼意志"的学校体育总目标,以加快体教融合的不断推进,以促进体育强国、健康中国等战略目标的达成。

---

① 中国教育新闻网.教育部等五部门关于完善安全事故处理机制维护学校教育教学秩序的意见(教政法〔2019〕11 号)〔EB/OL〕.(2019-08-20)〔2021-04-29〕.http://www.jyb.cn/rmtzcg/xwy/wzxw/201908/t20190820_254048.html.

第二节　我国学校体育风险管理研究现状

加强学校体育风险管理的理论研究对于指导学校体育风险管理具有重要的意义。美国自 19 世纪 80 年代开始研究青少年体育安全问题，经过 40 年的研究积累了大量的研究成果。科学研究成为美国运动风险识别、评估、应对的重要理论支撑，在青少年运动风险管理中起到了重要的指导作用。如，美国疾病预防与控制中心开展的"儿童伤害预防国家行动计划"将运动伤害预防研究作为重要的行动之一。该计划重点突出了三个方面：第一，基础性研究——伤害是如何发生的；第二，评估性研究——哪些措施有效，哪些是无效的；第三，转化性研究——如何将已证明有效的伤害预防策略在全国范围内推广。行动计划指出，加强研究中的合作与交流有助于减少资源、时间、信息、人力等浪费，使回报最大化。通过研究伤害与社会经济地位、人口特征、种族关系，有助于识别青少年体育风险源。

本章依据风险管理理论，结合学校体育研究现状，将学校体育风险管理研究划分为以下四个领域：体育教学风险、体育竞赛风险、课外体育活动风险以及课余体育训练风险。将学校体育风险管理研究内容分为风险识别、风险评估、风险应对、风险管理效果四个步骤进行文献梳理。

一、我国学校体育风险管理的研究领域

（一）学校体育教学风险管理研究

学校体育教学风险管理是通过制定并执行合理的风险管理计划，以便有效地控制体育教育活动，避免其发生安全意外、伤害和损失的过程[1]。Herb A[2] 按照自然环境和社会环境两类风险对体育教学过程中的风险进行分类，认为自然环境风险是客观存在的、不可控的，而社会环境风险可以通

---

[1]　古维秋.体育教学中伤害事故的风险管理［J］.首都体育学院学报，2007，19（2）：102-104.
[2]　HERB A.Managing Sport Risk Management Strategies［M］.Carolina Academic Press，2003：20.

过采取有力措施进行控制。王晓萍[①]对山西省农村中小学体育教学风险进行了较为深入的研究，并对其可能性、严重性及可控性的程度进行了综合评估，并将风险分为教师风险和学生风险。其按照安全意识、安全技术、安全认知、心理因素、自我管理和教学经验对教师风险量的大小进行了排序；按照生理因素、安全意识、安全认知等六个因素对学生风险进行了高低排序。自然环境、场地器材风险是教学环境的主要风险源；医务监督、家校沟通、管理经验等则是学校体育管理面临的主要风险。虽然自然环境风险不可控，但是借助天气预报及体育教师的专业经验，有些重大风险是可以预判和预防的，面临着无法抗拒的自然环境风险时，可以直接回避，以保障人身安全这是重中之重。

（二）学校体育竞赛风险管理研究

陈蔚、李燕燕等[②]针对新形势下的学校体育竞赛组织管理现状，有效实现学校体育竞赛风险防控与应对，将学校体育竞赛风险分为学校体育竞赛人员风险、学校体育竞赛组织管理风险、学校体育竞赛场地设施风险、学校体育竞赛外部环境风险。樊红岩等[③]从"交通安全、心理健康、伤病、场地、天气、生活、运动团队管理、器材使用"八个方面对高校大学生运动员的体育竞赛风险进行分析，提出了规避参赛风险的策略。

（三）学校体育活动风险管理研究

学校体育活动风险管理的目标：包括保障体育活动过程中师生的生命和财产不受损失；确保体育运动环境、体育场地器材设施安全无损失；保障学生在安全、舒适的体育学习环境中学习技能、增强体质、磨炼意志、锻炼社交能力，杜绝校外不安全环境、人为因素对学生人身、财产安全造

① 王晓萍.山西省农村中小学体育教学风险管理研究［D］.山西师范大学，2017.
② 陈蔚，李燕燕，黄明明，李旻.基于改进风险矩阵法的学校体育竞赛风险评估研究［J］.武汉体育学院学报，2020，54（10）：72-79.
③ 樊红岩，齐卫平，王萌.高校大学生运动员参加体育竞赛风险分析及对策[J].体育科技文献通报，2021，29（1）：1.

成威胁。张智敏①研究指出，中小学校内体育运动风险防控体系 5 个一级指标中，权重处于前 3 位的是：学校、教师和学生；而二级指标分类权重居前的是：考核评价标准、组织督导工作、强化安全防范措施、强化安全防范意识、提醒学生防范运动风险。石岩、赵晓艳②认为构建中小学体育活动安全预防体系是学校体育风险管理迫在眉睫的任务。

（四）学校体育训练风险管理研究

学校体育业余训练风险的难题是在风险转移过程中，体育保险未能发挥相应效能。周战伟等③研究显示"上海市业余体育训练运动风险主要是人为风险，其次是运动条件带来的风险。开展业余体育训练的单位都为运动员购买了保险，但保费低、保障有限，运动风险管理存在'小伤不断、大伤难办、因素多样'等问题"。

如上所述，体育运动的特点决定了运动风险管理具有风险存在的持续性、发展过程的多变性、损失结果的多面性的特点④。学校体育风险虽然具有偶然性、不确定性且伴有危险性，但借助风险管理方法，有的放矢地制定风险管理计划，学校体育风险能够被有效规避与科学管理。

二、我国学校体育风险管理研究小结

（一）学校体育风险管理研究视角多元化

20 世纪末，学校体育风险开始进入我国学者的研究视野。在研究的初始阶段，对于学校体育风险管理的研究较为笼统，对学校体育风险的认识也较为片面，随着研究的深入，研究成果越来越多，研究的内容逐渐明朗化、

---

① 张智敏，王志强，张育存 . 中小学学校体育运动风险防控评价指标体系的构建［J］. 首都体育学院学报，2019，31（5）：443-447.
② 石岩，赵晓艳 . 中小学体育活动安全预防体系的研究［J］. 体育与科学，2012，33（6）：100-105.
③ 周战伟，吴贻刚，文静等 . 上海市青少年业余体育训练运动风险管理机制［J］. 上海体育学院学报，2015，39（4）：77-81.
④ 陈德明，李晓亮，李红娟 . 学校体育运动风险管理研究述评［J］. 北京体育大学学报，2012，35（9）：102-108.

清晰化。随后不同的学者从各自的视角剖析了相关风险的致因、特点以及解决措施，在某种程度上为更多的学者提供了进一步深入研究的方向。然而，这些研究也释放出一个信号，除了学校体育保险、风险利益等方面的研究要进一步深入外，加强对学校体育主管领导、体育教师的风险管理能力的培训也是应对风险的必要措施。与此同时加强高校体育教育专业学生的体育风险管理能力，提前储备风险管理人才亦是理论研究和社会需求的重点。为协助学校发挥主管能力，社会应成立相应的风险管理机构，协助学校进行体育风险管理。目前许多风险管理事宜大多委托保险机构协助，这在一定程度上制约了学校体育风险管理的发展[①]。未来，我国学校体育事业的快速、高质量发展，离不开具有学校体育风险管理知识和技能，同时又具有教书育人才能的体育人才。借助于政府和社会力量，建立健全专业的学校体育风险管理机构，为学校咨询体育风险管理事务提供专业的指导和服务，从而预防和减少体育风险带来的人身损伤和财产损失。

（二）学校体育风险应对方式积极化

由于学校体育风险本身的特殊性、危险性、不确定性，在将风险管理理论用于学校体育风险管理的初期，大多采用的是如何回避风险，是一种相对消极的应对方式，很大程度上不利于学校体育的全面发展。在后期风险管理理论的应用中，随着研究者对于学校体育风险问题的聚焦，降低与转移风险成为应对学校体育风险的大多选择。研究结果也提出我国保险制度有待进一步完善，以便更好地发挥体育保险的作用来转移学校体育风险。学者们对于风险监控环节越发重视，提出了将风险监控结果进行反馈，并指导学校风险管理的重要性。

（三）学校体育风险研究成果纵深化

随着研究内容的深入，学校体育风险管理研究日趋完善，对各类风险

---

① 寇健忠.体育风险管理研究导论［J］.咸宁学院学报，2010，30（9）：126–127.

事故的防控起到了指导意义。同时，我国学者参考了美、英、日等国家学校体育风险管理研究的成果，结合我国学校体育风险的实际情况，提出了具有针对性、科学性的管理措施，将学校体育风险所呈现出的各种不同的风险进行分析、归纳、总结，最后给出学校体育风险管理流程、相应的步骤以及管理措施，为有效防控学校体育风险提供了很好的理论价值。

（四）学校体育风险管理研究方法多元化

学校体育风险管理常用的研究方法有问卷调查法、专家访谈法、逻辑分析法等，不少学者尝试将数学模型等作为研究工具对学校体育风险进行评估。研究者依据伤害事故致因理论，利用结构方程模型对学校体育伤害事故致因进行了分类，证明人的因素、物的因素、管理因素以及社会因素与学校体育伤害事故高度相关。李鸿宜[1]利用模糊数学评判模型验证湖北省高校体育伤害事故的致因要素，并利用 Topszs 评价法对高校体育伤害事故致因进行排序，尝试利用数学模型对学校体育风险进行识别与评估。陈蔚等人[2]用层次全息建模 HHM 风险识别分析工具，构建了包含运动会本体、组织管理、人员素质、场地设施、环境等五大类别的中小学运动会风险识别全息模型，便于中小学运动会风险评估的量化操作。可以看出，随着对学校体育风险管理研究的不断深入，研究方法越来越精准，研究问题越来越聚焦，研究结果更加定量化、客观化。

综上所述，我国学校体育风险管理具有以下特点：一是研究视角由单一的学科转换为交叉学科；二是研究对象由宏观的风险管理转化为细致的风险管理，研究对象越来越聚焦；三是研究内容呈现出细致、全面、多样化；四是研究结果深化的趋势加强。并且，有关学校体育风险的研究亦是随着时代的发展，而呈现出相应的时代特征。如今，新时代背景下，关于学校体育风险管理的问题越来越得到关注与重视，既推动了学校体育科学的发展，

---

① 李鸿宜. 湖北省高校体育伤害事故致因评判模型研究 [D]. 宜昌：三峡大学，2017：20-30.
② 陈蔚，李燕燕，黄明明. 基于层次全息模型的中小学体育运动会风险评估研究 [J]. 武汉体育学院学报，2019，（11）：64-71.

也顺应了体育治理能力和治理体系现代化的要求。基于协同治理理论对学校体育风险展开研究，或将成为该领域研究的一个趋势。纵观前人的成果，或为本课题提供了理论借鉴，或指出了研究价值所在，无疑是重要和必需的。但是基于研究目的、视角不同，也存在有待改进之处。一是对学校体育风险管理缺少完善的管理体系，没有形成学校、家庭、社会、政府相协同的治理体系；二是没有以新时代的社会治理理论作为理论指导，所提出的治理措施难免带有一定的片面性。因此，将我国学校体育工作目前的实际情况，与新时代的社会治理理论相结合，构建三位一体的学校体育风险管理体系，不仅具有较强的理论价值，更具有重要的现实意义。

第三节　国外学校体育风险管理研究现状

澳大利亚教育与儿童早期发展部（Department of Education and Early Childhood Development）在《学校运动场地安全管理指南》（*Guidelines for School Playgrounds*）提出，如果孩子要在身体、情感和社会适应方面得到全面的发展，就必须为其提供体育娱乐活动。然而，体育场地器材的设计越来越复杂，这与人们对安全运动环境的需要相去甚远。幸运的是，大量的安全事故可以预防，尤其是在场地器材设计、维修、保养时要充分考虑到儿童青少年的安全问题，这样致命性运动伤害会大幅度降低。由此，可以减少伤害与运动场地器材设计之间的冲突。

美国、英国、澳大利亚、日本等国家对学校体育风险管理研究的比较早，理论相对比较成熟，因而有必要借鉴其管理经验来审视我国的学校体育风险管理现状，以探寻可供借鉴的学校体育风险管理经验。

一、国外学校体育风险的识别措施

风险管理理论指出风险识别是风险管理的基础，也是风险管理的第一步。风险识别要解决的问题是识别风险源、判断风险性质、评估风险后果。根据文献资料以及访谈、观察记录对国内外学校体育风险识别技术进行了研究。

（一）通过安全检查员识别风险源

美国现在已有完善的体育场地器材检修制度。其在 20 世纪 90 年代提出了场地安全教育的概念，并成立了"美国健身场地协会"（National Playground Safety Institute，简称 NPSI），其职责是提供运动场地器材安全教育培训和游乐场地安全检查员资格认证。其培训内容涉及危险识别、器材规格、防护层标准、风险管理方法，培训对象要求年龄大于 18 岁，具有高中及以上学历，培训合格后认定为体育场地安全检查员（Certified Playground Safety Inspector，CPSI）。该培训持续时间一般为 3 周，内容涉及器材标准、场地防护层、危险识别、风险管理、场地器材检查工具的使用。考试内容为美国消费品安全委员会（Uuited States Consumer Product Safety Commission，CPSC）出版的《公共运动娱乐场地安全手册》（*Handbook for Pubic Playground Safety*）及"美国材料与试验协会"（American Society for Testing and Materials，ASTM）ASTM 制定的《公共体育运动场地安全标准》（*Safety Standard for Public Use of Playground Equipment*）。通过考试的培训人员可以在学校、公园等部门从场地器材安全检查工作。

（二）通过教工进行风险识别

教练或教师在执教时要充分意识到危险的存在；教师或教练在使用惩罚式训练时要小心；学校的管理部门要知道体育教师或教练安排的活动；教练或教师要清楚自己的责任；教师或教练要知道学校或体育协会的规则。教练或体育教师作为个人要对其职责范围内的故意侵权负责。学校管理人员、教职人员承担着预判常见运动风险并采取必要的防护措施以保护学生安全的义务，包括监管到位，指导方法恰当，维护场地、器材、设施以及运动环境安全，及时对学生进行安全提醒。例如，幼儿园的员工要使用安全检查表，核查运动游乐场地的安全情况。如示例0—1所示。

示例0-1 运动场安全自查表

使用此检查表，定期对户外运动游乐区进行安全检查，以减少发生事故和受伤的可能性。确保运动安全的其他方法，包括教会孩子们使用设备的规范；合理安置设备，设备之间保持安全距离，畅通无阻；员工要最大限度地监督所有的孩子，并关注孩子在做什么；为不同年龄组别的儿童设置不同的运动区域，或安排不同的户外游戏时间；并限制不同区域儿童的数量。请记住，不是所有的设备都适合每个儿童使用。

幼儿园名称：＿＿＿＿＿＿＿＿＿＿	
□检查设备是否有裂纹、弯曲、翘曲、生锈或任何部件破损。	□检查是否有容易绊倒的危险，如暴露的地基、树根、岩石等。
□检查木滑梯的腿和手接触处是否有木头碎裂。	□检查是否有滑倒的危险，例如人行道或人行道上的沙子。
□检查金属滑梯，当阳光照射在上面时，它们不会变得太热。	□检查轮胎（秋千或防撞击用）是否有积水和蜂巢。
□检查任何有裂纹的玩具,以防被夹伤。	□检查损坏的支撑物／锚。
□检查螺母、螺栓、盖是否松动，或螺栓突出，边缘锋利，无盖。	□检查运动部件是否缺少润滑。
□检查游戏设备、餐桌和栅栏是否有木头碎片。	□检查排水系统是否有问题。
□检查游戏设备或围栏上是否有突出的钉子。	□检查所有玩具、设备和建筑物上的油漆是否剥落或脱落。
□检查是否有生锈的设备和儿童可以接触到的玩具。	□检查玩具、围栏、游乐设施等是否有尖锐的边缘和点。
□检查秋千上的铁链是否牢固	□注意栅栏上是否有带刺的植物或灌木丛，孩子们可能够得着。
□检查是否有人故意破坏（碎玻璃，垃圾）。	□检查泳池围栏上所有的门是否都锁好了。
□监测沙子和游戏区域的动物粪便，有毒植物，蘑菇。	□检查所有门上的自锁装置是否正常工作。

（续表）

幼儿园名称： _____	
□检查游戏设备下面和周围的吸热材料，必要时进行铲除。 完成自检的员工签名及职位 _____	□检查有无积水容器，以免造成溺水危险。
自检日期 _____	

二、国外学校体育风险的评估措施

（一）体育项目安全评估系统

"体育项目安全评估"是一个在线工具包，是医疗护理标准（AMCS）文件中随附的在线工具，提供 AMCS 文件中包含的合格及不合格判断标准，由美国国家体育教练协会（NATA）和医疗护理标准组开发，是体育卫生保健项目的资源，旨在改善目前提供的医疗和服务水平。内容包括自我评估检查表，以评估每个标准和次等标准的程序，并链接到相关文献和资源，包括判例法。用户可以为他们的组织创建一个配置文件，在其中可以上传站点特定的文档和策略，为组织提供一个存储库。资源在识别或开发时将不断更新，这个工具箱可以帮助学校和各协会进行风险自我评估，并将本组织的体育风险防范政策和规定与当前的最佳实践保持同步，以审查并确保为其学生运动员提供最适当的医疗护理标准。

（二）学生体质健康评估系统

学生身体健康、体质强壮、自我保护能力强，有利于减少运动风险的发生率。使用 WellSat 评估工具评估学生健康，为管理人员、研究人员和其他利益相关方提供了政策的全面性和定量、可靠的评估。WellSat 软件从 2010 年开始到 2020 年已经更新了 3 次，以保持联邦法律和最佳实践的现状。最新的WellSat 有 50 个项目和 6 个分量表：营养教育（NE）；美国农业部学校膳食标准（SM）；竞争性和其他食品和饮料营养标准（NS）；体育和体育活动（PEPA）；健康促进和营销（WPA）；以及实施、评估和沟通（IEC）。填写后，用户会收到以下信息：1.每个项目的分数，2.每个子维度的全面性和强度分数，3.整个策略的全面性和强度分数。自推出以来，该网站已被访问超过10万次①。此项评估工具可以帮助学校更加全面地了解本校学生的体质状况，与其他学校学生体质健康的差距，从而进一步降低学生健康风险。

三、国外学校体育风险的预防施与控制

（一）通过法律法规进行预防与控制

1. 预防过失侵权

侵权法律规定，由于他人实施了不合理的行为而导致了个体受到伤害，受伤害的个体应当得到民事赔偿。一般来说，侵权指的就是民事性的过错行为，法院一般是以赔偿金的方式为受到侵权的个体提供救济。学校常见的侵权行为一般归分为三类：过失侵权、故意侵权及诽谤。过失侵权，指的是一个人没有履行其保护他人免受不合理伤害的法律责任，或者行为人的不作为或者不正确的作为，导致他人身体受伤或财产损失。要判断某种行为是否是过失侵权，首先要明确，若当时采取了合理的保护便可以避免伤害。此外，还要符合以下四个条件：（1）被告负有保护原告的义务；（2）被告由于没有进行恰当的保护而失责；（3）被告的过失行为是造成原告受伤害的直接原因或法律原因；（4）原告确实受到了伤害。

2. 履行法律义务

教练或体育教师作为个人要对其职责范围内的故意侵权负责。教练或教师在执教时要充分意识到危险的存在；教师或教练在使用惩罚式的训练

---

① SCHWARTZ M B, PIEKARZ-PORTER E, Read M A, et al. Wellness School Assessment Tool Version 3.0: An Updated Quantitative Measure of Written School Wellness Policies [J]. Preventing Chronic Disease, 2020, 17.

时要小心；学校的管理部门要知道体育教师或教练安排的活动；教练或教师要清楚自己的责任；教师或教练要知道学校区和体育协会的规则。

（1）监管的义务

尽管教师或教练不能百分之百地确保每个学员都在他们的监管之下，但是他们有责任提供恰当的监管以使监管对象在他们的监管范围内。教练或教师的另一职责是要认真检查体育场地，确保运动环境安全、舒适，确定周围没有能引起伤害的危险因素，如凳子、其他参加者或是观众。在判断教师是否承担了足够的监管职责时，法院的依据是教师能否预见这一事件（最终导致学生受到伤害的事件），以及恰当的监管能否阻止伤害的发生。对于体育馆以及学校操场上所举行的活动进行恰当的监管是至关重要的。法律严格要求学校管理人员提供恰当的指导和足够的监管以减少场地可能对儿童和教职员造成的伤害。在纽约州的一个案例中，学校因监管不力而受到处罚，原因是在该校组织的一次棒球比赛中，接球手因没有佩戴面罩导致面部被球击伤。法院判定学校承担60%的责任，该生承担40%的责任。判断的依据是，学校没有提供任何安全防护器材，也没有告诉该学生要戴面罩。

（2）指导的义务

在组织一场风险较大的活动之前，教师有义务对学生进行充分恰当的指导——活动的危险越大，指导的必要性也越强。教师对学生进行指导之后，还应当努力确认学生是否听明白并且理解了，根据活动的性质，可以通过口头测试、书面面试和观察的方法来考核。发生在美国俄亥俄州的一个案例中，法院驳回了原告的诉讼。在该案例中一个滑冰经验丰富的男孩在参加接力赛时，回头看其对手时头部被滑冰场的护板撞伤，导致颅骨骨折和脑震荡。孩子的父母认为孩子的领队没有跟该男孩强调赛事规则，并确保他戴上头盔以防止受伤。然而，法院认为孩子及其家长赛前已经充分认识到不佩戴头盔的危险，因此判定领队和其团队无责。

（3）场地设施维修义务

美国的一些州颁布了《场所安全条例》。这些条例可以让场地使用者受到法律保障。一旦使用者因为场地器材的不安全因素而导致的伤害可以通过法律的渠道依据《场所安全条例》索赔。按照其普通法的规定，学校管理人员有责任维修设施设备，保证这些设施设备的安全。如果学区知道或者应该知道学校设备设施所存在的危险，但是没有采取必要的措施进行修复①，学区就应承担相应的责任。

维修设备的责任，并不意味着学校教职工承担每一个可能发生的危害。例如，在亚拉巴马州，一名学生在体育课上因滑入水坑而受伤，该州的最高法院认定两位上课教师没有责任。判断的依据是这两位老师并不知道水坑的存在，也不知道造成水坑的原因是屋顶的渗漏。然而，如果危险是已知的，那么学区就可能承担因不安全的建筑物或是场地导致的伤害责任。密歇根州一个学生放学以后，因在操场上的砂土上玩耍而导致一只眼睛丧失了视力，他成功获得了学校赔偿。法院判罚的依据：学校没有对该区域进行隔离，而且在事故发生前，已经有家长向学校反映有学生用"砂土打仗"等危险行为。因此该州的法院认为，学区没有履行保障学校操场安全的义务，应承担相应的法律责任。

（4）警告的责任

现在美国几乎所有州的法院都认识到，学校承担着警告学生和学生家长可能遇到风险的责任。某些方面尤为重要，包括体育课、校际体育比赛。告知或警告学生和学生家长危险的存在，是学校提出学生"自甘风险"（Assumption of the Risk Defense）抗辩的前提条件。但是对于"自甘风险"的使用，法院在裁判的时候也会根据具体的案例进行判决。在城市足球比赛中，一名70~75磅体重的孩子在试图抢断一个体重为128磅的对手时，发生意外导致腿骨折。受理法院驳回了"自甘风险"的抗辩，裁决的理由是"为确保孩子的安全，被告教练曾许诺原告的父母不会让其与体重超过90磅的对手进行对抗"。原告认为被告没有在比赛的时候监管好孩子的安全，应当承担责任。尽管原告及其父母可能认识到足球比赛存在风险，但法院认为这些风险不包括"监管疏忽"（Negligent Supervision）。

---

① 刘庆飞，陈融.论学校对学生的安全保护义务 [J].高教发展与评估，2013，29（1）：76-82+107.

（5）遵守规章制度

教师、教练员等工作人员要恪守授课规章制度。如教游泳课时，教师、员工、救生员、培训员、教练员要严格遵守以下规则：制定泳池安全规章制度，根据国家或相关部门有关溺水预防的法律、政策制定泳池安全规则，并将其张贴在显眼的位置，要求工作人员遵守；制定员工守则，涵盖所有员工的权利与责任；证件齐全，救生员与教练员的资格证书／证明要齐全，相关救生员证、急救证、心肺复苏术资格证、泳池经营证要齐全并及时更新；形成培训制度，为新员工提供工作指南和培训，对老员工定期重复培训，对救生员、教练员和指导员提供继续教育与培训机会；训练员工的应急能力，员工要具有处理应急事件的能力；具备人体科学知识，生理学和运动生物力学知识是指导游泳教学的基础知识，任何教授跳水（头部先入水）的教练员或教师必须非常清楚人体生理结构特征和儿童生理发育特点；精选儿童游泳教学内容，对儿童的教学内容要由有经验的教练或教师选取，而且要提前对学习者进行测试。

（二）通过安全标准进行预防与控制

1.学校体育场地器材设计生产标准

美国消费品协会、美国材料与试验协会（ASTM）是运动场地、器材、护具生产／建设、安装、维修标准制定的主要组织。他们从源头上对场地器材的设计、材料、生产等安全标准进行管制，保障美国学校体育场地器材的本质化安全，以降低体育伤害的发生概率。美国材料与实验协会共有两组委员会负责标准制定工作。一组负责制定消费品安全标准（A组），一组负责制定体育器材、设备以及场地设施表面层的标准（B组）。A组主要负责修订家用和公用运动娱乐场地标准。B组主要负责设备运动场表层、场地上用的橡胶、木质纤维以及防撞击表层材料标准的修订。其制定的标准有："ASTMFF1148-20"——《家用室外运动游乐场消费者安全标准（*Standard Consumer Safety Performance Specification for Home Playground Equipment*）》、"ASTMF1487"——《公共运动场地消费者安全标准（*Consumer Safety Performance Specification for Playground Equipment for Public Use*）》、"ASTM

F1292"——《运动游乐区域防撞击材料标准规范（*Standard Specification for Impact Attenuation of Surfacing Materials within the Use Zone of Playground Equipment*）》。这些标准涵盖了总体要求、性能要求、安装要求、整体结构、材料、生产、标识、标签等标准规范。其标准非常详细，如对防跌落保护层的木纤维、涂层、橡胶填充物等标准作出了详细要求。

其他组织根据标准对产品的质量进行认证，如"国际健身设施生产协会"（International Play Equipment Manufactures Association，简称 IPEMA）根据 ASTM 的等标准对产品进行认证。

2. 学校体育场地器材安全管理标准

美国消费品安全委员会出版的《公共运动游乐场地安全指南》《家用运动游乐场地安全指南》是美国重要的运动场地器材安装、使用、维护指南。美国马克尔保险公司就体育场地安全问题，提出了五条标准：第一，成人监护，成人对于体育场地可能引起的伤害要有足够的认识，并能引导孩子安全运动；第二，设施安全，为孩子的发展、群体活动及新技能的练习提供安全的设施；第三，覆盖保护层，场地表面覆盖保护层可防止孩子因跌落而受伤（美国公共儿童游乐场常用的保护层为软塑胶、软木屑，学校常用的场地保护层为软塑胶）；第四，设计合理，场地器材科学设计有利于降低伤害的发生；第五，定期维修，对体育场地器材经常维修。如果上述五条中的一条被无视的话，容易导致孩子受伤，甚至死亡。

（三）强化监督过程进行预防与控制

监督是预防与控制体育风险的重要措施，尤其是风险较高的体育项目，监督是必不可少的环节。以游泳为例，做好泳池安全监督工作将有助于预防溺水事件的发生。有效的监督是防溺水监督的关键，为做好监督工作应遵循以下几个步骤：第一，拟定监督计划，监督计划要详细，涵盖所有的员工的职责、轮班和休息制度，并备档以便查阅，制定监督计划时可以参考红十字会、YMCA（基督教青年会）、美国游泳基金的有关监督规定；第二，备案监督记录，监督人员要对监督记录进行备案，个人签名要符合规范，字迹清晰可辨；第三，形成员工自我监督机制，请员工自我描述自己的工作职责，并记录在档；第四，制定应急措施，防止群众拥挤、踩踏，不断更新措施；第五、建立惩罚机制，对于违反规则的员工要给予惩罚以免出现严重失职；第六，杜绝侥幸心理，在游泳安全问题上任何员工不能有侥幸心理[①]。

（四）通过监测环境进行预防与控制

环境因素是体育风险增大的外在因素，加强对环境的监测有利于体育风险的预防与控制。美国法律要求学校必须配备国家海洋和大气管理局批准的（NOAA-approved）气象收音机，实时收听美国国家气象局发布的气象信息、广播预警以及其他危险[②]。美国、日本学者对运动环境与伤害的预防，主要侧重点在劳累性中暑（Exertional Heat Illness，EHI）。在美国，据估计每年有 9000 例劳累性中暑发生在高中运动员中[③]。环境监测有助于学校体育的开展，从而最大限度地降低劳累性热病的风险[④⑤]。自 2002 年以来，根据高温环境进行调整课程计划以降低运动性中暑风险已经成为相关政策和程序的一部分[⑥]。根据 Tamara C，Valovich M 等[⑦]对亚利桑那州中学体育

① JONES S E, FISHERE C J, GREENE B Z, et al. Healthy and Safe School Environment, Part I: Results from the School Health Policies and Programs Study.Journal of School Health.2007, 77（8）: 522–543.

② KERR Z Y, CASA D J, MARSHALL S W, COMSTOCK R D. Epidemiology of Exertional Heat Illness Among U.S. High School Athletes. Am. J. Prev. Med. 2013, 44: 8–14.

③ HOSOKAWA Y, CASA D J, TRTANJ J M, et al. Activity modification in heat: Critical assessment of guidelines across athletic, occupational, and military settings in the USA. Int. J. Biometeorol. 2019, 63: 405–427.

④ COOPER E.R., GRUNDSTEIN A J, MILES J D, et al. Heat Policy Revision for Georgia High School Football Practices Based on Data-Driven Research. J. Athl. Train. 2020.

⑤ BINKLEY H M, Beckett J, et al. National Athletic Trainers' Association Position Statement: Exertional Heat Illnesses. J. Athl. Train. 2002, 37: 329–343.

⑥ ADAMS W M, SCARNEO S E, CASA D J. State-Level Implementation of Health and Safety Policies to Prevent Sudden Death and Catastrophic Injuries Within Secondary School Athletics. Orthop. J. Sports Med. 2017, 5: 1–8.

⑦ TAMARA C, VALOVICH M, JAVIER F. Emergency Preparedness of Secondary School Athletic Programs in Arizona. ［J］. Journal of athletic training, 2019, 54（2）: 133–141.

应急计划的调查表明，在 143 所学校中有 48% 的学校在运动前采取了环境监测和改善措施。另一项对州高中体育协会的研究表明，53% 的协会要求其成员学校制定环境监测政策。通过环境监测，可以分析可能影响人体正常体温调节能力的条件，并可用于评估运动性中暑的风险[1]。环境监测的方法有：现场测量暑热压力指数值（Wet Bulb Globe Temperature Index，简称 WBGT，又称湿球温度指数），再根据现场情况对课程和内容、强度等做出判断。美国运动训练师协会声明，建议根据活动类型和暑热压力指数，制定炎热天气体育活动准则[2]。因为美国各地环境、气候的差异，所以这种测量要在现场进行，以避免与当地的 WBGT 测量结果产生较大差异[3][4]。

日本的小出敦也、細川由梨[5]也提出日本高中学生运动员在训练时要注意中暑的预防，并提出了相应的预防措施。根据日本体育协会方针，若暑热压力指数超过 31℃，原则上应该停止一切运动。

（五）通过健康促进加以预防与控制

通过健康促进提升学生的体质健康，也是预防与控制学校体育风险的重要措施。根据美国华盛顿特区国家教育统计中心、教育科学研究所和美国教育部在 2012 年发布的数据，在美国有超过 5500 万青少年在中小学就读。由于年轻人每天在学校上课约 6 小时，每年约 180 天，因此学校在帮助改

① CASA D，DEMARTINI J K，BERGERON M F，et al. National Athletic Trainers' Association Position Statement：Exertional Heat Illnesses. J. Athl. Train. 2015，50：986–1000.

② TRIPP B，VINCENT H K，BRUNER M，et al. Comparison of wet bulb globe temperature measured on–site vs estimated and the impact on activity modification in high school football. Int. J. Biometeorol. 2020，64：593–600.

③ PRYOR J L，PRYOR R R，GRUNDSTEIN A，et al. The Heat Strain of Various Athletic Surfaces：A Comparison Between Observed and Modeled Wet–Bulb Globe Temperatures. J. Athl. Train. 2017，52：1056–1064.

④ BRENER N D，WESCHSLER H，MSMANUS T. How School Healthy Is Your State? A State-by–State Comparison of School Health Practices Related to a Healthy School Environment and Health Education［J］. Journal of School Health，2013，83（10）：743–9.

⑤ 小出敦也，細川由梨. 日本の高等学校における熱中症対策：アスレティックトレーナーによる介入事例［J］. 日本アスレティックトレーニング学会誌，2020，6（1）：67–73.

善儿童和青少年的健康状况方面处于独特的地位①。学校的健康计划和政策可能是预防和减少学生健康风险行为最有效的方法之一，甚至是预防严重健康问题的重要手段。为了实现这一目标，CDC 与各州地方教育和卫生机构合作，开发并实施了"学校健康档案"（Profiles）监测系统②。Profiles 是一个调查系统，从各州、大型城市学区和部落有代表性的学校样本中收集学校工作人员的数据。教育和卫生机构使用 Profiles 数据来反映其辖区内的学校卫生政策和实践，确定专业发展需求，规划和监测项目工作，支持与卫生相关的政策和立法，寻求资金，并为未来的调查争取支持。Profiles 数据也被用作州和地方教育机构计划的主要问责措施，这些计划由疾病预防控制中心资助，通过增加实施健康政策和实践的学校比例，减少学生健康风险行为的发生率。

（六）通过应急方案进行预防与控制

科学研究证实学校应急方案对于减少伤害的发生以及降低伤残率至关重要。Drezner J A，Courson R W 及 Kleiner D M③ 提出每个开展体育活动的机构或组织都应该有一份书面的应急行动计划。Parsons J T，Anderson S A，Casa D J 认为应急行动计划的内容包括以下预防措施：头颈部受伤，心脏骤停，治病和中暑，劳累性横纹肌溶解症，与镰状细胞性相关的劳累性崩溃，任何劳累或非劳累性的崩溃，哮喘，糖尿病急症，心理健康紧急情况。Drezner J A，Courson R W 和 Roberts W O④ 经过对美国 50 个州和哥伦比亚

---

① PARSONS J T, ANDERSON S A, CASA D J, et al. Preventing catastrophic injury and death in collegiate athletes: interassociation recommendations endorsed by 13 medical and sports medicine organizations [J].British Journal of Sports Medicine, 2019, 101–109.
② BRENER N D, WECHSLER H, MCMANUS T. How School Healthy Is Your State? A State-by-State Comparison of School Health Practices Related to a Healthy School Environment and Health Education [J].Journal of School Health, 2013, 83（10）: 743–9.
③ DREZNER J A, COURSON R W, KLEINER D M, et al. National Athletic Trainers' Association position statement: emergency planning in athletics. J Athl Train. 2002, 37: 99–104.
④ DREZNER J A, COURSON R W, ROBOTERS W O, et al.Inter-association Task force recommendations on emergency preparedness and management of sudden cardiac arrest in high school and College athletic programs: a consensus statement. J AthlTrain 2007, 42: 143–58.

特区州的调查后，认为以下十个方面至关重要：1.每一所学校或部门都应制定高风险体育项目的应急计划。2.应与当地急救人员、学校公共安全官员、现场医务人员或学校医务人员以及学校管理人员共同制定和调整体育应急预案。3.每所学校应将《体育应急行动计划》分发给所有的体育教职员。4.应急行动计划应包括所有运动场地（包括地图、出入口方向等）。5.应列出应急情况下可能需要的现场应急设备。6.应明确责任人及责任范围，以便于形成有效的指挥链，迅速执行应急行动计划。7.及时交流场地环境管理信息。8.形成体育应急行动计划书面文件。9.每年审查和演练体育应急行动方案。10.在比赛、训练或其他活动期间卫生保健专业人员应在场以便于及时施救。

应急行动计划的核心要素包括：建立有效的沟通系统；培训有可能会参与急救的人员掌握心肺复苏术和自动体外除颤器的使用方法；提供必要的应急设备；形成协调的、演练过的应急方案；确保能早期除颤。此外，要加强对人员培训、设备维护、行动应急计划的监督指导与成效评价[5]。

此外，有条件的学校还应配齐运动伤害防护师（Athletic Trainer，AT）、体育风险应对设备以及运动防护设备。运动伤害防护师具有一般体育教练、体能教练所不具备的医疗卫生知识，在紧急情况下，可以第一时间处理突发状况甚至挽救学生运动员的生命。配齐体育风险应对设备及急救药物，对于挽救生命，降低伤害甚至死亡率至关重要。最常见的应急设备有自动体外除颤仪（AED）、冷水浸泡浴缸、气囊式瓣膜面罩、氧气输送系统、口腔和鼻咽部气道、先进气道（如气管插管、复合管或喉罩气道）以及紧急心脏药物治疗。并将这些设备和药物置放在容易找到的地方[6]。例如，复苏设备应放在显眼的中央位置，可靠近电话或其他启动急救系统的设备。并且学校相关工作人员都应知晓紧急设备的位置。急救设备不能安置在上锁的盒子、柜子或房间中，否则可能延误救治时间。配全体育运动

⑤ PRYOR R R, CASA D J, VANDERMARK L W, et al. Athletic training services in public secondary schools: a benchmark study. [J]. Journal of athletic training, 2015, 50（2）: 156–162.

⑥ HAZINSKI M F, MARKENSON D, NEISH S, et al. Response to cardiac arrest and selected life-threatening medical emergencies: the medical emergency response plan for schools. A statement for healthcare providers, policymakers, school administrators, and community leaders. Circulation. 2004, 9: 278–291.

防护设备可以预防运动伤害，但是对防护设备也必须进行监管，尽量避免因设备的安全隐患带来的危险或是间接伤害 ①。此外，使用未经认证机构批准的装备，会增加运动员受伤的可能性，装备赞助实体将承担赔偿责任和过失责任 ②。因此，使用防护装备必须根据标准慎重选择 ③。运动比赛规则也会规定参赛者的器材标准，如果参赛者使用个人器材，赛事方必须重新对其认证，确保该器材符合所有要求。另外，也要结合环境监测，评估防护装备的穿戴量，减少运动员发生劳累性中暑的概率。

五、国外学校体育风险的转移措施

在风险的应对过程中，对于难以自留，而又不能直接放弃的风险，最好的应对措施则是借助于保险进行有效的风险转移。此举可以有效地减轻学校、体育教师、家长的经济压力和思想束缚，有助于体育教育事业的全面发展。纵观国外比较发达的国家，体育保险已经发展得比较成熟，成为学校体育风险应对的必选措施。而成熟的体育保险体系必须要有法律保障与监管。

（一）美国的学校体育保险的转移

威廉姆斯在《风险管理与保险》一书中提出，"学校体育风险管理是指为了保证学校体育目标的达成，识别、衡量学校体育中的风险，并采取可行的风险控制手段与措施，使风险的伤害和损失降到最低限度的过程"。体育保险是有效的控制性和财务性风险管理措施，体育保险业发展的严重

---

① COOPER L, HARPER R, WHAM G S, et al. Appropriate Medical Care Standards for Organizations Sponsoring Athletic Activity for the Secondary School–Aged Athlete: A Summary Statement.Journal of Athletic Training2019；54（7）：741–748

② ASTM International. Sports equipment, playing surfaces and facilities；pedestrian/ walkway safety and footwear；amusement rides and devices；snow skiing. Vol 15.07. West Conshohocken, PA: ASTM International, 2016.

③ PARSONS J T, ANDERSON S A, CASA D J, et al. Preventing catastrophic injury and death in collegiate athletes：interassociation recommendations endorsed by 13 medical and sports medicine organisations [J]. British Journal of Sports Medicine, 2019：bjsports–2019–101090.

滞后是阻碍我国体育系统正常运转和健康发展一个重要原因 ①②。

美国的学校体育保险的法律保障相对比较完善，多部法律共同构成了学校体育法律体系，包括《国家保险法》《体育保险合同法》《体育涉外保险法》等，并对保险的类型、监管要求进行了详细的规定，为美国体育保险体系的构建及完善奠定了基础，保障了学校体育保险事业的规范发展 ③。美国相应的法律对学校体育风险事故的责任范围及保险赔付率等方面提出了规定。

美国学校对保险的政策要求具有强制性。例如，学生入学前要按照学校的要求，购买能覆盖学校所规定的保险内容并达到相应赔付额度的保险后才准予注册入学。美国学生在参加校外体育活动时，必须提供保险账号或购买临时保险。美国学校体育保险政策呈现出细致、严谨、健全、自主的监管特征。在美国，保险业受立法、司法和行政部门的共同监管，接受州政府和联邦政府的双重监督 ④。保险法制健全、赔偿标准清晰、赔偿过程规范是保障学校体育保险发展的重要前提。

（二）日本学校体育风险的转移

孙金蓉 ⑤ 的研究指出，日本虽然体育伤害事故多，但有较为完备的体育伤害事故补偿制度。一旦发生学校体育伤害事故，学校除了对学生进行紧急救治外，还需为学生通过保险尤其是伤害保险进行适当的经济补偿。这种良好的救治与保险措施，保障了日本中小学体育的蓬勃发展。井红艳等人提出 ⑥ "在高校建立健全有效的医疗保障体系是降低体育风险发生的重要途径。在新生入学时，要求学生购买医疗和意外伤害保险，以减少体育伤

---

① 凌平，王清. 论体育运动的风险与体育保险 [J]. 北京体育大学学报，2003（5）：596–609.
② 石岩，高鸿瑞. 我国体育风险研究热点、脉络演进与展望[J].体育研究与教育，2018,33（4）：1–9.
③ 张芳霞. 湖北省义务教育阶段学校体育保险需求与供给研究 [D]. 宜昌：三峡大学，2020：21–25.
④ 陈志凌，孙娟，李冬梅. 美国体育保险特征及其启示 [J]. 体育文化导刊，2012，4（4）：83–87.
⑤ 孙金蓉. 日本学校体育伤害事故的现状及事故补偿制度 [J].武汉理工大学学报（社会科学版），2004，17（3）：402–405.
⑥ 井红艳，张胜华，李良胤. 高校体育风险保障体系构建研究——基于生命安全教育的视角 [J].哈尔滨体育学院学报，2016，34（5）：56–60.

害事故等引起的经济负担"。

日本的学校体育保险法律体系包括一般法律、学校法律和体育法律，从多方面制订了与学校体育保险相关的规定与要求。日本宪法中对学校伤害事故责任主体进行了规定，国家是最终责任主体，而学校是直接赔偿责任主体，赔偿费用由国家和学校共同承担。例如，《日本学校安全会法》明确规定，义务教育阶段学生受到伤害或死亡时，应对学生的亲属给付医疗费、慰问金[1]。除一般法律和学校法律之外，日本的体育法也是学校体育保险赔付的重要依据。例如，根据《日本体育、学校健康中心法》的要求，对学生伤害等级进行严格划分，对相应的赔付金额给予细致规定，以保证学校体育的顺利进行。

日本在应对学校体育伤害事故时制定了事前预防计划策略和事后的解决方法。李怡等对日本体育保险的研究中发现，日本体育保险事业快速发展的主要原因之一是将体育保险制度纳入了国家的法治化建设。《日本国宪法》《国家赔偿法》《日本学校安全会法》《日本体育振兴法》等一系列法律法规保证学校应对体育伤害事故时有法可依[2]。法律明确规定了学校和教师的责任、处理伤害事故的原则、执行学校体育保险功能等，免除了学校的后顾之忧。学校体育事故中学生、家长和学校的利益都能够有所保障，有足够的空间使学校体育大力发展。

日本的学校体育保险政策具有保险费率自由化等比较突出的特点：允许财产险和人身险兼营；带有较强的公益性特征；体育保险市场较为开放，财产险和人寿险可以兼营；保险费率自由化政策，各保险公司结合实际情况制定保费和险种，既保证公司利润又能突出自身竞争优势，具有较大的自主运营空间。

---

[1] 周爱光.日本学校体育保险的法律基础[J].体育学刊，2005，12（1）：8-10.

[2] 黄清.湖南省农村中学体育教学安全的现状研究——以长沙县为例[D].长沙：湖南师范大学，2016.

六、国外学校体育风险管理研究小结

（一）预防是降低体育风险的重要措施

美国对学校体育伤害事故的预防与控制非常重视。美国学者通过大量的实证研究表明，体育伤害是威胁儿童青少年健康和安全的一个重要问题，他们也在积极探寻行之有效的预防措施。Huggins R A[①]等人认为，随着人们风险预防意识的提升，以及预防措施的实施，能有效提升儿童青少年运动伤害的预防效果。其管理方式遵循风险管理程序，从风险识别、风险预防与控制到风险转移每个操作流程都非常成熟。例如，在体育场地器材的风险识别方面已经规范化、程序化。美国在 20 世纪 90 年代就提出场地安全与运动安全教育的概念，并成立"美国运动场地安全研究所"（National Playground Safety Institute，简称 NPSI）（Playground 在美国指的是学校或公园儿童游乐、运动的场所，主要项目有秋千、猴子攀爬、平衡木、滑梯、旋转绳梯等）。NPSI 的职责是提供体育场地器材安全教育和"游乐场地安全检查员资格认证"。在风险预防与控制上，美国也有非常详细的标准，例如关于游泳池安全的标准非常详细、可操作性强。

英国的研究者认为正确的运动技巧和专业装备在一定程度上能够减少青少年遭遇脑震荡的风险，但要做到真正的预防还需要从学生的角度出发，并且建立一套完整的风险管理体系。Piggin J 和 Bairner A[②]在其文章中呼吁英国教育监督管理机构应向学校详细说明美式橄榄球在学校体育中的潜在风险，并指出在学校体育工作上不能弄虚作假，更不能因为害怕承担责任而取消体育科目。提出学校、老师、家长、教练应关心学生，让学生享受该有的权利，并建立科学的学校体育风险防范体系，明确管理者、教师、家长等各自的责任范围。

[①] HUGGINS R A, SCARNEO S E, CASA D J, et al. The Inter-Association Task Force Document on Emergency Health and Safety: Best-Practice Recommendations for Youth Sports Leagues [J]. Journal of Athletic Training, 2017, 52（4）: 384-400.

[②] PIGGIN J, BAIRNER A.What counts as 'the evidence'? A need for an urgent review of injury risk in school rugby [J]. British Journal of Sports Medicine, 2019, 53（1）: 10.

（二）多元协同管理是重要的预防策略

美国青少年儿童风险管理体现出多部门协同管理的特点。美国众多政府部门参与儿童青少年运动风险的管理，美国消费品安全委员会（U.S. Consumer Product Safety Commission）、美国疾病控制与预防研究中心、疾病预防与健康促进办公室（Office of Disease Prevention and Health Promotion）以及各州的政府部门，都积极参与青少年运动性伤害的安全管理与研究，并制定了体育场地设施材料、设计、生产、安装、维修等标准。美国消费品安全委员会不仅颁布了《公共运动娱乐场地安全手册》《家用运动娱乐场地安全手册》，还于1970年成立了美国伤害电子监测系统（National Electronic Injury Surveillance System，简称 NEISS）用于收集伤害数据[1]。该伤害监测系统是一个开放的系统，研究者可以免费从官方网站下载各种类型的伤害数据，以供研究。其为运动性伤害的研究提供了便利，在预防青少年运动性伤害上发挥了较大的功能。

美国的社会、家庭也积极参与了青少年运动风险的管理与防治工作。包括了美国世界儿童安全组织（Safe Kid Worldwide）、红十字会（American Red Cross）、防溺水联盟（National Drowning Prevention Alliance）、基督教青年会（YMCA）、童子军（Boy Scouts of America）、男孩女孩俱乐部（Boys & Girls Clubs of America）、体育场地安全计划组织（National Program for Playground Safety，NPPS）、安全协会（National Safety Council，NSC）、娱乐与公园协会（National Recreation and Park Association，NRPA）以及儿童健康组织（Kids Health）等社会组织。社会媒体对青少年运动安全也给予了高度关注，并呼吁社区保障儿童青少年运动环境的安全。

（三）定量研究助推学校体育风险管理

国外学者对于青少年体育风险的研究多采用定量研究方法，尤其是关

---

[1]　United States Consumer Product Safety Commission. National Electronic Injury Surveillance System（NEISS）［EB/OL］.（2017-06-16）［2021-04-25］.https：//www.cpsc.gov/zh-CN/Research--Statistics/NEISS-Injury-Data.

于青少年伤害发生率的研究，多采用流行病学的研究方法。有的则采用实验法来验证护具、场地器材的有效防护性。有的学者试图通过研究基因来分析基因与脑伤害之间的关系。英国学者 Terrell T R[①] 等人的研究显示，对运动脑震荡的危险因素进行识别及处理是目前英国运动损伤文献中讨论的热点，并通过研究完成了一项针对大学生运动员的大型多中心前瞻性队列研究，研究人数为 3274 人，以研究各种基因多态性（gps）与预期发生的运动性脑震荡之间可能存在的联系。

陈蔚、廖意[②] 对国内外体育风险管理学科交叉情况进行研究，发现国内的研究更专注于体育科学为主导、多学科交叉的复合型学科群，国外的研究主要集中在运动生理学、运动医学和运动心理学等。学者多运用运动生理学、运动医学和运动心理学的理论，深入研究青少年、儿童等不同人群中出现的体育风险影响因子、机制及应对策略。丁梓焰[③] 的研究也提出，"国外学校体育风险研究近十年来数量呈波浪式上升趋势，形成了以体育学为主导，社会学、心理学以及医学等为支撑的学校体育风险研究体系。国外学校体育风险研究领域学科交叉宽泛深入，研究体系日趋稳定"。

美国儿童青少年体育风险研究亦有比较明显的学科交叉特点。很多研究者为医学博士、医生等，他们认为科学研究应该为青少年体育风险的预防提供理论支持。Mack M G 等人[④] 提出通过研究可以诊断危险源，据此可以提出有效的预防干预策略，后期的评估研究则可以进一步反馈干预策略的效果。该文章首先通过分析美国伤害监测系统提供的数据，对严重的伤害类型、数量进行了归类，分析了危险因素，提出了有关改善运动场地安全的建议。文章对 1990–1995 年约 208260 例 14 岁以下的病例进行了分析，

---

① TERRELL T R, BOSTICH R M, ABRAMSON R, et al. APOE, APOE Promoter, and Tau Genotypes and Risk for Concussion in College Athletes [J]. Clinical Journal of Sport Medicine,

② 陈蔚，廖意. 国内外体育风险研究：现状、热点与趋势——基于 Citespace 的可视化分析. 第十一届全国体育科学大会论文摘要汇编 [C]. 北京：中国体育科学学会，2019：524–525.

③ 梓焰. 基于文献计量视角的国外学校体育风险研究 [J]. 体育研究与教育，2019，34（5）：49–55.

④ MACK M G, HUDSON S D, THOMPSON D. Playground Safety: Using Research to Guide Community Policy [J]. Journal of Health Education：2013，352–374.

结果显示男孩受伤率（53%）高于女孩（47%），63320 例 0-4 岁的幼童受伤部位 60% 是头部和脸部；144940 例 5-14 岁孩子受伤部位 43% 是手臂和手部。随之对不同运动项目的风险因素进行了分析，认为初中的攀爬设施容易引起严重性跌落伤害，并预估两英寸以上厚度的防护层可以降低 10% 的伤害率。跌落伤害也是儿童托管中心的危险因素，然而只有 7% 超过 4 英尺的攀爬设施下铺设有 3 英寸及以上的松软防护层，其中 53% 的场地铺设防护层不达标。对公园的调查显示发生在运动游乐场的伤害也是常见的。25% 的抽样显示，波士顿 64% 的运动游乐场有合格的防护层，但是都没有得到充分的维护。近一半的秋千和超过三分之一的攀爬设施和滑梯下面是沥青场地或是土场地①。对底特律 19 所运动游乐场的调查显示，91% 的伤害事故与场地防护层有关，然而 58% 的场地没有缓冲防护层，六分之一的场地没有得到维护。文章总结了四个危险因素：缺少标准的防护层；防护层没有得到充分的维护；场地设施缺乏充分的维护；器材设施的高度不合理。最后提出防护层和场地的安全管理或教育培训可以起到防护效果。Mann R B L C② 则对美国的运动游乐场安全问题进行了历史回顾，展现了美国青少年运动安全管理从无到有，从混乱到规范、标准化的过程。

（四）科学研究使学校体育风险管理受到重视

科学研究是解决现实问题的重要理论支撑，毛泽东同志曾指出，"没有调查，没有发言权"。立法、指南、标准、监管等安全问题的解答，都必须有充分的科学依据，这就需要进行调查、实验、论证等科学环节。美国疾病与控制中心通过科学分析伤害流行病学的特点，提出了相应的预防措施，起到了一定的预防效果。在过去的 50 年，美国用科学的、严格的公共安全措施来应对伤害与暴力问题。关于伤害控制的研究最早开始于 1913 年，但

---

① BOND M T，PECK M G.The risk of childhood injury on Boston's playground equipment and surfaces［J］.Am J Public Health，1993.

② MANN R B L C. Safety in Outdoor Play［J］. Children's Environments Quarterly，1985，2（4）：13-23.

是直到 20 世纪 40 年代至 50 年代，才开始进行系统或流行病学的研究。随着降低伤害和暴力符合联邦政府和州政府的利益，1960 年至 1985 年研究受到更多的重视。在研究初期，伤害预防被称为事故预防，但是一些研究者认为事故一词妨碍了伤害预防的研究，因为事故是被看作随机的、无原因的，这对于伤害源的诊断和预防是极不利的，随着研究的深入，逐渐将事故和伤害进行了剥离。

1931 年，美国著名的安全工程师海因里希（Heinrich W H）统计分析了 75000 多份事故报告及各个行业场所的记录，指出伤害事故的发生不是孤立事件，尽管伤害可能在某瞬间突然发生，但却是一系列互为因果的原因事件相继发生的结果，并提出了著名的事故因果连锁论"海因里希法则"（Accident-causing Theory）。Godfrey 则认为，若用公共健康模式管理伤害，会降低伤害的发生。1940-1950 年，在科研人员的努力下，构建了伤害科学研究的基础。De Haven 和 John Stapp 发现，伤害程度会因力的类型及分布特点而变化。由此，产生了通过工程设计来避免或降低伤害，如汽车安全带、自行车安全帽等防护措施。1949 年，Johan E Gordon 认为伤害和其他疾病一样，具有流行特征，呈现季节性波动和长期发展趋势，至此开始了伤害的病因与预防的科学研究。1970 年，美国疾病与控制中心（CDC）下属机构健康服务部开始进行伤害研究，70 年代 CDC 资助了多项关于高处坠落、烧伤、休闲伤害等原因的调查以及预防。随着重大科研成果的产出、大量的流行病学分析、研究项目的深入及科研人员的努力，使得伤害控制成为公共健康领域的一门科学。1981 年，CDC 和约翰霍普金斯大学举办了首次伤害控制全国会议。1983 年，美国国会通过法律，授权美国交通部长领导美国国家科学院医学研究所理事会（Institute of Medicine Research Council）开展全国伤害调查——美国伤害调查（Injury in America），目的是探索已知的伤害问题，未来应研究的重点问题，以及政府在提高公众伤害认知与预防上的任务。CDC 的科学家迅速意识到流行病学研究技术可以用于伤害预防与控制。调查结果显示，伤害是威胁美国公众健康的首要问题，所造成的劳动力丧失是癌症和心脏病的所造成损失的总和。但是 1983 年，伤害研究经费的投入只有 1.12 亿，是癌症研究投入的十分之一，不足心脏病研究经费的五分之一。该报告发布后，1985 年美国通过公共法第 90-190 条，要求美国交通运输部（U.S.Department of Transportation）国家交通安全处（National Highway Traffic Safety Administration）每年向 CDC 拨款 10 亿美元用于伤害预防研究，其中 2 亿美元作为 CDC 部门伤害调查、研究、流行病学分析等研究经费，8 亿美元作为高校伤害预防研究和试点项目，一时间激发了伤害研究的热度。1986 年 10 月 10 日，美国国会通过了伤害预防法，修改了公共健康服务法。同时，为降低伤害造成的损失，加大对伤害的预防与控制，1992 年，美国设立了"国家伤害预防与控制中心"（National Center for Injury Prevention and Control，NCIPC），该中心由暴力预防部、非故意性伤害部、统计、研究与事件综合部构成。

由此可见，若要提升我国学校体育伤害预防与控制效果，推动相应法律法规的建设，加大学校体育伤害的研究是必不可少的一环，而且多学科交叉显示了更多的研究优势，因此应加强学校体育伤害预防与控制的交叉研究力度，以适应新时达学校体育高质量发展的需求。

（五）研究促进了学校体育风险的预防与控制

美国公益性组织国家休闲与公园协会（National Recreation and Parks Association，NRPA）1992-1993 年的报告指出，运动场地的安全性问题是备受关注的问题。从 1989 年开始，NRPA 致力于运动场地安全问题研究，并与 60,000 个公园管理者、城乡公共设施安全代表建立工作联系。1993 年，美国运动场地安全研究所（National Playground Safety Institute，NPSI）设为 NRPA 旗下组织，成为运动场地安全信息的交换中心。其职能是引导公众如何为儿童提供安全、富有挑战性的运动娱乐场；促进场地生产标准和指导纲要的更新；开发场地安全检查员（CPSI）培训课程与培训。NRPA 还组织编写了教科书——《游乐场安全绝非偶然（*Playground Safety is No Accident*）》，通过检查样本、检查表、检查程序、原理、员工培训等让场地管理者全面学习场地安全管理。

美国消费品安全委员会（CPSC）也为伤害的预防与控制提供了很大的支持。其任务是对伤害进行研究、统计（Research & Statistics）以及安全教育（Safety Education）。研究和统计标准为两类：一类是按产品分类进行伤害统计和报告，另一类则是按照风险分类进行统计和报告。运动性的伤害包含在公共设施和产品类伤害（Public Facilities & Products）以及体育与休闲类伤害（Sports & Recreation）中。体育与休闲类伤害包括泳池伤害、运动场地伤害、户外运动伤害、集体性运动项目伤害等。CPSC根据运动伤害的研究成果，结合社会的发展情况不断更新安全指南，如从1981年至2010年对《公用运动娱乐场地安全手册》（*Public Playground Safety Handbook*）进行了五次修改，以指导儿童青少年安全运动、游戏，体现了科学研究对于伤害预防的重要价值。CPSC颁布的《儿童伤害预防国家行动计划》中也明确提出应通过科学研究、数据库等的建设加强对儿童青少年伤害的预防工作。

六、国外学校体育风险研究对我国的启示

从美国伤害预防与控制的研究过程，不难看出科学研究对于伤害预防与控制的历史意义。概括而言，科学研究对学校体育风险管理的研究既有理论价值又有社会实践价值。其一，通过研究可以制定科学、合理的风险管理方案；其二，有利于构建全面、高效的学校体育风险评估体系；其三，有利于发挥交叉学科的优势，统筹对学校体育风险的管理，提升管理效率和效果。在社会实践价值上，表现在六个方面：一、为法律法规的建立、修订，提供了理论依据；二、为场地器材相关标准的制定，提供了科学数据；三、为保险企业制定相关保险政策，提供了参考；四、为学校体育风险管理的开展，提供了经验；五、为社会参与学校体育风险管理，提供了思路；六、为政府对学校体育的宏观管理，提供了借鉴。

因此，我们也应重视科学研究在运动伤害预防与控制中的重要作用。"十四五"规划和2035年远景目标是"建成文化强国、教育强国、人才强国、体育强国、健康中国。广泛开展全民健身运动，增强人民体质。推动健康

关口前移，深化体教融合、体卫融合、体旅融合。"①，指出"推进社会体育场地设施建设和学校场馆开放共享，保障学校体育课和课外锻炼时间，以青少年为重点开展国民体质监测和干预"②。国家的宏观目标指明了体育强国建设的方向，而要达到这一宏伟目标关键点有两点，其一是为公众建设健康、舒适、安全的运动环境，其二是鼓励学生、大众积极参加体育锻炼。随着参与体育锻炼人群的扩大，和个人参与体育锻炼次数的增多，面临伤害发生的危险也会随之增加，尤其是儿童青少年的运动风险更应受到足够的重视。根据国外有关伤害的研究经验可知，运动性伤害是威胁儿童青少年健康的重要问题。如前所述，Meehan and Mannix 指出 6-18 岁儿童青少年因参加体育运动而导致的致命性伤害达 459，000 例，占据该年龄段所有致命性伤害的 40%。2009 年，美国每天 7，100 例运动性伤害病例需要治疗，年估算值为 2，600，000 例，近 9000 名儿童青少年因伤害死亡。而科学研究与实验为风险管理提供了必要的理论支持。例如，有学者认为马术头盔的设计在一定程度上减少了脑震荡对运动员的影响。在头盔设计时利用仿生物力学，采用视频分析、计算和物理重建相结合的方法，对马术运动中的 25 次冲击跌落和 25 次非冲击跌落进行了重建，制定相应的冲击阈值，以改善马术头盔的标准和设计。因此，我们要高度重视儿童青少年运动性伤害问题，并且通过科学研究深入诊断我国儿童青少年运动性伤害的特点、风险管理措施等问题。

① 中华人民共和国国民经济和社会发展第十四个五年规划和2035年远景目标纲要[N]. 人民日报，2021-03-13（1）.
② 中华人民共和国国民经济和社会发展第十四个五年规划和2035年远景目标纲要[J]. 中国水利，2021（6）：1-38.

第四节　我国三位一体学校体育风险管理研究方法

一、研究对象与研究思路

（一）研究对象

风险管理是识别机构面临的损失风险，并选择最适宜的方法来化解这些风险的过程①。根据风险管理的概念，结合国内的研究经验，将学校体育风险管理界定为："以风险管理技术为工具，以有效地控制学校体育风险源，降低风险事故损害为目的，制定并执行合理的风险管理计划的过程。"本以政府主导的学校－家庭－社会三位一体的学校体育风险管理体系的构建作为研究的主要对象。

（二）研究思路

从实用主义出发，采用质的研究方法与量的研究方法相混合的研究范式，通过文献回顾、国际比较、理论建构的混合范式来展开研究。实用主义关注"什么有用"以及问题的解决方法。与方法相比，问题才是最重要的，研究者使用所有的方法以理解问题，是混合研究的哲学基础②。实用主义观点认为，"研究者在着手研究时，可以在定性研究假设和定量研究假设中自由选择。'自由'选择与研究者所最符合的研究方法、技术和步骤"。

首先，通过文献梳理，归纳总结我国学校体育风险管理的理论依据、现状、特征；其次，通过比较当下国内外学校体育风险管理的异同，审视我国学校体育风险管理的优势与不足；然后，采用横断面的调查诊断来评估我国学校体育风险管理的瓶颈问题；接着，综合文献归纳、国际比较、实证调查的结果，构建出社会主义新时代学校体育风险管理体系；最后，通过头脑风暴法评判所构建管理体系的合理性、可行性。理论建构的目的

---

① 乔治·E.瑞，迈克尔·J.麦克纳马拉.风险管理与保险原理：第十二版［M］.刘春江，译.北京：中国人民大学出版社，2004：4-5.
② 约翰．W．克雷斯韦尔.研究设计与写作指导：定性、定量与混合研究的路径［M］.崔延强主译.重庆：重庆大学出版社，2007：9.

是构建出符合我国国情并具有实用价值的学校体育风险管理机制。

研究使用质的研究方法主要有半结构式个体访谈和集体访谈以及开放式观察法。访谈的对象包括国内外体育专家、体育教师、家长、律师、校长、保险从业者、校医，观察的地点包括中国的学校、社区，美国的学校和社区。定量研究方法主要采用问卷调查法，并采用数学模型评估风险源。

（三）技术路线

本研究将遵循理论探索—实证调研—归纳分析—对策建议的路径进行设计。

二、质的研究方法

质的研究（Qualitative Research）是比较成熟的一项研究方法，"以研究者本人作为研究工具，在自然环境下采用多种资料收集方法对社会现象进行整体性探究，使用归纳法分析资料和形成理论"①。其与定性研究有相似之处，都是对社会现象的理解和解释，但是也有很多异同之处，质的研究强调在原始资料的基础上建构研究的结果或理论，而不仅仅是纯粹的哲学思辨、个人见解和逻辑推理。传统意义上的定性研究大都没有原始资料作为基础，主要使用的是一种形而上的思辨方式，偏向结论性、抽象性和概况性。但是在社会研究中，也有研究者将质的研究称之为定性研究，二者具有等同性。例如，风笑天将定性资料（Qualitative Data）定义为"研究者从实地研究中所获得的各种以文字、符号表示的观察记录、访谈笔记，以及其他类似的记录材料。"有些学者也将质的研究称之为质性研究。鉴于质的研究方法较之定性研究方法更能概况该研究所使用的方法，所以采用质性研究方法代替传统意义上的定性研究方法。

质的研究抽样重点是"样本一般都很少，甚至只有一个个案，但需要时有深度的立意抽样""质的研究强调丰富的内涵，而非量化研究中以能

① 郭娟.社会排斥视角下的初中生街头少年研究［J］.上海青年管理干部学院学报，2012（3）：17-20.

推论到母群体得到样本为抽样原则"①。现有的质的研究抽样方式有滚雪球抽样、目的性随机抽样、任意抽样、综合抽样等。鉴于不同抽样方式的有效性及研究的可行性,采用目的性随机抽样,即建立在立意抽样的基础上,先设定研究目的和范围后,再进行抽样。

(一)个案研究

风笑天指出个案研究(Case Study)"即对一个个人、一件事件、一个社会集团,或一个社区进行的深入全面的研究"。通过个案调查,以获得翔实的一手资料,为理论构建提供实证依据。课题组抽取了四个个案进行了比较深入的调查:湖北 S 小学、X 大学、美国 W 小学及 G 大学。通过一个学期的观察,了解学校体育风险问题,分别作为学校体育风险评估、学校体育风险管理体系构建、学校体育社会保险调研个案。

(二)访谈法

访谈法的分类有很多种,按结构、按受访者、访谈途径等可分为结构型、半结构型、个体访谈、集体访谈等。半结构型访谈的优势是研究者对访谈的结构有一定的调控作用,又可以鼓励受访者提出自己的问题、观点、见解。根据研究的需要,在研究过程中采用半结构型访谈法围绕学校体育风险管理瓶颈问题、突破方法对所抽取的访谈对象进行了个体访谈和集体访谈。

访谈过程遵循自愿、保密原则。为保障访谈信息记录的完整性、准确性、效率性,访谈调查组成员由两人共同组成,一人负责提问、回应、引导、速记,另一人主要全面负责记录、录音。在正式访谈前,先组织访谈者学习访谈方法,包括提问技巧、倾听原则、回应方式、记录形式、速记技巧、非语言行为的记录、访谈收尾工作。

正式访谈前,研究者先进行了 2 次试访谈,以检查访谈提纲的合理性、有效性及可行性,测量所拟定的访谈提纲是否可调查到所想要调查的内容,以及被访谈对象能否真正明白访谈者所提出的问题及目的。根据试访谈效

---

① 黄谦.体育健身休闲市场服务质量与消费者忠诚度关系研究[M].北京:中国社会科学出版社,2016:47.

果及反馈信息，调整访谈提纲的内容，使其更加合理，并最终形成正式的访谈提纲。例如，对校长进行访问时将"您认为学校体育风险管理的瓶颈问题是什么"改为"您认为学校体育风险管理的困难有哪些"等。根据需要设计了《学校体育风险管理访谈提纲》和《学校体育保险访谈提纲》。访谈过程中首选介绍研究的目的及保密方式，若访谈对象允许，则同时采用笔录和录音笔记录访谈内容，对于不同意录音的访谈对象则采用笔录。2016 年 12 月至 2020 年 11 月，在国内先后开展了数十次个人访谈。2017 年 2 月至 2018 年 2 月，于美国佐治亚大学访学期间开展了当地的访谈调查。访谈对象包括大学体育教授、中小学体育教师、中小学校长、体育学院院长、律师、家长、班主任、校医、发生过运动损伤的学生。通过给国培生授课以及硕士研究生第二导师培训的机会进行过 3 次集体访谈，每次访谈时间 30 分钟至 60 分钟不等，访谈对象及编码见表 0-1。

表 0-1　访谈对象一览表

编号	性别	职业 / 运动等级	单位	区域	访谈形式
T1	男	体育教师 / 教授	台湾大学	台湾	面对面
T2	男	体育教师 / 教授	湖北经济学院	湖北	面对面
T3	男	体育教师 / 教授	SD 大学	湖北	面对面
T4	男	体育教师 / 教授	武汉体院	湖北	面对面
T5	男	体育教师 / 副教授	武汉理工	湖北	面对面
T6	男	体育教师 / 副教授	SD 大学	湖北	面对面
T7	男	体育教师 / 副教授	湖北民族大学	湖北	面对面
T8	女	体育教师 / 副教授	湖北第二师范	湖北	面对面
T9	女	体育教师 / 讲师 / 健将	SD 大学	湖北	面对面
T10	女	体育教师 / 讲师 / 健将	SD 大学	湖北	面对面
T11	男	体育教师 / 教授	同济大学	上海	腾讯 App
T12	男	小学体育教师	宜昌实小	湖北	面对面
T13	男	小学体育教师	宜昌实小	湖北	面对面
T14	男	中学体育教师	宜昌十中	湖北	面对面
T15	女	小学体育教师	茅坪逸夫小学	湖北	面对面
T16	女	小学体育教师	莒南实现小学	山东	面对面
T17	女	小学班主任	宜昌实小	湖北	面对面

编号	性别	职业/运动等级	单位	区域	访谈形式
T18	女	小学班主任	洙泗小学	山东	面对面
T20	男	教师/法学副教授	佐治亚大学	佐治亚州	面对面
T21	女	体育教师/副教授	佐治亚大学	佐治亚州	面对面
T22	女	体育教师/教授	佐治亚大学	佐治亚州	面对面
T23	男	体育教师/教授	俄亥俄州立大学	俄亥俄州	微信电话
M1	女	区教研员	宜昌A区	宜昌	面对面
M2	男	区教研员	宜昌B区	宜昌	面对面
M3	女	小学校长	宜昌X小学	宜昌	面对面
M4	男	院长/教授	X学院	东北	面对面
M5	女	副校长/教授	X学院	北京	腾讯App
M6	男	院长/教授	中国	江苏	腾讯App
M7	男	主任/教授	美国	佐治亚州	面对面
L1	男	律师	普济律师事务所	宜昌	面对面
L2	男	律师	普济律师事务所	宜昌	面对面
L3	男	律师	齐鲁律师事务所	山东	面对面
L4	女	律师	隆山律师事务所	莒南	面对面
D1	女	校医	上地中学	北京	面对面
D2	女	校医	宜昌八中	宜昌	面对面
D3	男	骨科主任	仁和医院	宜昌	面对面
D4	男	骨科副主任	中心医院	宜昌	面对面
P1	女	家长	江汉路小学	宜昌	面对面
P2	女	家长	洙泗小学	泗水	面对面
P3	女	家长	莒南实小	莒南	面对面
P4	女	家长	临沂实习	临沂	面对面
P5	女	家长	中南民族大学	武汉	面对面
P6	男	家长	湘南学院	长沙	微信电话
P7	男	家长	岭南师范学院	湛江	微信电话
P8	男	家长	/	佐治亚州	面对面
P9	女	家长	/	日本千叶县	微信电话
I1	男	经理	中国人寿分公司	湖北	微信电话
I2	女	经理	中国人寿分公司	湖北	面谈
R1	男	工作人员	宜昌市人力资源和社会保障局	宜昌	面谈

续表

编号	性别	职业 / 运动等级	单位	区域	访谈形式
R2	女	工作人员	宜昌市人力资源和社会保障局	宜昌	面谈
总计	50人				

备注：为便于统计，采用英文字母与数字相结合的方式对访谈对象进行了编码，字母代表类别，数字则代表顺序。T代表体育老师，M代表行政管理人员，L代表律师，D代表医生，P代表家长，I代表经理，R代表人力部门工作人员。

（三）观察法

实地观察法是质的研究方法中另外一种收集研究资料的重要方法。应用实地观察法是在自然环境下对学校体育风险管理现状，从物质环境管理、教师课堂管理等方面进行考察，以便更全面地了解学校体育风险识别、评估、应对现状。实地观察法又细分为参与型观察和非参与型观察，以及结构型观察和非结构型观察。"在质的研究中，研究者通常使用无结构的观察方式，目的是对社会现象进行探索性的、不断深化的研究。"根据研究目的，在观察时采用非参与的、公开的、非结构型的观察方式到学校操场、儿童体育活动场所（场馆）进行观察。鉴于观察现场进入的可行性，观察现场的抽样采用方便抽样的方式。自 2016 年 12 月至 2020 年 12 月，在国内观察了 20 所大中小学，以及 20 处健身路径、小区体育活动场地。2017 年 2 月至 2018 年 2 月，在美国观察了佐治亚大学、佐治亚理工大学、美国卫斯理安女子学院 3 所大学，以及多所高中、小学，见表 0-2。

表 0-2　观察场地一览表

类型	中国（个）	美国（个）	总计（个）
小学	5	3	8
初中	2	1	3
高中	5	1	6
大学	8	3	11
校外场地	20	11	31
总计	40	19	59

（四）资料的分析

1. 资料整理及建档

通过笔录和录音对访谈内容进行了现场记录（不便于录音的，只进行了笔录），对于实地观察的数据则通过撰写观察日记进行现场记录，并在被允许的情况下通过拍照或录视频作为补充，并尽可能于访谈或观察当天，将访谈记录或观察记录输入计算机存档。

2. 资料分类与编码

风笑天提出"研究者将原始资料组成概念类别，创造出主题或概念，然后用这些主题和概念来分析资料。这种编码是在研究问题的指导下进行的"。常见编码的方式有开放式编码、轴心编码、选择式编码。其中轴心编码（Axial Coding）更注重的是研究主题，而不是资料本身，即研究者的头脑中带着基本的或初步的编码主题查阅资料，着重于发现和建立类别之间的各种关系，包括因果关系、时间关系等[①]。根据研究的特点，对实地调查的记录采用轴心编码的方式进行编码。以"学校体育风险管理"为主题轴，以学校体育风险识别、评估、应对（预防与控制）作为亚分类轴，依据前期文献综述将风险识别、风险评估、风险应对三个分支继续进行细化，并用思维导图工具进行归纳分类（Mind Master）。在编码过程中两个重要的问题值得注意：以词语为编码单位，一个语句中如果包含多个不同的意思，则对这几个词语分别编码。如，"教师课堂管理能力不足，学生课堂纪律差"则含有两层意思，前者指的是教师的课堂驾驭能力，后者是指学生的自律性；在多个语句中，访谈对象所表达的内容意思相同，只是对前述问题的强调或是作进一步的解释，没有提供额外的信息，则视为一次编码。如，有教师陈述"最担心的是家长闹事"，后面又提到"最怕家长纠缠不清"，则视为一次编码。

3. 资料的信效度分析

劳伦斯·纽曼在《社会研究方法——定性和定量的取向》一书中对定性

---

① 风笑天. 社会调查方法 [M]. 中国人民大学出版社，2016：313-316.

研究的信度和效度原则进行了详细讨论。他提出"信度意味着可靠性和一致性。在定性研究中，研究者使用多种技术（如访谈、参与观察、拍照、研究档案等）一致性地记录他们的观察""效度意味着真实性。定性研究者很少关心抽象概念和经验数据之间的匹配，而是更关心对社会生活给出一个无偏见的描述"。劳伦斯·纽曼的观点强调了定性研究在追求信度和效度时与定量研究的区别。在定性研究中，研究者更注重的是深入理解和解释现象，而不是简单地追求可重复性和量化指标。因此，定性研究的信度和效度评估更多地依赖于研究者与被研究对象之间的互动、观察的深度和广度以及对数据的细致分析。在本研究的过程中为尽量提高信效度，采用了访谈法、观察法进行研究资料的获取，并本着实事求是的研究态度，记录了访谈、观察内容。

4. 资料的分析方法

质性研究对资料的分析方法有多种，包括主题分析法、连续接近法、举例说明法（例证法）等。鉴于研究的需要，在分析记录资料时主要采用了主题分析法、举例说明法和比较分析法。即在分析研究结果时，以学校体育风险为主题，通过举例、对比来分析国内外学校体育风险管理的异同，从而为优化我国学校体育风险管理体系的构建提供实证依据。采用语言分析方法（Discourse Analysis，简称 DA）进行内容分析（分析软件为 Nvivo）。其优点是信息真实性强，理论联系实际效果好。"内容技术的分析过程还注重解析语言交流背后的含义与关联，特别适合剖析社会、文化及政治有关语言的深层含义"①。

三、问卷调查法

质的研究方法可以获取丰富的一手资料，但是也有其自身的局限性，主要缺点为：概况性不足，其研究结论难以推广到更大的范围，难以进行

---

① 王进，2008. 运动员退役过程的心理定性分析；成功与失败的个案研究 [J]. 心理学报，2008，40（3）：371-372.

重复研究，对研究对象的影响、花费时间长等问题。为弥补质性研究方法的不足，有必要引入定量研究（Quantitative Research）作为补充与支撑。

鉴于研究的可行性，在湖北、贵州等地抽取了部分学校作为抽样调查对象。根据研究的需要，设计了《高校体育伤害事故调查表》《中学体育伤害事故致因调查表》《高校体育风险管理调查问卷》《学校体育保险供需现状调查问卷》。

（一）问卷的编制流程

问卷的编制流程是一个系统而细致的过程，旨在确保问卷能够有效地收集到所需的信息。本研究严格按照问卷编制的规范流程进行相关问卷的编制工作，见图 0-1。

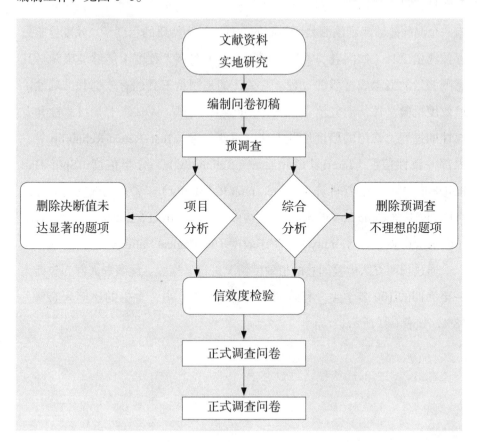

图 0-1　问卷编制流程

（二）问卷的编制步骤

1.《高校体育伤害事故致因调查表》的编制

（1）测试题目的来源

测试题目主要来自前期研究过程中所制定的问卷《学校学体育伤害事故致因现状调查问卷》，另一部分来自实地调研。问卷分为六个维度：学生因素、教师因素、场地器材因素、学校管理因素、环境因素、社会因素。问题的设置都是正向问题，问卷初稿为 50 个题目，经专家效度检验后删掉了与研究主题相关性低的题目，得到 41 个题目。

（2）信效度分析

信度（Reliability）检验是指"测验或量表工具所测得结果的稳定性及一致性，量表的信度越高，则其测量标准误差越小"。效度（Validity）是指一个测验能够测到该测验所想测的心理或行为特质的程度[1]。效度检验是评估测量工具（如问卷、测试、评估表等）在多大程度上能够准确测量其意图测量的概念或特质的过程，它关注的是测量工具的有效性和准确性。信效度检验是评估研究测量工具（如问卷、测试、评估表等）可靠性和有效性的过程。常用的信度检验方法有重测信度（Test–Retest Reliability）、内部一致性信度（Internal Consistency Reliability）、分半信度（Split–Half Reliability）、评定者间信度（Inter–rater Reliability）。常用的效度检验方法有内容效度（Content Validity）、建构效度（Construct Validity）、效标效度（Criterion–Related Validity）、生态效度（Ecological Validity）。

通过预调查队检验问卷的信效度情况进行了检验。预调查人群为包括大一至大四的 100 名学生，有效回收问卷 100 份，男、女生的比例为 62%、38%，如表 0–3 所示。

---

① 吴明隆 . 问卷统计分析实务 –SPSS 操作与应用［M］. 重庆：重庆大学出版社，2010：62–240.

表 0-3　预调查问卷年级发放情况（n=100）

	样本	百分比	有效百分比	累积百分比
男	62	62.0	62.0	62.0
女	38	38.0	38.0	100.0
大一	63	63.0	63.0	63.0
大二	28	28.0	28.0	91.0
大三	2	2.0	2.0	93.0
大四	7	7.0	7.0	100.0
大四	3	3.0	3.0	100.0

备注：n 为问卷数

所发放对象来自 10 个专业，主要是工学、法学和教育学，见表 0-4。

表 0-4　预调查问卷专业发放情况（n=100）

	样本	百分比	有效百分比	累积百分比
教育学	15	15.0	15.0	40.0
哲学	1	1.0	1.0	1.0
经济学	6	6.0	6.0	7.0
法学	18	18.0	18.0	25.0
文学	3	3.0	3.0	43.0
理学	8	8.0	8.0	51.0
工学	39	39.0	39.0	90.0
农学	3	3.0	3.0	93.0
医学	5	5.0	5.0	98.0
管理学	2	2.0	2.0	100.0

备注：n 为问卷数

对上述回收的 100 份问卷进行了对半信度和建构效度检验。首先，采用因子分析，对问卷的建构效度进行了分析，主成分分析显示 41 个题目的共性方差最低值为 0.520>0.5，且大部分都接近或者超过 0.8，表示所提取的公因子能够很好地反映学校体育伤害事故的致因结构，说明问卷的建构效度在可接受范围。Spearman-Brown 系数、Guttman Split-Half 系数值都大于 0.9，说明问卷的信度非常高。此外，采用专家效度法对问卷的内容效度进行了检验。专家组成员共 10 人，其中高校体育一线教师 5 名，学校体育研究专家 5 名，见表 0-5。

表 0-5 内容效度检验

问卷类型	非常适合 %		比较适合 %		一般	不适合	很不适合
学生卷	6	40%	9	60%	0	0	0

2.《中学体育伤害事故致因识别量表》的编制

（1）测试题项的来源

《中学体育伤害事故致因识别量表》是在之前所编制的《学校体育伤害事故致因结构调查表》[①] 的基础上，经预调研和项目分析后，进行了适当的优化，所调查对象为教师。

（2）信效度检验

经内部一致性信效度检验结果表明，《中学生体育伤害事故致因识别量表》总的内部一致性系数为 0.96，其分调查表的系数都在 0.70 以上。通过结构方程模型拟合后，发现拟合效果优，证明量表的结构效度较好。经信效度检验后表明《中学体育伤害事故致因识别量表》能满足研究的需要。

3.《高校体育风险管理调查问卷》的编制

（1）题项的来源

题目一部分来源于高校体育风险管理相关的研究资料，另一部分来自实地研究，问卷初稿共有 45 个题目，经分析后剔除了 8 个题目，预调查后又剔除了 2 个题项，最后形成了含 35 个题目的正式问卷。

（2）信效度检验

预调查共发放问卷 50 份，回收 50 份，有效问卷 50 份，调查对象为大一大二两个年级的学生。结果内部一致性系数 α 为 0.974，说明问卷的内部一致性信度比较好。

4.《学校体育保险供需现状调查问卷》的编制

保险是转移风险的重要途径，学校体育保险对于学校的安全管理和风

---

① 王岩. 我国学校体育伤害事故致因模型及其预防 [D]. 北京：北京体育大学，2011：30-35.

险转移至关重要。根据研究需要，在借鉴前人研究成果的基础上，根据义务教育阶段学校体育工作的实际情况，结合质性研究结果，编制了《学校体育保险需求与现状的调查问卷》的教师卷和家长卷[①]。问卷第一稿编制好后，请学校体育专家进行了内容效度检验，修改后形成了第二稿，并进行了第二次专家内容效度评判，合格后进行了试调研。第一次试调研后又进行了部分选项的修改，之后进行了第二轮的试调研，再次进行了项目分析、信效度检验，最终形成了正式调查问卷，以调查体育教师、家长对义务教育阶段学校体育保险现状、认知及学校体育保险的需求。

（1）题项来源

问卷题项主要来源于两个方面，一是文献资料中关于学校体育保险问题，二是实地的观察与访谈结果。问卷的初稿（教师卷）共有 21 项问题，在征询专家意见后进行了补充，形成了第二稿共 27 项问题，之后再次根据学校体育专家和一线体育教师的意见进行了修改，形成了第三稿问卷，包含 32 项问题，内容包括人口统计学信息，学校体育保险的现状，学校体育保险需求三大部分。家长调查问卷的编制过程与教师卷的编制过程同步，也进行了多次的专家咨询与反复修订，最终形成了包含 20 项问题的调查问卷。

（2）项目分析

发放问卷 30 份，有效回收率 100%，用以项目分析和信效度检验（不含人口统计学信息及学校体育保险现状部分）。CR 值（Critical Ratio，临界比值）是项目分析中用来检验问卷的题项是否能够鉴别不同被调查者的反映程度的指标。在统计学中，CR 值是项目分析中用来检验问卷的题项是否能够鉴别不同被调查者的反映程度的指标。具体计算方法是：将所有被调查者的问卷得分总和按高低顺序排列，得分前 27% 者为高分组，得分后 27% 者为低分组，然后算出高低两组被调查者每个题项得分的平均值，并

---

① 张芳霞.湖北省义务教育阶段学校体育保险需求与供给研究［D］.宜昌：三峡大学，2020：30–38.

计算两者差异的显著性水平，即可得到该题项的 CR 值。如果 CR 值达到显著水平（通常小于 0.05），则表示该题项能够鉴别不同调查者的反应程度，在调查中有意义；如果显著水平大于 0.05，则说明该题项不能鉴别不同调查者的反应程度，该题项在调查中没有意义，应当删除或修改。将临界值 t 值的标准值设为 3.0。根据问卷的特点对教师卷进行了项目分析，因家长卷为单项或多项选择题，不适合做项目统计分析，故未进行项目分析。t 检验显示教师卷中 20 个选项的 CR 值均达显著水平（$P < 0.05$），故没有删除任何题项，所有题项的鉴别度较好。

表 0-6　学校体育保险供需现状调查问卷（教师卷）CR 值统计表

题项	t 值	显著性（P<0.05）
第 1 题	8.810	0.000
第 2 题	6.846	0.000
第 3 题	7.244	0.000
第 4 题	11.277	0.000
第 5 题	8.558	0.000
第 6 题	6.550	0.000
第 7 题	11.317	0.000
第 8 题	12.512	0.000
第 9 题	3.704	0.000
第 10 题	13.734	0.000
第 11 题	9.626	0.000
第 12 题	7.349	0.000
第 13 题	5.207	0.000
第 14 题	4.028	0.000
第 15 题	6.781	0.000
第 16 题	6.507	0.000
第 17 题	5.944	0.000
第 18 题	13.428	0.000
第 19 题	14.581	0.000
第 20 题	13.003	0.000

（3）信效度检验

通过内部一致性检验对教师卷量表的信度进行了检验，结果表明内部一致性系数为 0.828，说明量表的信度较好，适合用于调查数据。

采用重测信度对家长卷的信度进行了检测，监测时剔除了人口学信息和多选题，余下问题为 11 项，前后各发放、回收有效问卷 20 份，两次测量间隔时间为两星期，重测系数为 0.854（p < 0.05），表明问卷的重测信度满足调查要求。

《学校体育保险供需调查问卷》（教师卷）的效度检验采用建构效度和内容效度（专家效度）两种方式进行检验，家长卷则采用内容效度进行测验。结构效度是指问卷能够测量到理论上构想的概念或特质的程度。KMO（Kaiser-Meyer-Olkin）主要用于评估变量之间的相关性是否足够强，当 KMO 值接近 1 时，表示相关性非常强，变量间的共同因子多，反之则相反。因此，通过 KMO 检验可以间接评估问卷的结构效度，帮助研究者评估问卷的整体结构是否合理。一般而言，KMO 值大于 0.6 被认为是可以接受的，大于 0.7 表示效果较好，大于 0.9 表示效果非常好。效度检验结果表明，问卷的 KMO 值为 0.787（P=0.000 < 0.01），显示建构效度较好。

采用专家效度法对教师卷（6 名专家）和家长卷（8 名专家）的内容效度进行了评价，内容效度的检验结果显示，两份问卷的内容效度较好，符合调查的要求（见表 0-7）。

表 0-7 内容效度评价表

	非常合适		比较合适		一般		不合适		很不合适	
教师卷（n=6）	4	67%	2	33%	0	0%	0	0%	0	0%
家长卷（n=8）	1	12.5%	7	87.5%	0	0%	0	0%	0	0%

备注：n 为问卷数

（三）抽样方法及问卷的发放与回收

1. 抽样方法

鉴于在全国范围内发放问卷的难度比较大，不同调查阶段所抽取的调查省份不同，所有调查对象均采用分层整群随机抽样的方法进行了抽取。调查员为所聘请的在读硕士研究生，调查方式为现场发放，现场回收。

2. 问卷的发放与回收

（1）《高校体育伤害事故致因调查问卷》的回收情况

表0-8　问卷回收情况

学校名称	发放问卷 （份）	回收问卷 （份）	回收率 （%）	有效问卷 （份）	有效率 （%）
湖北第二师范学院	200	188	94	180	90.0
湖北师范学院	200	199	99.5	181	90.5
华中师范大学	200	196	98	191	95.5
武汉理工大学	200	192	96	180	90.0
SD 大学	210	200	95.2	195	92.9
总计	1010	975	96.5	927	91.8

（2）《中学体育伤害事故致因调查问卷》回收情况

该问卷的调查对象为教师，借助于问卷星共发放问卷370份，有效回收率100%，问卷情况见表0-9。

表0-9　调查对象年龄分布情况

年龄段	样本数	百分比	有效百分比	累积百分比
25 岁以下	49	13.2	13.2	13.2
26–35 岁	156	42.2	42.2	55.4
36–45 岁	105	28.4	28.4	83.8
45 岁以上	60	16.2	16.2	100.0
合计	370	100.0	100.0	

被调查对象主要来自东部、中部、西部共计18个省/直辖区，其中东部省份/直辖市7个，中部省份6个，西部省/直辖区5个，见表0-10。

表0-10　调查对象所属省份分布情况

省份	样本数	百分比	累积百分比	省份	样本数	百分比	累积百分比
北京	34	9.2	9.2	内蒙古	6	1.6	68.1
天津	12	3.2	12.4	陕西	6	1.6	69.7
上海	1	0.3	12.7	吉林	4	1.1	70.8
重庆	4	1.1	13.8	福建	2	0.5	71.4
云南	3	0.8	14.6	贵州	7	1.9	73.2

省份	样本数	百分比	累积百分比	省份	样本数	百分比	累积百分比
辽宁	12	3.2	17.8	广东	6	1.6	74.9
黑龙江	16	4.3	22.2	青海	1	0.3	75.1
湖南	7	1.9	24.1	西藏	4	1.1	76.2
安徽	6	1.6	25.7	四川	10	2.7	78.9
山东	23	6.2	31.9	宁夏	4	1.1	80.0
新疆	5	1.4	33.2	海南	4	1.1	81.1
江苏	14	3.8	37.0	河南	39	10.5	91.6
浙江	5	1.4	38.4	河北	31	8.4	100.0
江西	39	10.5	48.9	合计	370	100.0	
湖北	32	8.6	57.6				
广西	5	1.4	58.9				
甘肃	9	2.4	61.4				
山西	19	5.1	66.5				

（3）《高校学校体育风险管理调查问卷》的回收情况

鉴于研究的精力、财力有限，以贵州省作为个案进行研究，抽取贵州省 6 所普通高校的学生作为调查对象，发放《高校学校体育风险管理调查问卷》，一共发放 250 份问卷，回收 250 份，有效问卷 227 份，有效回收率为 90.8%。

（4）《学校体育保险供需现状调查问卷》的回收情况

受研究的精力、财力所限，在调查义务教育阶段学校体育保险现状时，抽取了湖北省作为调查的个案省，借此了解我国学校体育保险的部分情况，发放情况见表 0-11 所示。

表 0-11　《学校体育保险供需现状调查问卷》发放与回收情况

	发放（份）	回收（份）	有效回收率(%)	发放范围
教师卷	400	358	89.5%	湖北省所辖区市县
家长卷	300	260	86.7%	

教师卷调查范围覆盖了湖北省 12 个地级市、1 个自治州和 1 个省直辖县级市。湖北教育年鉴统计数据显示，省内义务教育阶段在校学生共有 500 余万人，考虑到发放家长问卷的难度和工作量，抽样过程很难到完全随机

抽样，在抽取家长的样本过程中由体育教师协助抽取 [1]。

（四）数据处理方法

综上所述，调查问卷的信度比较理想，能保障数据收集的有效性和可靠性。为进一步保障数据的质量，在录入数据时采用 EpiData3.1（中文版）进行问卷录入。EpiData 作为流行病学数据收集软件，可以轻松实现数值和文本的录入以及查错，在很大程度上提高了问卷录入的正确率。本研究运用双录入核查比对来控制问卷的录入质量，即由两组人对同一批问卷进行录入，然后经 EpiData 检验两组录入问卷的一致性，对于不一致的地方通过查阅原始问卷进行核查。使用 Excel2016、SPSS19.0、MATLAB 处理数据。

四、模糊数学评判法

研究结果表明学生运动安全教育不足，伤害事故认定责任难，体育保险不完善以及社会认知失衡，是学校体育风险管理中面临的实际困难。为了进一步评估学校体育风险源，以便于制定风险应对办法，研究通过模糊数学 TOPSIS 评价模型对学校体育风险程度大小进行了定量排序。

（一）体育融合模糊数学研究的优点

模糊数学是运用数学方法研究和处理模糊性现象的一门数学分支。它提供了一种处理不确定和不精确问题的新方法，是描述人脑思维处理模糊信息的有力工具 [2]。从模糊数学概念的界定可以看出，模糊数学是对没有明确界限之分的客观事物进行量化来分出差异。例如，一个人的胖与瘦并没有明确的界定，但根据一个胖的界限，和一个瘦的界限，知道了上限和下限，然后根据实际体重与上限和下限的关系，就能作出隶属度，就有了模糊性量化的可能性。

---

[1] 张芳霞.湖北省义务教育阶段学校体育保险需求与供给研究 [D].宜昌：三峡大学，2020：6.

[2] 孙兵，王志刚等.高校教师体育生活现状的社会学调查与分析 [J].北京体育大学学报，2007，30（2）：172-174

丛湖平认为，"体育科学领域客观地存在着大量的模糊现象，要真正认识和反映模糊现象的规律，有必要运用数学方法，以量见质，提高科学研究的效度"。邹继香 ① 提出，"科学的发展要求模糊数学应用的触角深入体育科学的腹地，成为体育科研的一个有力的研究工具"。邬燕红 ② 提出"用模糊数学方法来对这些处于'模糊状态'的人或事的相关因素进行处理，使其得到正确的分析结论和理想的评价判断效果，进而指导体育研究工作的顺利进行"。周新业 ③ 把模糊数学应用于体育综合评定的研究，试图对体育教师的教学工作做出科学化、定量化的综合评价。刘英 ④ 用层次分析法确定各层评价指标的权重，运用模糊数学的方法构建了模糊综合评价模型，并应用此模型对河南省体育旅游资源进行了客观评价。松家萍 ⑤ 等把模糊数学应用于高校体育教师的绩效评价，运用层次分析法与综合评价法确定指标的权重与绩效的评估，改进现行高校体育教师绩效评价标准与实施方法。沈钧毅 ⑥ 运用模糊数学方法对体育教学训练水平进行综合评判，以寻求一种较为客观的、定量化的评价方法。王东旭 ⑦ 提出了一种基于模糊综合评判推理机制的评价模型，提高了大学体育工作中众多评价工作的有效性和可信性 ⑧。

综上所述，模糊数学已经在体育课程学习、训练水平、体育教学评价等一些方面得到了应用。将模糊数学应用于体育领域相关问题的研究，有

① 邹继香. 运用 "模糊数学" 优化扣球技术教学与训练手段的探讨 [J]. 哈尔滨体育学院学报，1997（4）：37.
② 邬燕红. 四种 Fuzzy（模糊数学）方法在体育评价中的应用 [J]. 北京体育大学学报，2006，29（10）：1381-1382.
③ 周新业. 用模糊数学方法对体育教学综合评定的研究 [J]. 北京体育大学学报，2000，23（2）：234-235.
④ 刘英，刘晓静，梁宗正. 基于 AHP 和模糊数学的河南省体育旅游资源评价研究 [J]. 地域研究与开发，2012，31（3）：108-111.
⑤ 松家萍，杜祥局. 模糊数学在高校体育教师绩效评价体系中的运用 [J].2012，35（2）：91-96.
⑥ 沈钧毅. 运用模糊数学对体育教学训练水平进行综合评价的研究 [J]. 中国体育科技，2000，36（11）：13-14.
⑦ 王东旭. 高校体育工作评价监测系统研制——基于模糊数学与人工智能思想 [J]. 体育研究与教育.2013.28（4）：73-75.
⑧ 曹阳，张罗漫. 医疗质量的综合评价方法 [J]. 中国卫生统计，1998，15（5）：34-43

助于对相关难以定性评价的问题进行定量评价，提供了新的研究视角与方法，对于问题的解决具有促进作用。根据前人的研究经验，将模糊评判用于学校体育伤害致因评估，是模糊数学应用于学校体育方面的一个新突破，结合层次分析法，使得评价更加客观。

（二）TOPSIS 评价模型的功能与优点

TOPSIS 评价模型是综合评价法的一种非参数统计方法，中文称为"逼近理想解排序法"或"优劣解距离法"。它通过计算评价对象与理想解和负理想解的相对接近程度来进行排序[1]。此方法对数据资料无特殊要求，对数据分布的规律以及样本量的大小没有特别的限制，计算过程简便，使用方法灵活，应用范围广泛，是一种比较理想的客观评价结果的排序方法[2]。任秀安[3]提出"在排除人为误差方面，TOPSIS 评判法在多目标决策中优势更明显"。

TOPSIS 在体育领域的应用主要体现在对体育产业、体育赛事以及运动员表现的综合评价上。在体育产业综合竞争力评价中，TOPSIS 法可以从经济、土地利用、人类满意度、旅行、未来改进机会和声望等多个维度构建评价指标体系。通过收集历史数据，对各个指标进行标准化处理，并确定权重，从而全面评估体育产业的综合竞争力。在分析适合举办奥运会或其他大型体育赛事的主办城市时，TOPSIS 法可以根据人口规模、交通便利度、基础设施、安全性等标准进行评估。因此，用 TOPSI 法对湖北省高校体育伤害事故致因进行评判，根据排名前后顺序，来判断风险因素的高低。

---

[1] 张光成，王汝芬，刘成凤.TOPSIS 法与层次分析法在医院综合评价应用中的比较 [J]. 中国医院统计，2003，10（4）：225-226.
[2] 李鸿宜. 湖北省高校体育伤害事故致因评价模型研究 [D]. 宜昌：三峡大学，2017：8.
[3] 任秀安. 河南省农村中小学体育活动中存在的风险及其管理研究[J]. 社会体育学，2015，5（4）：157-158.

（三）学校体育风险评判指标的选择

1.学校体育风险评判模型的维度构成

在早期的研究中，研究团队通过结构方程模型将学校体育风险源分为人的因素、物的因素、管理因素以及社会因素四大类别。人的因素分为教师因素和学生因素，物的因素主要分为体育场馆设施和运动环境，管理因素主要是对场地器材的管理和对师生的管理，社会因素主要是学生的生活方式、出行方式等方面。

（1）学校体育风险管理中的学生因素

学生是体育学习的主体，也是体育风险管理与保护的主要对象，了解学生面临的体育风险因素，对于制定风险防范策略，发挥其在学校体育风险防范中的主动性至关重要。学生面临的体育风险因素主要有：安全运动意识不强，安全运动知识不足，风险意识不强，准备活动不充分，自我保护能力差[1]；体质状况不佳，身体素质差，健康水平低，身体机能差，肥胖程度高，过往疾病史等。

（2）学校体育风险管理中的教师因素

教师在体育教学和课外体育活动中起着教育、引导和监督的作用。教师风险因素有：教师对教学计划不严密，急救措施不足，没有完全尽到注意义务与责任心，运动风险预判能力不足，场地安排得不合理，缺乏风险意识及相关培训，教学能力不强，教学方法不当，讲解要领不清，示范动作不规范，对安全问题不够重视[2][3][4][5]。

[1] 李晓亮，郑鑫，陈德明.普通高校学校体育运动风险识别与评估研究——以河北省为例 [J].广州体育学院学报，2015.7，35（4）：16-19.

[2] 黄兆媛.对学校体育运动风险管理的探讨 [J].社会体育学，2015，5（3）：182-184.

[3] 陈新."阳光体育"视觉下探析学校体育风险管理的应对 [J].科学大众科学教育，2012，（12）：168.

[4] 胡来东，张宏梅，郭凡清.高校体育运动风险防范机制与策略 [J].哈尔滨体育学院学报，2015.4，32（2）：42-45.

[5] 张琦.高校体育教学中的风险管理 [J].赤峰学院学报（自然科学版），2010.8，26（8）：133-134.

（3）学校体育风险管理中的环境因素

学校体育风险管理中的环境因素主要有：场地、器材设施、体育教学场地的通风、照明、颜色、噪声和体育教学依赖的气候等物理条件。场地设计不符合国家场地器材标准，场地材料不符合安全要求，场地条件不符合教学对象的需求，高温、严寒、大风等极端天气因素。

（4）学校体育风险管理中的管理因素

学校体育管理部门对体育安全问题的疏忽或不重视，将很大程度地影响教师和学生对安全意识的重视度[①]。学校体育风险管理存在的主要问题：第一，对学生体育安全教育管理不足，47.0% 的学生反映学校没有开展过体育安全教育；第二，对体育教师安全培训不足，41.1% 的教师没有参加过急救培训，66.7% 的体育教师没有参加过体育安全培训；第三，学校安全应急管理制度操作性不强，40.8% 的体育教师认为学校体育伤害事故的应急管理制度操作性不强；第四，部分学校缺乏场地器材安全检查制度，有 18.6% 的教师反映其学校没有体育场馆、设施安全检查制度，学校体育场地、器材没有定期检查、维修和更换，造成无具体负责人管理的局面，导致器材设施存在严重的安全隐患[②]。

（5）学校体育风险管理中的社会因素

调查结果显示，75.4% 的学生都认为父母非常重视其安全运动问题，但是有 22.2% 的学生反映父母没有讲过如何预防运动损伤。这可能与家长的安全运动知识缺乏有一定的关系，虽然家长在思想上非常重视孩子的安全问题，但是却不知道如何提供有力的帮助。由此看来，学校教育是对学生进行安全运动教育的重要途径。另有调查显示将近四成的学生家长没有对学生进行过安全教育，这说明家长对学生的安全虽然担心，却没有采取相应的行动和措施。学生体质弱、肥胖都会给学生的安全运动带来巨大的威胁。而家庭的饮食习惯以及社会饮食环境在学生的身体发育中有着重要的作用。

---

① 郭艳菊，谢翔，彭峰林.中小学校体育安全事故成因及预防措施［J］.体育科研, 2012, 33（1）: 63-65.

② 黄兆媛.对学校体育运动风险管理的探讨［J］.社会体育学, 2015, 5（3）: 182-184.

当下，西式高热量快餐饮食文化不断渗入青少年的饮食习惯中。调查结果显示，43.6% 的学生报告参加调查的前一周吃过西式快餐；52.0% 的学生喝过碳酸饮料。西式快餐高糖、多油，过多食用容易引起身体肥胖。碳酸饮料影响钙的吸收，不利于儿童青少年的身体健康。

综上所述模糊数学需要评判的维度包括：人的风险因素主要为学生的安全运动意识不足，教师的责任心有待加强；物的风险因素主要包括学校的体育物质环境条件不佳，学生运动空间拥挤；管理的风险因素主要为对体育教师安全培训及学生的安全运动教育不足，事故应急制度的操作性有待加强，学校体育场馆设施的检查制度需要常规化；社会风险因素主要为家长对学校体育安全的认识不足，学生的膳食习惯不够合理。

2. 学校体育风险评判模型的指标构成

根据上述指标及专家的建议，选取以下指标作为评判指标。

（1）学生的原因

进行风险因素排序时，将学生风险因素细化为身体的原因、心理原因、运动安全意识、运动安全技能四个维度。分别筛选出了身体素质、身体形态、体能状态、注意力、准备活动、自我保护意识、保护与帮助能力、运动技能、准备活动、自我保护技能、冒险行为等 11 个评价指标。

（2）教师的原因

教师风险因素的则从责任心和业务能力两方面进行评价，共包括 8 个观测指标：教学态度、教学风险管控能力、教师安全意识、课前准备、课堂管理能力、保护技能、事故应急能力、风险预判能力。

（3）场地器材的原因

场地器材风险因素共选取了 5 个指标，场地器材质量、场地器材安置、场地器材维修、使用方法、体育场地卫生情况。

（4）运动环境

学校体育以实践性和运动技能的掌握为主要特征，体育学习过程离不开安全的运动环境。评判运动环境的风险因素大小，对制定有效的运动环境管理策略至关重要，根据调查结果和文献资料选取了 7 个指标：体育场馆的安全防护设施、运动空间的大小、高温极端天气的影响、寒冷极端天气的影响、体育场馆通风状况、体育场馆照明设施情况、体育场地／场馆内的安全运动指引图。

（5）学校管理

学校管理风险因素共选取 7 个指标：学生体检制度、安全运动教育、事故预防体系、安全文化建设、场地器材检查制度、体育教师安全培训、体育经费投入。

（6）社会因素

社会风险因素公选了 6 个指标：家庭安全运动教育、学生家庭锻炼时间、学生家庭饮食习惯、社会安全运动氛围、社会对体育场地器材的监管、社会保险。学校体育风险因素集，分为一级因素集、二级因素集。

五、伤害流行病学调查法

伤害流行病学是描述伤害的发生强度及其分布特征，分析伤害的流行规律、发生原因和危险因素，提出伤害的干预对策和防范措施，并对防治效果进行评价的一门流行病学分支学科[1]。每个国家对伤害的统计标准比较相似。1986 年，美国国家卫生统计中心制定的标准规定有下列 2 种情况之一者纳入伤害统计：1. 因伤害而就诊；2. 因伤害休息 ≥ 1 天。并进一步将非死亡伤害的严重程度分为四类：1. 残疾：因伤害导致身体某些生理功能丧失；2. 严重：住院天数 ≥ 10 天但未残疾；3. 中度：住院天数为 1~10 天但未残疾；4. 轻度：门诊就诊，或休息 ≥ 1 天[2]。Junkin 等对学校伤害的研究定义是，凡具有下列中的一项，即作为伤害的统计对象：1. 至少导致缺课半天；2. 曾接受医务人员的治疗。Petridou 等在一项干预性研究中采用的伤害定义为，凡具有下列中一项，即列为伤害的统计对象：1. 曾接受医务

---

① 王声湧，池桂波，汪宁.伤害流行病学［J］.预防医学文献信息，2002（4）：505-512.
② 曾光，耿玉田，荆瑞巍.北京市儿童青少年伤害流行病学调查［J］.中华流行病学杂志，2005，27（12）：1025.

人员的治疗；2. 导致至少持续 2 小时的不适 ①。国内学者在进行伤害流行病学的调查时，大都采用的王声湧教授 1998 年所提出的标准（满足 1 项即为统计标准）：1. 经医院诊断为某一种损伤；2. 由家长（老师或同事或同伴）对受伤作紧急处置和看护；3. 因伤休息（休工或休学等），半天以上。韩永霞、高玉梅、王菊香等 ② 根据调查的需要做了进一步细化：1. 医疗单位诊治者；2. 由家长或老师处理过；3. 因伤害请假半天以上者；4. 因伤害致活动受限。符合上列情况之一者，作为统计之列。

　　体育伤害是伤害流行病学调查的内容之一。直接调查保险公司、医院等的伤害理赔和处理者，在流行病学研究上被称为"负责人"调查，这种信息收集方式多快好省，伤害信息具有官方性。为了跟国外儿童青少年伤害流行病学的研究结果相比较，了解我国 0~18 岁儿童青少年伤害包括运动性伤害的流行情况，在 Y 市、G 市（被调查单位要求匿名，此处用字母代替城市名）抽取了 2015 至 2020 年，四个医院骨外科、儿科、急诊科的伤害就诊病例进行统计分析。因涉及病例的隐私等诸多问题，所以采用方便抽样法，抽取四家医院进行分析。具体情况见表 0-13。

表 0-13　四家医院 0~18 岁病例列表

Y 市一医院	Y 市仁和医院	G 市第五人民医院	赣州市中医院	总计
187	308	25	69	589

备注：世界卫生组织出于生理和心理发展的考虑，将儿童的年龄界定为 0 至 9 岁，而 10 至 19 岁的人群被定义为青少年。

① 孙业桓, 余德新, 黄子惠. 伤害流行病学研究的若干方法学问题 [J]. 中华流行病学杂志.2004.25（9）：814.
② 韩永霞, 高玉梅, 王菊香等. 邯郸市中学生意外伤害的流行病学调查 [J]. 预防医学情报杂志, 2000, 15（1）：11.

第一章

我国学校体育风险管理研究范式与困境

第一节 我国学校体育风险管理的研究范式

风险管理理论萌芽于 20 世纪 30 年代的金融领域，20 世纪 50 年代在美国第一次以学科理论的方式呈现，之后开始在世界各国传播并被应用到不同领域。大约 20 世纪初风险管理理论和学校体育理论交叉、融合、延伸，形成了学校体育风险管理研究理论。学校体育风险管理是对学校体育工作中可能产生的风险，进行计划、识别、评估、应对，以及评价的过程。学校体育风险管理强调"注重风险管理效果评价与监控，并将评价结果反馈于风险识别、评估及应对过程，从而保障风险管理的动态性、准确性、实效性"[①]。我国学者关于学校体育风险管理的研究主要依据风险管理理论的范式，从风险识别、风险评估、风险应对、风险监控四方面进行了研究。

（一）关于学校体育风险识别的研究

充分地识别学校体育风险源，是学校体育风险管理的首要一步。对于学校体育风险识别，不同的研究者给出了的不同答案。归纳起来有以下几

---

① 李万虎，鲁国斌 . 基于风险理论的体育教学过程管理引论 [J] . 体育科技，2013，34（6）：126–128.

个步骤：分析可能的风险—列出风险清单—风险分类 [1]。

第一步，找出风险源。大部分学者认为从学校体育风险事件致因入手，对学校体育风险管理更为直接有效，能为风险管理决策行为奠定基础。风险致因即诱发风险事件的因素。陈德明等 [2] 提出风险致因的存在决定了风险事件的发生，并将学校体育运动风险致因分为环境因素与人为因素两个部分，其中环境因素包含天气、场地、器材三个方面，人为因素包括自身与异体两个方面。王苗、石岩 [3] 运用风险管理理论，在借鉴人—机—环境事故系统（MMES）的基础上，将小学生体育活动中存在的主要风险原因归纳为教师、学生、环境和学校管理 4 个方面。

第二步，列出风险清单。风险清单既是对风险源的分析总结，也是风险分类的基础。风险清单的拟定必须做到客观全面，将可能的风险逐一列出，同时重点突出主要风险，着重标注，切勿遗漏。校方有责任将风险清单告知家长及学生，并令其明白风险是体育运动的固有属性，可以预防与控制，却无法完全避免，除非避免参与体育运动。人为因素引起的风险，主要来自学生、教师两方面，可称之为师源性风险和生源性风险。生源性风险归纳起来主要有以下几种：锻炼方法与动作要领掌握不牢固；在缺少教师或同伴保护与帮助的情况下练习高危动作；违反课堂纪律，擅自进行与教学无关的活动；第三人的过错或过失；缺乏自我保护和调节能力，预防运动损伤常识不足；自我保护意识不足，准备活动不充分 [4][5]；身体疲劳或带病

① 张大超，李敏.国外体育风险管理体系的理论研究 [J].体育科学，2009，29（7）：43-54.
② 陈德明，李晓亮，李红娟.学校体育运动风险管理研究述评 [J].北京体育大学学报，2012，35（9）：102-108.
③ 王苗，石岩.小学生体育活动风险识别、评估与应对 [J].天津体育学院学报，2011，26（1）：68-73.
④ 倪宏竹.浅析学校体育伤害原因及责任归属 [J].体育科技文献通报，2007，15（10）：82.
⑤ 陈雅玲.中学生运动损伤调查与分析 [J].广州体育学院学报，2004，23（3）：25-26.

练习①②；服装致伤；注意力不集中③；违反规则、负荷过大④。师源性风险指体育教师的不当行为所引起的风险事故，如教师教法错误、方式不当、安全防卫知识和伤害急救措施缺乏⑤；课堂管理不力⑥；责任心不强，玩忽职守；教师业务水平不高，违反教学规律⑦。物质环境风险包括体育场馆设施情况和运动时空间环境两方面。体育场馆设施因素主要体现在设计、安装和使用三个方面。高温、热浪、暴风雨、雷电、冰雹、地震等灾害引发的安全问题⑧。另外如游泳池水污染，或池水不清晰导致溺水事件，体育馆空气通风不好引起学生休克等。学校管理风险因学校管理不力而造成伤害发生的情况可以概括为以下几个方面：学校和教师在日常工作中对体育工作的安检和教育工作力度不够；卫生保健制度不健全，没有对学生进行体格检查或是检查不彻底。

第三步，风险分类。基于对风险的初步了解与分析，再对风险进行分类。凌平、王清将学校体育运动风险划分为自然风险、社会风险、经济风险、政治风险、技术风险五类。杨辉认为从学校体育风险产生的性质看，学校体育风险主要属于纯粹风险，其中一般包括人身风险、财产风险和责任风险三类。有的研究者基于安全科学中的综合论事故模型，借助于结构方程模型，将学校体育风险源归为四类：人的因素、物的因素、管理因素、社会因素。

---

① 施红，李恩.厦门市中学生篮球运动损伤状况分析［J］.实用预防医学，2009，16（4）：1120-1121.

② 王冬菊.对郑州部分学校中学生篮球运动损伤现状的调查与分析［J］.体育科技文献通报，2009，17（7）：102.

③ 施红，李恩.厦门市思明区学校学生意外伤害预防措施调查分析［J］.海峡预防医学杂志，2011，17（1）：37-38.

④ 王冬菊.对郑州部分学校中学生篮球运动损伤现状的调查及分析［J］.体育科技文献通报，2009，17（7）：102-104.

⑤ 王苗，石岩.小学生体育活动的安全问题与风险防范理论研究［J］.体育与科学，2006，（6）：36-40+45.

⑥ 熊明亮.学生体育伤害事故的归因分析及处理策略探讨［J］.天津市教科院学报，2006，（1）：84-85.

⑦ 黄懿，雷涛.学校体育伤害事故的责任归结及对策的初探［J］.体育科技文献通报，2005，14（11）：45.

⑧ 古维秋.体育教学中伤害事故的风险管理［J］.首都体育学院学报，2007，19（2）：102-104.

部分学者将农村学校体育风险归纳为体育课堂教学风险、课外体育活动风险、体育场地与器材风险、学校体育医疗急救风险、农村自然环境风险。

通过以上风险识别的过程，可以看出学校体育风险源具有复杂性与多元性等特点。因此，要对这些风险源进行充分的评估，才有助于制定科学有效的风险管理办法。

（二）关于学校体育风险评估的研究

风险评估指通过采取科学方法将识别出并经分类的风险根据权重大小予以排列，为有针对性、有重点地管理好风险提供科学依据。根据所识别出的风险频率与发生后预计的伤害严重性来做估算。风险评估指标维度一般为经济因素、政治因素、社会因素、环境因素、人为因素等。北京申奥成功后，国内关于体育风险研究的热情空前高涨。此阶段趋向于纵向深入研究，将学校体育、群众体育、竞技体育与体育产业等领域的风险研究细化，构建了相应的风险评估指标体系。夏茂春[1]总结出常见的风险评估工具有"风险管理矩阵、风险可能性指标软件、风险可能性指标替代表、层次分析法"。陈蔚[2]等人将风险矩阵法与德尔菲法、层次分析法充分结合，围绕人员风险、设施风险、组织管理风险及环境风险，确立了学校体育竞赛风险指标体系，量化分析各风险指标的发生概率、影响力、风险等级、权重及其可接受性，提出新时期学校体育竞赛风险降低、风险转移、风险规避和风险接受的框架性应对措施。

（三）关于学校体育风险应对的研究

鉴于学校体育对青少年身心发展和社会适应上独特的价值。因此，应采取积极的应对方式应对学校体育风险，包括采用合理、科学的风险预防与控制技术以及风险转移方式，为学生创造安全的运动环境，为体育教师

---

①　夏茂春.大众冰雪运动风险评估研究综述［J］.吉林体育学院学报，2017，33（2）：45-48.
②　陈蔚，李燕燕，黄明明等.基于改进风险矩阵法的学校体育竞赛风险评估研究［J］.武汉体育学院学报，2020，54（10）：72-78.

创建安全的教育环境，以充分发挥学校体育为党育人、为国育才的价值功能。覃莉等人 ①② 认为，"意外伤害作为一种疾病，并不是'意料之外'的事，它同其他疾病一样也是可以预防的"。章世龙等认为 "71%~95% 的伤害可以通过简单的方法预防，并且可以使死亡率下降 10%~20%。美国采取预防措施后 10 年间死亡率下降 35%，瑞典 30 年下降 80%" ③。因此，研究者普遍认为 "识别和干预意外伤害的危险因素，有利于减少意外伤害对中学生的危害，减少中学生意外伤害对家庭和社会造成的不幸，使中学生健康幸福地成长"。

依据风险管理理论，很多学者从风险监控、风险告知、风险自留、风险应急、风险降低、风险转移、风险回避等多个方面论述了学校体育风险应对技术。

1. 风险监控

体育风险监控主要指校方的相关决策部门对体育工作进行规划的过程，即对各种风险进行规划、识别，做好评估与评价，并采取有效的解决措施。根据风险清单，学校决策部门要做好监督与管控，必要时做出适当的调整。校方在风险管理的过程中，严格监控每个环节，及时识别风险，及时调整活动方案，密切配合上级主管部门，快速启动应急预案，及时处理风险源，尽量避免或降低损失。石岩、霍炫伊 ④ 研究指出各国学者致力于体育运动风险预防研究的目的是防患于未然。但是，体育运动与风险是不能剥离的，风险问题也不可能完全消除，只能通过研究不断提出更有效的预防手段，认为体育运动风险预防研究依然是未来研究的热点与趋势。

2. 风险告知

学校应通过家委会、家长会或风险告知单，将学校体育风险提前告知

① 覃莉，何涛，熊静芳等.初中生意外伤害流行病学特征及危险因素分析 [J].广西医科大学学报，2007，24（5）：977.
② 刘秀萍.青少年意外伤害的危险因素 [J].中国公共卫生，2002（6）：127–128.
③ 章世龙，贾翠平，孙奕.国内外儿童伤害流行病学特征比较[J].中国社会医学杂志，2005，23（2）：93–94.
④ 石岩，霍炫伊.体育运动风险研究的知识图谱分析 [J].体育科学，2017，37（2）：76–86.

家长，为使家长及学生能够充分了解体育活动风险，学校或体育老师有责任和义务向学生宣讲学校体育风险[①]。风险告知是促进学生对风险的理解，减少和规避体育风险事故的首要途径和手段。国外常见的风险告知形式是书面协议[②]。有效的风险告知能促进学生对风险的理解，为风险预防和监控提供参考，有效减少和规避体育活动伤害事故，同时特别强调体育活动安全协议的告知方式是一种防范体育活动风险、解决体育伤害纠纷的有效途径和手段。

3. 风险自留

郑柏香等提出[③]"风险自留指在学生体育活动中，将风险可能造成的损失全部或一部分留给学校或活动组织者自己承担"。风险自留适用于某些且发生概率及伤害严重性小的潜在风险。对于学校体育风险事故低的活动往往采取风险自留的方式，一般为常见的运动损伤和场地器材损坏或遗失，如轻微的肌肉拉伤、关节扭伤，或是浅层皮肤擦伤，球类、跳绳、等小器材的丢失与非正常损耗所引起的财产损失等。若是风险极高、事故后果比较严重的风险则不建议采用风险自留的应对方式。

4. 风险应急

杨辉[④]提出"风险应急是指针对可能出现的体育风险源以及发生过程而专门制定的应对计划"，其目的是应对突发性风险事故而造成的心理恐慌与混乱。杨亚琴、邱菀华[⑤]也认为针对学校体育教育中可能出现的风险，应事先制定出风险应急方案。例如，发生意外人身伤害事故时，要在急救的同时，迅速拨打就近急救电话。平时应经常进行演练，一旦发生风险事故

① 刘洪，石岩.学校体育活动风险告知理论与方法的研究 [J].体育与科学，2009，30（4）：92-95.

② 石岩.中学生体育活动伤害事故的风险管理 [J].体育与科学，2008，29（5）：83.

③ 郑柏香，白凤瑞，邹红等.学校体育风险管理中的几个理论问题探讨 [J].体育与科学，2009，11，30（6）：90-92.

④ 杨辉.基于风险管理视角的学校体育风险识别及应对策略研究 [J].重庆交通大学学报（社会科学版），2010，10（4）：52-55.

⑤ 杨亚琴，邱菀华.学校体育教育组织过程中的风险管理研究[J].西安体育学院学报，2005，（5）：85-87.

时才能迅速组织急救。

5. 风险降低

风险降低是指在学校体育活动中通过预防与控制的方式来降低学校体育风险事故发生的概率，一般分为两种情况。第一种为事前预防，当某些风险无法消除或回避时，事前应当采取合理的防范措施来降低风险发生的概率；第二种为过程控制，当风险发生时学校应当采取积极的控制措施以减轻风险事故的后果，降低人身损害或是财产损失的程度。风险降低相比风险转移而言，是一种较为积极的风险应对策略。对于风险较低的体育活动可以采取以下方法应对：加强校领导的运动风险意识，对教师开展急救知识、技能培训，对学生进行健康和安全教育[1]；在教过程中严肃课堂纪律，严密课堂设计，严守教学常规，加强学生逞强、冒险等不安全行为的监督[2]；定期检查维护场地器材，确保正确、合理、安全使用场地器材，这些都是有效降低学校体育风险的策略[3]。

6. 风险转移

风险转移指单位或个人为避免承担风险损失，有意识地将损失或与损失有关的财务后果转嫁给另外的单位或个人去承担[4]。主要以保险和非保险风险转移两种方式为主。通常的方法为保险转移，即将学校体育风险由学校及体育管理部门转移至保险部门[5]。徐士韦[6]等提出"有风险、要保险"，论述了通过保险应对学校体育风险，并构想了学校体育保险机制。此外，鼓励学生通过家庭购买意外伤害险、运动保险。李万虎、钟霞[7]建议对部分经济条件比较好的

---

① 郑柏香，白凤瑞，邹红，等.学校体育风险管理中的几个理论问题探讨 [J].体育与科学，2009，30（6）：90-92.
② 杨亚琴，邱菀华.学校体育教育组织过程中的风险管理研究[J].西安体育学院学报，2005，(5)：84-87+103.
③ 李万虎，鲁国斌.基于风险理论的体育教学过程管理引论 [J].体育科技，2013，34（6）：126-128.
④ 危道军，李惠强.工程项目的风险管理 [J].建材技术与应用，2003（5）：57-58.
⑤ 蔡春霞.学校体育风险管理策略研究 [J].浙江体育科学，2006（3）：57-59.
⑥ 徐士韦，肖焕禹，谭小勇.学校体育保险机制构建视角下的学生体育权利实现 [J].西安体育学院学报，2013，30（5）：536-539.
⑦ 李万虎，钟霞.学校体育风险管理研究追溯与风险应对反思 [J].南京体育学院学报（社会科学版），2013，27（1）：95-100.

学校，可通过设立运动伤害救治专项基金来分担学校部分体育风险。

7. 风险回避

风险回避是指学校或体育教师考虑到风险事件的存在和发生的可能性，主动放弃或拒绝实施可能导致风险损失的方案[1][2]。或是当潜在风险发生的可能性太大，可造成严重不利后果，又无其他策略来减轻，主动放弃项目或改变项目目标与行动方案的做法[3]。风险回避是一种消极的学校体育风险应对策略。但是，学校体育工作中若是某些运动项目或是练习内容的潜在风险比较高，一旦发生严重事故，学校将难以承受，此时可以通过风险回避的手段主动放弃相应的运动项目或者教育教学活动。此种应对风险的态度比较消极，但是却十分有效，也是避免更大风险的一种手段。学校应针对活动的风险评估结果，结合自身的实际情况以及风险承受能力做出科学判断，可以选择放弃、拒绝这些具有危险性的体育项目。风险回避虽然在很大程度上规避了学校体育风险，但是也在一定程度上抑制了学生参与各类体育活动与项目的积极性与兴趣，阻滞了学校体育的健康发展。现实情况中有不少体育教师为了自我保护、免除责任，在无需风险回避时，依然采取了风险回避的消极措施，使学生丧失了必要的锻炼机会，从学生长远发展的角度而言会造成潜在的健康风险。这些消极的做法暴露了学校体育风险管理能力不足，对体育风险管理缺乏自信。

通过归纳可以看出，我国学者提出的学校体育风险应对办法一般为以下四种：对于危害性小、风险概率小的事件可以选择风险自留的应对方式；对于危害性大、风险概率高的事件可选择风险回避的应对方式；对于危害性小、风险概率高的事件可采取风险预防与控制的应对方式；对于危害性大、风险概率小的事件可以通过购买相应的保险进行风险转移。综上所述，我国学者倾向于通过风险控制这一积极的方式来预防学校体育风险，同时应

---

① 季贵敏.浅谈建设工程项目的风险管理 [J].中国科技信息，2005（18）：371.

② 王苗，石岩.小学生体育活动的安全问题与风险防范理论研究 [J].体育与科学，2006（6）：36-40+45.

③ 杨亚琴，邱菀华.学校体育教育组织过程中的风险管理研究[J].西安体育学院学报，2005，（5）：84-87+103.

呼吁对学校体育风险进行充分的识别、评估、预防和监控，从而达到对学校体育风险有效防控的目的。但是，对于如何在宏观、微观上进行政府、学校、家庭和社会的协同管理没有提出相应的观点，这值得进一步地深入探讨。

第二节　我国学校体育风险管理的理论困境

经过近几十年的研究推进，我国学校体育风险管理的理论研究有了进步，但还存在研究宽泛，理论浮于实证，还未达到与实证的深度融合。比如，关于"学校体育风险管理程序"问题的研究还处于"各自为说"的阶段。不同的学者提出了不同的观点，如七步说①、六步说②、五步说③、四步说④、三步说⑤等，并且缺少对学校体育风险管理体系的总体设计。

一、关于学校体育风险管理体系的研究较少

对学校体育风险管理体系来讲，组织机构的完备对推动工作的重要性不言而喻。风险管理组织是指"风险管理单位为实现风险管理目标而设置的内部管理层次和管理机构，主要包括有关风险管理组织的结构、组织活动和相关的规章制度"⑥。从现有文献可见，有关学校体育风险管理制度的研究很少，少见的制度性的研究内容也是散落在一些研究中，或作为问题

---

① 问梅，李俊．试论体育教学中的伤害风险及其管理［J］．湖北体育科技，2013，32（11）：1008-1011.

② 张大超，李敏．国外体育风险管理体系的理论研究［J］．体育科学，2009，29（7）：43-54.

③ 陈立春，常立飞．论学校体育伤害事故的风险管理［J］．体育学刊，2010，17（3）：41-44.

④ 韦东谊，张艳，林娟，等．广西大学生学校体育伤害事故的风险管理研究［J］．体育科技，2016，37（3）：151-152+156.

⑤ 石岩，牛娜娜．我国体育领域风险评估方法的比较分析［J］．体育与科学，2014，35（5）：54-58.

⑥ 孙海峰．产品责任险风险管理模式研究［D］．沈阳：沈阳工业学院，2009：28.

提出来，或作为主观性的建议呈现出来①。制度的完善，是保障学校体育风险管理工作效果的重要途径，有了风险管理的制度体系，学校体育风险管理才能走向规范化、程序化，才能真正起到防控风险，保障学生安全的目的。

二、关于学校体育风险管理过程的研究不深

一项工作的顺利开展离不开周密的计划，学校体育风险管理也不例外。风险管理计划的制订包括目标、职责、时间、工作分配、工作内容、工作要求等。其中风险管理目标最重要。目标越具体，责任越明确，越有利于工作的开展和实施。虽然很多学者意识到了学校体育风险管理计划制订的重要性，但在研究过程中却鲜有将其作为重点进行研究，仅有的一些研究也是在研究整个风险管理机制中一带而过。

（一）风险识别研究处于理论阶段，缺乏识别技术

风险识别是学校体育风险管理的第一步。学校体育风险源具有复杂性。风险识别的研究集中在风险类别的划分上，且各研究结果差异较大。风险识别的前提是对风险因素类型的划分与确定。从宏观的角度来看，学校体育风险因素主要包括人、物、管理三方面的内容②。人的因素包括教师、学生、家长及其他相关利益人。物的因素主要包括学校的场地器材、环境等。管理因素主要指的是学校在体育风险防控方面的制度保障和体育安全教育培训。此外，有的学者围绕体育教学组织展开研究，认为体育风险因素包括经济风险、环境风险、教学运作风险、场地器材风险、责任风险、人身安全风险、财产安全风险③④。运动项目自身存在的风险也是重要的一个因

---

① 闫建华. 学校体育运动伤害事故的特征、法律归责及风险防控措施研究——基于对 58 例裁判文书的荟萃分析 [J]. 成都体育学院学报，2017，43（5）：13–19.
② 韦东谊，张艳，林娟等. 广西大学生学校体育伤害事故的风险管理研究 [J]. 体育科技，2016，37（3）：151–152+156.
③ 李哲. 定向运动赛事选手参赛风险管理研究 [D]. 厦门：集美大学，2019：9–10.
④ 肖旭，杨科. 高校体育管理中的风险因素分类分析 [J]. 成都体育学院学报，2014，40（6）：91–94.

素。由此可见，在学校体育风险因素的研究上，目前还处于一个百家争鸣、各抒己见的阶段。虽有一定的共识，但因研究者的认知水平和知识积淀不同，研究结果差异也较大。

另外，在风险识别管理环节上，除了对上述风险因素的研究，还有对风险识别技术，以及利用这些技术制定风险损失清单的研究。风险损失清单是识别风险的重要方法，主要分析单位面临的风险因素。在理论研究与实践调查的基础上，有学者研制出了学校体育安全风险检查表，对于学校体育风险管理实践具有一定参考价值。但是，整体上来讲，此方面的研究还很不足，还需要有更加深入的理论和实践研究。

（二）风险评估的研究以理论探索为主，实践性不足

风险评估又称风险衡量，在风险识别的基础上，通过定性与定量分析，估计和预测风险发生的概率和损失程度[1]。风险衡量可为减少风险的发生提供依据。风险评估是一项极其复杂的工作，需要通过一些概率计算和综合评定来完成[2]。运动风险评估可以采用列表排序法和帕累托分析法，还有类似于列表排序法的风险矩阵法。

风险评估技术可以分为定性评估和定量评估两类，前者包括风险故障树分析、头脑风暴、德尔菲、外推法和主观评分法，后者包括概率分析法、蒙特卡罗模拟、列表排序法等[3]。纵观风险评估方法在学校体育风险管理中的使用情况，可以发现评估方法的综合运用能力不强，甚至存在缺陷，缺少统一的风险评估标准等问题。如何根据学校体育风险特点，把常用的风险评估方法，如列表排序法、层次分析法、帕累托分析法、风险矩阵法等，转换为简单易行的评估方法是非常重要的研究工作。

---

① 王瑶瑶.武汉市中学校园足球运动风险评估与干预实验研究［D］.武汉：华中师范大学，2020：16.
② 周慧玲，袁春凤，袁苏兴.流程管理在血液透析患者风险管理中的应用体会［J］.基层医学论坛，2017，21（6）：766-767.
③ 蔡朋龙，陶玉流，李燕领.学校体育伤害事故风险管理关键技术筛选研究［J］.中国学校体育（高等教育），2016，3（4）：46-52.

（三）关于风险应对的研究深入不够，指导性不强

风险应对是风险管理过程中的重要一环，指风险管理者或组织为了消除和减少风险发生的可能性或风险事故的损失，综合考虑风险性质和决策主体的风险承受能力，而制定各种风险防范措施[①]。风险应对的方法、策略是指导实施风险应对实践的重要理论。当下专门关于学校体育风险应对的研究较少，已有的研究多是在其他研究中一带而过。大多数研究是对风险应对环节的简单理解和阐述，还未能很好地结合学校体育风险特点。此外，对风险应对的环节还存在不同的理解。有的学者认为风险应对技术包括风险规避、损失控制和风险转移[②]。有的学者提出风险应对的方法有风险预防、风险规避、风险分散、风险转嫁、风险补偿等。刘华荣总结出风险应对常用的方法是风险回避、风险减缓、风险承受、风险转移。此外，还有从这些常用方法延伸开发出的其他风险应对方法或技术，比如风险预防技术、风险自留技术、风险回避技术、风险转移技术、风险应急技术、风险应对技术、风险降低技术、风险控制技术、风险认知教育技术等。

风险应对的研究集中于方法研究，学校体育风险应对的研究多集中于体育课堂教学风险的应对研究，研究范围小，风险应对方法在学校体育中的应用没有相对统一的认识，还处于探索的阶段。

（四）关于风险管理效果评价的研究较少，监督机制不明确

风险管理效果评价是指"在风险管理的决策贯彻和执行之后，对其贯彻和执行情况进行的检查与评价"[③]。风险管理效果评价是学校体育风险管理过程中的重要一环，它直接关系着学校体育风险管理工作的成效，以及学校体育风险管理机制的改进。从已有的研究看，关于学校体育风险管理效果评价的研究较少，也未见到相关的实证研究。由此，可推测当前我国学校体育风险管理效果评价机制还没有完全形成或在此环节上还非常薄弱。

---

① 李元. 户外运动风险管理 [M]. 武汉：中国地质大学出版社，2019：17.
② 牛艺筱. 我国铁人三项运动风险管理研究 [D]. 开封：河南大学，2020：36.
③ 王新洁. 大型工业品销售系统财务风险识别与控制 [D]. 郑州：郑州大学，2007：21.

总体而言，我国学校体育风险管理还存在机制不完善、运行不畅，风险管理的保障条件不足，理论问题研究不够，实践指导作用弱等问题。

（五）全国伤害监测数据获取途径有限

美国的伤害监测系统（NEISS），为美国伤害预防与控制提供了科学、有效的数据支撑，为拟定"泳池安全计划"以及其他溺水预防措施的制定提供了有力的技术支持，成为政府、科研人员重要的研究资料，也能供制造商、律师、普通民众等使用[①]。该系统将伤害分为 23 个大类，运动伤害是其中一类，并按照运动项目、运动场地、休闲体育、溺水伤害进行细致分类，对于运动伤害研究者而言是十分重要的数据来源。

在借鉴美国、加拿大、澳大利亚等国家经验的基础上，结合前期的实践论证，我国疾病预防控制中心于 2006 年 1 月建立了伤害数据电子监测系统。但是，相对于美国的电子伤害监测系统，我国的伤害监测系统对公众的开放性不足，数据共享的权限有待逐步放宽。希望我国伤害监测系统加强对儿童溺水、运动伤害的监测，并能向社会公布伤害评估报告，让更多的研究能及时了解国家对运动伤害数据的监测情况。

（六）学科交叉研究融合度不够高

国外青少年体育安全问题的研究具有明显的学科交叉性。研究者中不乏体育学者，但是也有大量的医务工作者、管理者，尤其是运动医学者的参与给运动伤害诊断与防治研究带来了很大的帮助。而且，美国运动医学的分支也十分细化，设有运动伤病门诊。如，波士顿儿童医院急诊中心运动性脑震荡门诊、波士顿儿童医院脑损伤中心等。此外，有些社会企业也参与伤害预防与诊断工作。例如，美国米其利运动损伤预防中为社会提供伤害预防、伤害诊断以及强化训练服务，其工作人员不仅有教练员也有医护人员，这为学科交叉研究提供了十分便利的环境，对于运动伤害的诊断、

---

① 王菁，于善旭.体育伤害事故阻滞学校体育正常开展久治不果的致因与治理［J］.首都体育学院学报，2014，26（5）：420-427.

预防、康复非常重要。再如关于场地器材的材料、设计、生产、安装等标准的制定也需要体育学与材料、化工、设计等专业的交叉融合，才能研制出既安全又符合儿童发育特点的场地器材设施。期待在健康中国、体育强国的战略下，我们国家能将体医融合发挥到儿童青少年运动伤害的预防与控制中，通过进行学科交叉研究来减少运动伤害的发生，一同助力我国儿童青少年体育事业的发展，早日达成体育强国目标。

第三节　我国学校体育风险管理的现实困境

通过半结构式个体访谈和集体访谈对体育教师、校长、律师、体育专家进行了调查。体育教师反映学校体育风险预防工作中的困难问题依次为：学生安全意识淡薄，场地器材的安全性不足，运动安全教育落实不够，班额大、活动空间小，家长的安全意识不足。体育教师、校长、律师认为风险事故处理存在的困难主要有：法律法规（对伤害判罚）支持不够，伤害赔偿高，责任划分难，家长沟通难，保险赔偿力度不够。概括而言学校体育风险管理的瓶颈问题主要有三个，一是学生运动安全教育不足，二是风险责任划分不明确，三是风险转移通道不够流畅。

一、学生运动安全教育不足

在早期的研究中，课题组成员曾采用学校体育伤害事故致因结构模型对学校体育伤害事故的致因进行了验证，结果证实物的因素（相关性为0.836）、人的因素（相关性为0.881）、管理因素（相关性为0.805）及社会因素（相关性为0.704）与学校体育伤害事故致因关系密切，并且人的因素和物的因素与学校体育伤害事故的相关性最高。刘德明、黄建庭 [①] 基于 SEM 构建中小学学校体育风险防控体系，指出"学生安全意识"最为重要，其次是"学生身心素质"，最后是"学生学习态度"及"学生学习能力"。李红香 [②] 将当前中小学体育教学活动中存在的风险问题总结为认知不到位、管理体系不全面、缺乏成熟的体育风险管理机制这三大主要问题。苏玉凤 [③] 以江苏省 12 所高校的 42 名大学体育教师为调查对象，提出大学生运动风险主要包括学生自身、场地环境、教师组织和学校管理等方面。

访谈结果也再次证实了，学生、场地器材设施与学校体育风险密切相关。对访谈资料分析时，发现"学生安全意识不足"是学校体育伤害事故预防瓶颈问题的第一高频词，其次是场地器材的质量与维护，再次是运动环境的安全性（如班额大，难以监管），随之是安全制度的不完善，最后是家庭安全教育不足。

可见，加强对学生运动安全教育是学校体育预防和控制中重要的一环。有些学校体育开展比较早的国家，非常重视学生的运动安全教育。如，美国采用运动安全周的教育方式，对学生及其家长开展运动安全教育，教会他们认知场地安全的重要性，学会场地器材安全使用技巧，体验场地安全的检查工作，掌握运动安全行为的自我管理。通过实践性的运动安全教育模式，培养学生的运动安全知识、技能、行为。并借助亲子运动会，发放安全誓言表，培养学生、家长高度的运动安全意识和责任。国内学者也呼吁，"通过风险预防、损失抑制、风险转移等三种措施进行应对，并建议学校执行安全巡查制度、配备专职公共卫生人员、加强学校体育保险立法" [④]。"体育活动安全协议的告知方式是一种防范体育活动风险、解决体育伤害纠纷的有效途径和手段，强调了体育活动风险告知对于体育活动风险防控的重

---

① 刘德明，黄建庭.基于 SEM 的中小学学校体育风险防控体系构建研究［J］.辽宁体育科技，2018，40（5）：119-125.
② 李红香.我国中小学体育风险识别与应对研究［J］.当代体育科技，2016，6（5）：73-74.
③ 苏玉凤.大学生体育运动风险研究进展［J］.体育科技文献通报，2010，18（9）：11+13.
④ 刘红，石岩.学校体育活动风险告知理论与方法的研究［J］.体育与科学，2009，30（4）：92-96.

要性"①。这与国外学校所倡导的学生、家长运动安全宣誓有异曲同工之妙。

二、风险事故责任划分困难

（一）我国学校体育风险事故致因复杂

通过文献梳理与访谈调查总结出学校体育风险具有四个典型特征。其一，固有性。学校体育因其实践性特点，其固有的风险是在所难免的。大家必须接受学校体育具有风险性的事实。但是，学校体育自身的价值是毫无疑问的，并且不能仅仅因其危险性而避免参加体育运动。其二，原因复杂。学校体育伤害事故的原因十分复杂，涉及人的因素、物的因素、管理因素和社会因素，也可能是多种因素共同造成的结果。其三，负面影响大。伤害发生后不仅对当事人造成身心伤害，还可能会对伤者的家庭、学校乃至社会造成一定的负面影响。若社会舆论带有负面倾向性，易误导部分家长对学校体育伤害事故认知失衡，造成教师形象弱化，导致家长对学校和教师产生信任危机。其四，赔偿难度大。因证据固定难、现场还原难等原因，造成后续事故处理难、责任划分难的结果。并且，哪怕学校没有责任，仍要承担"人道主义补偿"，导致学校压力大，不得不采取减少运动项目、降低运动强度等消极措施以降低风险。这种"伤不起"的现象，已然成为学校体育开展的隐形"绊脚石"。

（二）我国学校体育风险事故责任划分难

因为学校体育的上述特征，加上我国学校体育伤害事故责任认定的法律体系不够健全，使得学校体育风险事故的责任划分较为困难，一旦出现伤害事故，体育教师和管理者无论有没有过错，都难免会承担一定的责任，给体育教师和管理者造成巨大的心理压力。事件背后的法律原因主要有以下几个方面：

---

① 王聃.我国学校体育教育中的侵权行为与伤害责任认定［J］.西安体育学院学报，2016（3）：278–283.

1. 法制不够健全，缺乏有力的法律支撑

我国现存法律体系中，与处理学校体育伤害事故相关的法律有三类：根本法、一般法和特别法，详见表1-1。

表1-1 学校体育伤害事故处理的法律依据

法律种类	法律名称
根本法	《中华人民共和国宪法》
一般法	《中华人民共和国民法典》《最高人民法院人身损害赔偿司法解释》等
特别法	《中华人民共和国教育法》《中华人民共和国体育法》《中华人民共和国未成年人保护法》等

2. 一般法的法律针对性不足

当前，学校体育伤害事故的责任认定与处理主要是依据一般法。2021年1月1日前，学校体育伤害事故主要依据《中华人民共和国侵权责任法》等法律文件中对侵权行为进行判罚，由于此等法律适用范围广，在对学校体育伤害事故进行责任划分时，缺乏一定的针对性。2021年1月1日开始实施的《中华人民共和国民法典》第1176条增加了"自甘风险"，即危险自愿承担，该条是我国第一次确认"自甘风险"为免责事由。对于具有完全民事能力的体育伤害事故的判罚具有直接指导意义。但是，目前法律在对学校体育伤害事故的判罚上，还是存在很多难点。例如，有律师指出在双方均无过错情形下，责任的承担依然存在巨大争议。此外，对体育教师和学校的体育行为的归责过于严苛，限制了行为主体自由，压制了体育活动的开展[①]。

3. 特别法的责任划分不清晰

特别法是对于特定的人群和事项，或者在特定的地区和时间内适用的法律。《中华人民共和国体育法》是由全国人大制定的一部体育的基础法

---

① 朱健.学校现行体育法律法规的体系构建探究［J］.西安体育学院学报，2016，33（2）：159-163.

律，也是至今唯一的立法层次较高的体育法律[①]，《中华人民共和国体育法》主要从思想和制度方针方面进行指导和引领，对学校体育进行了一系列规定，但并未涉及学校体育伤害事故的处理。《中华人民共和国教育法》《中华人民共和国未成年人保护法》等法律虽涉及学生的教育和保护，但未曾涉及学生的体育伤害等内容。《学生伤害事故处理办法》是一次重要尝试，颁布的意义不仅在于推进了校园伤害事故处理的进程，更是为构建学校安全法律基础和制度框架做出了重要贡献。遗憾之处在于，《学生伤害事故处理办法》虽对学校事故的责任认定、处理程序、赔偿等方面进行了规定，但对伤害事故责任的划分不够明确、伤害事故处理不当等导致学校和学生双方利益难以得到保护。

三、风险转移通道不流畅

学校体育保险的发展可以有效转化风险，解决培养学生与体育风险问题之间的矛盾[②]，是学校体育风险管理中的重要防范措施[③]。被访谈的多位体育专家、体育教师一致认为保险转移是学校体育风险转移的必要措施。为解决保险渠道不畅的问题，国家出台了相关政策加快学校体育保险体系的构建。校方责任险的出现就是为了改善学校的压力，化解"校闹"危机。但是，国内保险事业相对于国外起步较晚，针对校园伤害的保险还不够健全。目前我国学校体育保险主要以学生为投保对象，对于体育教师、教练的投保不足。我国体育保险业也在尝试开发新的保险品种，如平安运动险，但是其承保范围一般是赛事风险，校园学校体育保险主要依靠学生保险，如学生平安保险（简称学平险）、城镇（乡）医疗保险。现存的问题和难点就在于如何让学校体育保险与相关法律法规日臻完善，功能更加分明，

---

① 徐士韦，肖焕禹，谭小勇.学校体育保险机制构建视角下的学生体育权利实现［J］.西安体育学院学报，2013，9，30（5）：536-539.

② 王敏.基于风险管理的中国学校体育保险发展策略研究［D］.成都体育学院，2018：1.

③ 沈纲，李荣.我国高校体育存在的风险及控制措施［J］.河北科技师范学院学报（社会科学版），2006（4）：96-99.

以解决我国不同区域、不同层次、不同程度的学校体育风险问题①。因此，创建以学校体育保险为引航，相关法律法规为护航的运行机制，是当前学校体育工作的当务之急、重中之重。

我国体育保险存在的问题是起步较晚、经营规模小、专业化程度差、体系不完善②③。目前有关学校体育的保险主要包括校方责任险、学生平安保险、学生医疗保险、意外伤害保险。学平险始于1994年，一定程度上发挥着学校体育保险的功能。校方责任险始于2008年，主要为学校提供担保。医疗保险、学平险、意外伤害险，共同为学生体育风险提供一定的保障。关晶、王国军指出，2003年之后国家规定采取自愿购买的模式，导致"学平险"购买比例有所下降④。鉴于国家体育教育事业和体育事业总体发展的需要，应根据学校、家庭和社会的需要，推出相应的学校体育保险，以满足新时代体育教育工作的需要，实现学校体育风险的顺利转移。

在学生所购买的保险中，社会保险侧重于医疗和疾病，学生平安险和意外伤害保险承担了学校体育伤害事故一定的赔偿费用。但我国体育保险处于起步阶段，专业化程度差、国民保险意识薄弱、保险体系不完善等诸多问题限制着学校体育保险的发展⑤⑥。除此之外，学生平安险和意外伤害保险具有一定的局限性：1.保险只能赔偿受伤者，在事故中承担一定责任却未受伤者得不到任何赔付，需要自行承担所有损失；2.赔付金额有限，难以承受重大伤害或死亡赔付；3.学生平安险取消强制购买后，使得本就十分棘手的学生体育风险更加突显出来，不利于学校体育事业的发展。

除学生保险以外，校方责任险也未能充分发挥应有职能，具体表现在：1.未有法律对校方责任险进行约束。早在2008年，《关于推进校方责任保

① 袁夕坤.学校体育运动伤害事故风险的控制及应对策略[J].南京体育学院学报（自然科学版），2014，13（6）：118-121.

② 陈进良.构建我国学校体育保险机制的研究[J].山东体育学院学报，2010，26（4）：34-37.

③ 王荷英.学校体育活动中运动伤害保险制度研究[J].体育文化导刊，2012，10（10）：78-81.

④ 关晶，王国军.我国体育保险的现状、瓶颈与突破[J].体育科学，2017，31（1）：81-89.

⑤ 周爱光，杨晓生，陈慧敏，等.我国体育保险的现状及对策研究[J].体育与科学，2002，（4）：35-38.

⑥ 周爱光.日本学校体育保险的法律基础[J].体育学刊，2005，1，12（1）：8-10.

险完善校方伤害事故风险管理机制的通知》（教体艺〔2008〕2号）中就已指出，由国家或社会力量举办的全日制普通中小学校（含特殊教育学校）、中等职业学校，原则上都应投保校方责任保险，义务教育阶段的校方责任险投保费用由学校公用经费中支出，但未有法律对校方责任险的运行进行规范和约束；2.存在"有险不敢报"的现状。访谈调查显示，部分学校为了避免伤害事故上报后有损学校利益，即使发生事故，也不敢动用校方责任险进行理赔，只能用其他非常规方式进行赔偿。使得学校体育伤害事故像一把"尚方宝剑"时刻悬挂在老师的头顶，也像"紧箍咒"一样束缚着体育教师教学工作的深入、全面开展，导致难以实现体育教学效果最优化。

伤害事故的责任判罚是合法、有效处理风险事故的必要前提，也是风险应对措施的重要前提，若是不能明确责任判罚范围，就会严重制约风险应对措施。风险事故规则不明确，风险转移途径不顺畅，体育教师以及学校只能依靠风险预防与控制及风险自留来应对学校体育风险。这种情形下给学校和体育教师造成了巨大的压力，为了减少学校体育风险事故，可能会通过消极的措施来应对学校体育风险，对于高风险的运动项目会直接回避，对于中等风险的项目也会通过降低运动负荷等方式将风险降低，达到能够自留的程度。如，被访谈的上海交通大学的教授讲道："上海交通大学具有良好的运动传统。但是危险高的项目，如单杠、双杠、标枪、铁饼、铅球等都不开了。"长此以往，学生参与体育锻炼的目标就难以达成。对儿童青少年而言要达到中等负荷才能有效促进机能、体能的提升，只有长期达到一定的运动量，才有可能达到掌握1—2项运动技能的目标。进而，才能实现"五育并举"、体教融合、体育强国、健康中国的层层目标。否则，一切都是空中楼阁。

纵观国外学校体育风险管理的经验，要突破我国学校体育风险管理的瓶颈问题，需从两个方面着手，一是不断通过案例分析，结合国内外经验以及我国国情，加大法律法规对学校体育伤害的判罚的规范性；二是积极发展针对校园体育伤害的保险体系，合理、顺畅地转移学校体育风险。

四、社会对风险认知失衡

（一）学校体育风险社会认知失衡特征

认知失衡，是指民众较为普遍的对于某一事物的认知偏颇与理解误区，是一种认知上的矛盾冲突和失调状态[1][2]。在认知失衡的背后，折射出当下对学校体育伤害事故立法不足、保险未能发挥效能、事故处理方式不当、大众舆论负面导向等现存的社会治理问题。

访谈资料显示，在学校体育伤害事故的处理过程中，最难的问题之一是跟家长沟通，取得家长的理解。很多体育教师反映"家长不讲理，不能正确地对待学校体育伤害""家长工作难""学校与家长容易形成对立面"。第二个难题是法律法规不完善，责任认定难，表现在："依法依规不足，伤害赔偿标准不完善，责任划分困难，缺乏专业的法律援助。"第三个难题是保险的保护效应，保险公司的工作效率。第四个难题是社会舆论引导。集合对学校体育专家、律师、一线体育教师及家长的访谈内容，总结出学校体育伤害事故典型认知失衡特征有以下几点。其一，过分夸大学校的责任。家长认为学校对学生拥有监护权，因此部分家长认为不管孩子在学校发生什么事故，学校都应负全责，承担包括医疗费、精神损失费、护理费等在内的所有费用。其二，"弱者心态"倾向严重。例如，甲乙双方一起参与体育活动，甲方受伤后则会主观臆断为乙方的责任。其三，家长诉求不合理。现有案例显示，学生出现稍微严重的伤害后，家长认为学校不仅应承担医疗费、精神损失费，还应负担学生未来生活费和护理费，这些诉求与法律预判相差甚远。若这些不合理的诉求得不到满足，易产生"校闹"现象。其四，社会舆论导向偏激。学校伤害事故涉及青少年，事件本身具有敏感性，社会影响较大。如若媒体不能秉持公正、客观对待，过度地对事件进行渲染，易引起社会舆论偏激，给学校造成巨大压力，影响正常教学秩序。社会、

---

① 张丽霞."信息技术"课程教学中挑起"认知失衡"的策略 [J].电化教育研究,2009（12）：110-112.
② 薛国林,王厚启.网络传谣是舆论监督的认知失衡 [J].青年记者,2013（31）：44-45.

家庭应理性对待学校体育伤害事故，如果一味将责任强加于学校和教师，将有害于学校体育工作的开展。

学校体育伤害事故的认识失衡，会掣肘学校体育工作的开展，阻滞国家学校体育政策的全面贯彻，对《"健康中国 2030"规划纲要》目标的达成，以及《健康中国行动（2016-2030）》的开展，"十四五"时期健康中国、体育强国目标的实现，亦有不可估量的负面影响。体育教师也强烈期待家庭、社会能正确对待体育伤害问题，政府、法律、保险能给予充分的保障。因此，要在剖析"认知失衡"的社会原因的基础上进行科学治理。

（二）学校体育风险社会认知失衡原因

1. 法律法规不够完善

学校体育伤害事故相关处理的法律法规不够完善[①]，责任划分不明确，容易引起家长和学校的矛盾，会出现赔得少，家长不满意，赔得多，学校吃不消的两难境地。另外一个宏观的社会背景原因是公众的法律知识水平有待提高，虽然经过多年的普法教育，公众的法律意识有了很大提高，但是对于校园伤害的法律责任问题并不清楚，因此一旦发生伤害，家长第一反应可能就觉得是校方责任。若是对学校体育伤害的责任划分比较清晰、明确，社会和家庭用法律思维对待学校体育伤害问题，用法律公正、客观地划分责任范围，则不容易引起社会对学校体育伤害事故认知的偏颇，容易化解家庭与学校之间的矛盾。若是法律法规无法客观、公正、准确地划分教师、学校、学生等主体之间的责任范围，家庭、社会对体育教师或社会的责任认知失衡，学校、教师时刻面临着承担风险的巨大压力，则会通过风险回避等消极措施，尽量减少自身的损失，对学校体育的全面发展以及学生体质健康的提升极为不利。

2. 事故处理方式不当

访谈发现部分学校为了降低伤害事件的社会影响，在学校发生伤害事

---

① 彭亚资. 学校体育伤害事故归责与赔偿问题研究［D］. 长沙：湖南大学，2010：55.

件后，往往不走正常处理程序，而是快速拿钱息事宁人。学校不按正规程序处理伤害事故会带来多种弊端。首先，发生伤害事故后学校想要完全封锁消息，这是不太现实也是不可取的，反而会导致部分家长道听途说，一旦听说学校拿钱息事宁人，容易误会学校在事故中出现了管理不当或教师失职等行为，事件一旦传开，反而会对学校造成更坏的影响。其次，由于学校未能坚持自己的立场，有些家长可能会趁机故意向学校多索取赔偿金，若得不到满足，则会在学校"闹事"，严重影响学校教学秩序，给学校和教师造成巨大的压力和不良的社会影响。故而，学校不经正常程序，一味拿钱息事的做法是不可取的，只会让学校陷入"出事—赔钱"的恶性循环。

3. 大众舆论的负面导向

大众对正面报道的接受感较弱，而负面报道往往引发更多人的关注，大众舆论的负面导向对学校体育工作的正常开展造成了一定冲击。例如，在处理伤害事故过程中，受伤者家属采取到学校闹事等极端行为，经媒体炒作和报道，迅速引发相关舆论热点，容易引起学校和教师形象的弱化。长此以往，容易引起学生一旦受伤，大众就认为是学校责任的刻板印象。这会一方面导致家长和老师互防，产生信任危机；另一方面会给学校和老师增加无形的压力，影响学校教育工作的有序开展。

除了上述三个原因外，体育保险渠道不畅通，风险转移不流畅，也会容易引起学校体育伤害认知问题。有些学生没有相应的保险或者保险力度不足，家长为了避免自身的经济损失，会将责任主动推给体育教师或是学校。解决这一问题必须依靠政府和社会的力量，需加强学校体育伤害事故处理法律法规建设，加快保险以及相应救治基金的设立。

第二章
我国三位一体学校体育风险管理体系的构建

第一节　我国三位一体学校体育风险管理体系构建的理论基础

一、风险管理理论

风险（Risk）的界定比较多，经济学家、行为学家、风险理论家等对风险都有各自的界定，但总体而言风险是指"不确定性"。现代汉语词典对风险的解释为"不安全"与"安全"相对。保险中将风险界定为特定环境下，某种随机事件发生后给人的利益造成损失的不确定性[1][2]。一般概括为主观风险和客观风险。主观风险（Subjective Risk）是指为个人的心理状态或精神状态而导致的不确定性。客观风险（Objective Risk）是指不以人们意志为转移的实际发生的风险，如自然灾害、意外事故等[3]。

风险具有可预防性也称为可测性，是指个别风险的发生可能是偶然，但是通过大量风险事故的统计，人们发现事故往往呈现出一定的规律。著

---

① 乔治·E.瑞，迈克尔·J.麦克纳马拉.风险管理与保险原理：第十二版 [M].刘春江，译.北京：中国人民大学出版社，2004：4–5.
② 蒋志娴.巨灾风险的市场化分散机制探讨 [D].上海：华东师范大学，2004：8.
③ 周彩霞.保险原理与实务 [M].北京：中国发展出版社，2017：1–80.

名的海因里希法则提出，"每330次事故中，严重伤害、轻微伤害和无伤害的事故次数之比为1：29：300"。告诫人们"要消除1次伤亡事故以及29次轻伤事故，必须首先消除300次无伤事故。也就是说，要从根本上防止事故"。例如，某个学生在遭受严重的伤害之前，可能已经遭遇过多次未带来严重伤害的事故。而且在无伤害或轻微的伤害事故背后，可能隐藏着能造成严重伤害事故的相同隐患。通过有效的管理和技术手段，防止人的不安全行为和物的不安全状态出现，从而使事故发生的概率降到最低，这就是预防的原理。国内外的研究也证明伤害是可以预防的。我国伤害流行病学专家王声湧[①] 提出，"经验和事实都告诉我们，如果认真采取科学的方法，伤害不仅是可以预防和控制的，而且其效果是立竿见影的"。

（一）风险的构成要素

1. 风险因素

周彩霞根据风险管理学理论将风险因素（Hazards）划分为两大类即有形风险因素和无形风险因素。有形风险因素指引起或增加损失发生机会或程度的物质性条件，如物质本身的物理性能或化学性能。在学校体育风险管理中，有形风险因素主要来自场地设施、体育器材、体育场馆等物质因素。无形风险因素是指文化、习俗、态度、行为习惯等影响风险事故发生机会和损失程度的非物质形态的因素。例如，学生安全运动意识薄弱、运动时粗心大意，或者是冒险行为等。

2. 风险事故

风险事故（Perils）即造成人身伤亡或财产损失的偶发事件。风险事故是风险的具体体现。风险事故发生的根源主要有三种：一是自然力的作用，如地震、高温、冻害、狂风等不可抗拒的自然因素；二是人的行为或物的运动，如人的冒险行为、错误行为，物的不安全运动等；三是社会因素，如社会风俗习惯、风险意识、社会行为规范等。

---

① 王声湧. 我国的伤害流行病学研究亟待开展［J］. 中华流行病学杂志：1997, 18（3）：131.

3. 损失

损失（Loss）是指因风险造成的人员伤亡、财产损失、社会失稳、资源破坏等。损失分为直接损失和间接损失，直接损失可以用货币衡量，间接损失难以用货币衡量，如死亡、伤残等。

风险三要素表明，风险因素决定风险，并通过风险事故得以体现，用损失加以度量。风险因素的多样性以及作用方式的复杂性决定了风险的不确定性，风险事故则使人们意识到风险的客观存在，并通过损失的计算来衡量风险的大小。

（二）风险的种类

风险的分类方法有很多种，根据风险发生的作用对象进行分类，可以将风险分为三类：财产风险（Property Loss Exposures），指可能导致财产发生毁损、灭失等；人身风险（Personal Loss Exposures），指可能导致人的疾病、伤残、死亡或丧失劳动能力；责任风险（Liability Loss Exposures），指团体或个人造成了他人的财产损失或人身伤害，在法律上负有民事责任。根据风险发生的原因可以分为自然风险、社会风险、经济风险、技术风险[1]。

（三）风险管理技术

风险管理（Risk Management）[2]指群体或个人通过对风险的认识、衡量和分析，选择相应的风险处理办法，从而降低、消除风险或减少损失的管理活动。风险管理的基本方法包括风险回避、风险自留、风险预防与控制、风险转移。

1. 风险回避

风险回避（Risk Avoidance）指单位或个人意识到风险存在的前提下，有意识地避开风险。例如，为了减少伤害的发生，很多学校取消了单双杠、标枪、铅球等风险较高的项目。

---

[1]　莫筠. 广州市污水治理项目风险及风险管理研究［D］. 广州，华南理工大学，2012.
[2]　周彩霞. 保险原理与实务［M］. 北京：中国发展出版社，2017：1–80.

2. 风险自留

风险自留（Risk Retention）是指单位或个人承担全部风险成本的一种风险管理办法，分为主动自留和被动自留 [①]。应根据风险评估的结果和自身的承担能力而选择是否风险自留。

3. 风险预防与控制

风险预防（Risk Prevent）是指事故发生前通过消除或减少风险因素来减少事故的措施。风险控制（Risk Control）是指事故发生时或之后采取的各种防止损失扩大的措施。从学校体育发展与促进青少年健康的角度出发，风险转移和风险预防与控制是比较适合学校体育风险管理的有效方法。

4. 风险转移

风险转移（Risk Transfer）是指单位或个人为避免承担风险损失，有意识地将风险损失转嫁给其他单位或个人承担的一种风险管理方法，如保险转移。合理的风险转移有利于减轻学校、教师和家长的经济负担尤其是减轻思想束缚，这利于学校体育工作的全面开展。

（四）风险管理的基本程序

1. 风险识别

风险识别是指单位或个人对所面临的以及潜在的风险加以判断、归类整理并对风险的性质进行鉴定的过程 [②]。风险识别是风险管理的基础，要解决的问题是识别风险源、判断风险性质、评估风险后果。作为体育教育管理者和工作者，要通过学习、总结工作经验，形成学校体育常见风险源的识别能力，并能将常见的学校体育风险源进行分类，以便于制定相应的风险管理策略。

2. 风险评估

风险评估是在风险识别的基础上，通过搜集大量、详细、有关损失的资料加以分析，运用概率论和数理统计，确定风险事故在一定时间内发生

---

① 陈名，黄文富. 海外工程项目风险管理与防范［J］. 科技与企业，2013（6）：69.
② 张海. 内部审计如何参与风险管理［J］. 中国内部审计，2009（3）：70-71.

的可能性，即风险事故发生的概率大小。根据风险评估结合自身风险承受能力，将风险划分为不能接受等级、难以接受等级、可以接受等级、完全可以接受等级等不同的等级，从而为风险管理技术的选择提供依据。

3. 风险应对

风险应对或者风险管理技术的选择包括上述风险回避、风险自留、风险预防与控制以及风险转移。在风险识别的基础上，经风险评估后，依照风险发生的概率和损失的程度，采取相应的风险应对策略（如表2-1所示）。针对学校体育的特殊性，在风险管理过程中采用风险预防与控制和风险转移是比较合理的风险应对措施。

表2-1　风险评估与管理技术的选择

	风险事故发生概率低	风险事故发生概率高
损失程度低	风险自留	风险预防与控制
损失程度高	风险转移	风险回避

4. 风险管理效果评价

风险管理效果是指风险管理预期目标达成度。管理效果与预期目标契合度高，风险事故少，损失程度小，则表明风险管理方法得当。在学校体育风险管理中，通过恰当的风险管理方法，使学生伤害事故发生率低，伤害程度小，则是比较合理的风险管理方法。

二、中国社会治理理论

以马克思主义社会治理思想以及习近平新时代中国特色社会主义思想为基础，结合社会实践发展的需要，以及人民群众对美好生活的向往，参与社会治理的愿望，国家在十八届三中全会上正式使用社会治理这一概念，指出深化改革的总目标，是完善和发展中国特色社会主义制度，推进国家治理体系和治理能力现代化[①]。在国家提出的社会治理概念的基础上，学者

---

① 丁和根. 媒体介入基层社会治理的现状、角色与维度 [J]. 新闻与写作，2021（5）：5-13.

们对社会治理的内涵进行了深化。社会治理是多元社会主体共同参与的，旨在维护社会秩序、促进社会公平、协调社会关系、激发社会活力、推动社会进步的实践活动。从社会管理升华到社会治理，是由传统管理思维转变为现代治理思想，由自上而下的管理方式升华为上下互动、国家与社会相结合、发挥多元主体作用的治理。社会治理更强调各种社会力量的参与，既包括党委、政府及其职能部门，也包括社会组织、市场主体及公民个体等。社会治理不同于以往管理中的管控方式，而是政府、企业和社会组织共同为社会成员提供公共服务、维护社会秩序、化解社会矛盾等以推进社会的和谐发展。

社会治理方式是指运用各何种手段和方法进行社会治理。社会治理方式在运用行政手段的同时，强调综合运用经济、法律、道德、文化、科技等手段，来突出协商民主、公开透明。社会治理的最终目的是实现共建、共治、共享。社会治理主体，指参与社会公共事务并参与建设良性社会秩序、社会关系和生活方式的组织、机构、群体和个人，主要包括党组织、政府、企事业单位、社会组织、社区组织和城乡居民。这些主体中，其他主体要服从党的领导。政府、社会、市场、公民个人之间形成新型的和谐关系，需要公众的主动参与，坚持民主、法治原则。其典型的体制特征是"党委领导、政府负责、社会协同、公众参与、法治保障"。党委处于领导地位，总揽全局、协调各方；政府处于负责地位，编制规划、提供服务；社会组织是协同者，承担政府转移的公共服务、完成公共事务工作；人民群众是参与者，参与社会治理活动，进行自我管理、自我服务、自我协调。法治在社会治理中起规范、保障作用。魏礼群对社会治理内涵、治理主体、治理方式、治理目的进行了论述，结合我国治理历史与经验，提出了党委领导、政府负责、社会协同、公众参与、法治保障的"五位一体"中国特色社会主义社会治理体系。

在社会治理背景下，体育界提出了体育治理的概念。杨桦[①] 提出，"体育治理是运用治理的新方式来处理体育利益多元主体的冲突，使之协同合作，高效有序，最终达到体育善治的过程"。并认为其运转是通过政府、社团、

---

① 杨桦. 论体育治理体系的价值目标 [J]. 北京体育大学学报，2016，39（1）：1-6.

企业、民众各治理主体的协同合作，充分发挥组织、服务、监管、配置功能，运用法律、行政、经济、道德、教育、协商的方法，采取自上而下，自下而上，横向互动的方式来进行。可见，学校体育伤害事故的风险管理，应因时而变，充分运用社会治理理念，发挥政府主导、学校主管、社会协同、家庭参与的合力，尽可能将学校体育风险管理过程进行优化。

三、危机协同治理理念

刘刚[①]提出，"危机是一种对组织基本目标的实现构成威胁，要求组织必须在极短的时间内作出关键性决策和进行紧急回应的突发事件。危机具有突发性、危害性、公众性、紧迫性、二重性等特征。危机与风险密切相关，风险是危机的诱因，危机是风险积聚后的显性表现"。

有些学者的研究提出我国社会风险源的潜在性与关联性在不断增强，不论是原因还是结果都呈现出了复杂性。应顺应时代的发展重塑管理理念与变革制度[②]。张成福[③]提出，"整合的公共危机管理模式"，认为"有效的危机管理需要政府整合整个社会的力量，动员和调动各种资源，给予各种各样的政策、制度、法律的支持"。建议应建立和完善政府组织体系和机构；制定并完善法律、法规、规章体系；提供充分的物质和财政资源支持；建立信息和决策系统；建立危机管理沟通机制；加强危机管理的教育和训练；增强整个社会危机管理的意识；促进危机管理的多边合作和国际合作，多方面、多维度加强国家危机治理能力。有学者提出"条条"与"块块"分割的应急反应体系，难以形成整体的协同效应。在现代社会公共危机管理中要打破各地为政、单打独斗的格局，要保证组织机构正常运作的同时，协同多元社会力量特别是企业组织、非政府组织以及公民个人的力量[④]。根

---

① 刘刚.危机管理［M］.北京：中国人民大学出版社，2013（8）：5–6.

② 朱正威，吴佳.中国应急管理的理念重塑与制度变革——基于总体国家安全观与应急管理机构改革的探讨［J］.中国行政管理，2019（6）：130–134.

③ 张成福.公共危机管理：全面整合的模式与中国的战略选择［J］.中国行政管理，2003（7）：6–11.

④ 张立荣，冷向明.协同治理与我国公共危机管理模式创新——基于协同理论的视角［J］.华中师范大学学报（人文社会科学版），2008，47（2）：11–19.

据协同理念，提出了公共危机协同治理理念及模式。

公共危机协同治理认为"在权利结构上，除了政府之外，非政府组织以及公民个人都在公共危机治理结构中拥有权利、能力和责任，形成一种权利与责任对等、制度化、常规化的多元治理结构"。充分利用网络与信息技术的便捷性，扩大多元主体在时空上灵活配合的可能性。将公共管理主体由单一的政府组织扩展为多元治理主体在内的网络系统，最终构建"公民个体—社会群体—政府部门—整个国家"一体化，点、线、面相结合的动态性、柔性化的公共危机管理系统。并通过法规制度的完善、权责体系的优化、资源保障的强化、信息平台的搭建以及社会资本的培育五个方面来进行协同治理制度的创新。

协同公共危机管理模式提出了要协同政府、社会、个体三方面的力量协同公共危机管理，表明在新时代面对复杂的社会问题，要取得高效益、低成本的治理效果，必须采取协同治理的模式，优化各部门的权利和义务。因此，学校体育风险管理若想取得管理效果最优化，也应采用协同治理的理念。

四、事故致因理论

事故致因理论的形成也是随着社会的发展，科技的不断进步，经历了从无到有，从粗犷到细致的过程。安全科学的学者们将事故致因理论的发展概括为三个历史阶段：一是早期的事故致因理论，包括事故频发倾向论、事故因果连锁论；二是二次世界大战后的事故致因理论，以能量转换理论、人失误论、轨迹交叉理论、管理失误论等为典型代表；三是现代系统安全理论，以事故致因综合论为典型代表[1]。人失误论是由威格尔沃思（Wiggles Worth）提出的，认为"人失误"构成了所有类型伤害的基础。他把"人失误"定义为错误地或不适当地响应一个刺激。轨迹交叉论的主要观点为："伤害事故是许多相互联系的事件顺序发展的结果。这些事件概括起来不外乎人和物（包括环境）两大发展体系。当人的不安全行为与物的不安全状态在

---

① 隋鹏程，陈宝智，隋旭. 安全原理［M］. 北京：化学工业出版社，2005：33-48.

同一时空相遇时产生了事故"①。管理失误论则侧重于研究管理的责任,强调管理失误是构成事故的主要原因。事故的发生,是因为客观上存在着生产过程中的不安全因素,事故的直接原因是人的不安全行为和物的不安全状态。但是,造成'人失误'和'物故障'的原因却常常是管理上的缺陷。后者虽是间接原因,但又常是事故发生的本质原因②。事故现象的发生与其原因存在必然的因果关系。"因"与"果"有继承性,前端的结果往往是下一阶段的原因。事故原因常分为直接原因和间接原因。直接原因是在时间上最接近事故发生的原因。直接原因进一步分为物的原因和人的原因。物的原因包括设备、材料、环境(又称环境物)等的不安全状态;人的原因是指人的不安全行为。间接原因包括技术原因、教育原因、身体原因、精神原因、管理原因以及社会及历史原因,其中技术、教育和管理三项原因是极其重要的间接原因(见表 2-2)。

表 2-2 事故因果致因要素表

基础原因——▶	间接原因——▶	直接原因
管理原因	技术原因(机械设计、安置、保养不足)	物的不安全状态
指领导责任心不强、检查制度不完善	身体原因(身体缺陷,睡眠不足)	
社会及历史原因	教育原因(安全教育、培训不足)	人的不安全行为
指体制、政策、条块关系	精神原因(焦躁、紧张、恐惧、心不在焉等)	

我国安全专家认为,事故的发生不是单一因素造成的,也并非个人偶然失误或单纯设备故障导致的,而是各种因素综合作用的结果③。基于上述理论的优点与不足,提出了事故致因综合论,即"事故的发生是社会因素、管理因素、生产中各种危险源被偶然事件触发所造成的结果"。并认为事故的适时出现是由起因物和肇事人偶然触发了加害物和受害人而形成的灾

---

① 张景林,林柏泉.安全学原理[M].北京:中国社会保障出版社,2009:102.

② 隋鹏程.产业灾害——伤亡事故致因理论(2)[J].中国安全生产科学技术,2000,20(3):6-11.

③ 隋鹏程.安全科学与社会可持续发展[J].中国安全科学学报,2000,10(2):7.

害现象。偶然事件之所以被触发，是由于生产环境中存在着各种隐患（物的不安全状态）和人的某种失误（人的不安全行为），这些共同构成了事故的直接原因。这些物质的、环境的以及人的原因是管理上的失误、管理上的缺陷和管理责任所导致的，也是形成事故直接原因的因素。形成间接原因的因素，包括社会的经济文化、教育、习惯、历史、法律等基础原因，统称为社会因素。事故的发生过程可以表述为由基础原因的"社会因素"产生"管理因素"，进一步产生"生产中的危险因素"，通过人与物的偶然因素触发伤亡和损失（如图 2-1 所示）。

事故致因理论尤其是综合论事故模型提出了事故致因包括社会因素、管理因素、人的因素、物的因素四个方面，揭示了事故致因规律。学校体育伤害事故虽然有其自身的特点，但也属于事故的范畴。因此，在进行学校体育风险管理时一定要将上述四个因素作为风险源进行识别、评估与应对。

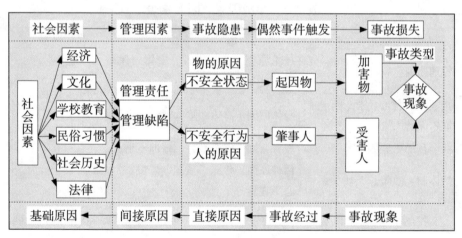

图 2-1　综合论事故模型
（资料来源：隋鹏程，2000）

第二节　我国三位一体学校体育风险管理体系构建的实践依据

一、大学体育风险因素 TOPSIS 模型评估

根据所建构的评估表对高校体育伤害致因进行评价。调查表共分为学生原因、教师原因、场地器材、运动环境、学校管理、社会因素 6 个维度，每个维度下的调查指标不少于 4 项，让调查对象根据实际情况，按照李克特 5 级量表进行评分，完全不赞同（1 分）、不赞同（2 分）、不清楚（3 分）、赞同（4 分）、完全赞同（5 分），所调查的样本量（n）为 1010 个，如表 2–3 所示。

表 2–3　高校体育伤害事故致因指标评分（n=1010）

原因	完全不赞同	不赞同	不清楚	赞同	完全赞同
学生原因	132	1179	1855	5602	1429
教师原因	32	308	1058	4596	1421
场地器材	21	121	563	2691	1237
运动环境	60	531	1463	2664	844
学校管理	19	158	669	2800	989
社会因素	23	176	766	3345	1252

1.归一化处理

归一化能够确保各测试指标在决策过程中的权重是相等的，从而避免某些指标对体育风险排序产生过大影响。归一化处理后可得 Z 值，之后对 Z 值进行排序。这样比直接对原始数据进行排序误差小，评价结果更客观。归一化处理原始数据公式如下：

$$Z_{ij} = \frac{G_{ij}}{\sqrt{\sum_{i=1}^{6} G_{ij}^2}}$$

如：$Z_{11} = \dfrac{132}{\sqrt{132^2 + 32^2 + 21^2 + 60^2 + 19^2 + 23^2}} = 0.8633$

以此类推,计算出所有的Z值,得到转换指标值的Z矩阵的值见下表2-4。

表2-4　转换指标Z矩阵

风险源	完全赞同	不赞同	不清楚	赞同	完全赞同
学生原因	0.8633	0.8698	0.6537	0.6045	0.4804
教师原因	0.2093	0.2272	0.3728	0.4960	0.4777
场地器材	0.1373	0.0893	0.1984	0.2904	0.4158
运动环境	0.3924	0.3917	0.5156	0.2875	0.2837
学校管理	0.1243	0.1166	0.2358	0.3022	0.3325

2. 计算 Z_+、Z_-

完成了指标类型的统一和标准化处理后,就可以计算每个评价对象的归一化得分了。Z_+ 是理想解在标准化矩阵中的对应值,它包含了每一列(即每一个评价维度)中的最大值。这些最大值代表了所有评价对象在该指标上的最优表现。Z_- 负理想解在标准化矩阵中的对应值,它包含了每一列(即每一个评价维度)中的最小值。这些最小值代表了所有评价对象在该指标上的最差表现。

$Z_+ = (0.8633,0.8698,0.6537,0.6045,0.4804)$

$Z_- = (0.1243,0.0893,0.1984,0.2875,0.2837)$

3. 计算距离 D_+ 和 D_-

D_+ 和 D_- 是两个核心的距离度量,它们分别代表了评价对象与理想解(Z_+)和负理想解(Z_-)之间的距离。因此,D_+ 衡量了评价对象与 Z_+ 之间的偏离程度,D_- 衡量了评价对象与 Z_- 的差的平方。

D_+ 教师的原因 =

$$\sqrt{0.2093\text{-}0.8633\,^2+\ 0.2272\text{-}0.8698\,^2+\ 0.3728\text{-}0.6537\,^2+\ 0.4960\text{-}0.6045\,^2+\ 0.4777\text{-}0.4804\,^2}$$

D_- 教师的原因 =

$$\sqrt{0.2093\text{-}0.1243\,^2+\ 0.2272\text{-}0.0893\,^2+\ 0.3728\text{-}0.1984\,^2+\ 0.4960\text{-}0.2875\,^2+\ 0.4777\text{-}0.2837\,^2}$$

余类推 ……

4. 计算 C_i

在 TOPSIS 法中,相对接近度(C值)是衡量评价对象的关键指标,

$C = \dfrac{D_-}{D_+ + D_-}$。C 值越大，表示评价对象越接近理想解，同时越远离负理想解，因此评价对象的排序越靠前，其计算公式如下。

$$C_i = \dfrac{D_i^-}{D_i^+ + D_i^-} \quad 0 \leqslant C_i \leqslant 1 \quad C_i \to 1 \quad \text{表明评价对象优越}$$

例如教师原因的 C 值：

$$C = \dfrac{0.3711}{(0.9650 + 0.3711)} = 0.2778$$

余类推......

最后根据计算的所有 D 值计算出 C 值，按其大小给出评价结果，C 值越接近 1 表明评价效果越优。得到以下排序结果，见表 2-5。

表 2-5　风险源排序结果

风险源	D₊	D₋	C	排序结果
学生的原因	0	1.2255	1	1
运动环境	0.7801	0.5138	0.3971	2
教师的原因	0.965	0.3712	0.2778	3
社会因素	1.1251	0.1779	0.1366	4
场地器材	1.2026	0.1328	0.0994	5
学校管理	1.1838	0.0688	0.0549	6

高校体育风险因素由高到低排序为：（1）学生因素，（2）运动环境因素，（3）教师因素，（4）社会因素，（5）场地器材因素，（6）学校管理因素。在此基础上，采用排除法剔除与高校体育风险因素关系比较弱的因素，并对余下的观测指标进行再次排序（见表 2-6）。

表 2-6　风险观测指标排序

维度	观测指标	TOPSIS 值	排序
学生的原因	学生运动注意力不集中	0.6146	1
	学生自我保护意识不足	0.5331	2
	在缺少保护的情况下做高难度动作	0.3849	3
教师的原因	教师课堂管理能力差	0.6436	1
	教师保护措施不当易导致	0.4223	3

（续表）

维度	观测指标	TOPSIS 值	排序
教师的原因	缺乏正确处理事故的能力	0.4345	2
场地器材的原因	场地器材安置不牢固	0.6097	1
	场地器材维修不及时	0.3799	2
	场地器材使用不当	0.3030	3
运动环境的原因	运动空间拥挤	0.2203	3
	高温极端天气	0.5293	2
	寒冷极天气	0.6742	1
学校管理原因	加强师生运动安全知识教育	0.1585	3
	完备的事故预防体系	0.2333	2
	加强体育安全文化建设	0.8573	1
社会因素	学生饮食习惯不健康	0.5245	1
	家庭对学生的运动安全教育	0.4917	2
	国家对学校体育器材质量的监督	0.4237	3

备注：TOPSIS 值（即 C 值）是基于 TOPSIS 模型计算得到的各指标风险的综合评价值。按照综合评价值从大到小排序，值越高代表指标的风险越高，预防时要给予高度重视。

由表 2-6 可见，运动中注意力不集中是学生原因的首位高风险指标；课堂管理能力差是体育教师原因首位高风险指标；场地器材方面的首位高风险指标为安置不牢固；运动空间拥挤是运动环境因素中的首位风险指标；对师生安全运动教育不足是学校管理的首要高风险指标；学生饮食习惯不健康则是社会因素的首位高风险指标。

高校体育风险指标评判结果为高校体育风险管理应对策略提供了重要的参考：在高校学校体育风险管理中，应加强对学生安全运动行为的培养，加大对运动环境的安全管理，提升对体育教师运动安全培训，并协同家庭、社会加强对学校体育风险的管理。高校体育风险管理在应对时，一方面通过加强课堂安全管理、加强体育场地器材安全检查制度、加强师生安全运动教育、加强校园饮食环境安全进行预防与控制；另一方面通过要求学生购买意外伤害险、学生平安险以及场地器材险进行风险转移。

二、中学体育风险因素 TOPSIS 模型评估

采用 TOPSIS 评估方法对中学体育风险因素进行了评估，选择的评价内容包含五个维度，每个维度下设若干测量指标，请调查对象按照李克特 5 级量进行评分，可忽略（1 分）、微小（2 分）、一般（3 分）、严重（4 分）、关键（5 分），样本量（n）为 370 个，结果见表 2-7。

表 2-7　中学体育活动风险评估指标评分（n=370）

	可忽略	微小	一般	严重	关键
教师因素	127	229	1495	1846	1204
学生因素	86	283	2338	3533	2220
场地因素	81	199	1342	1310	828
器材因素	69	128	884	1038	701
环境因素	108	179	1060	856	617

（一）TOPSIS 数据归一化处理

归一化处理原始数据：

$$Z_{ij} = \frac{G_{ij}}{\sqrt{\sum_{i=1}^{6} G_{ij}^2}}$$

如：$Z_{11} = \dfrac{127}{\sqrt{127^2 + 88^2 + 81^2 + 69^2 + 108^2}} = 0.5889$

以此类推，计算出所有的 Z 值，得到转换指标值的 Z 矩阵，见下表 2-8。

表 2-8　转换指标 Z 矩阵

	可忽略	微小	一般	严重	关键
教师因素	0.5889	0.4876	0.4426	0.4189	0.4274
学生因素	0.3988	0.6026	0.6922	0.8018	0.7881
场地因素	0.3756	0.4237	0.3973	0.2973	0.2939
器材因素	0.3199	0.2726	0.2617	0.2356	0.2488
环境因素	0.5008	0.3811	0.3138	0.1943	0.2190

（二）中学体育伤害风险源排序结果

最后根据计算的所有 D 值和 C 值，得到以下结果，见表2-9。

表2-9　D、C 值表和排序结果

因素	D_+	D_-	C	排序结果
教师因素	0.5934	0.4952	0.4549	2
学生因素	0.1901	0.9967	0.8398	1
场地因素	0.8143	0.2461	0.2321	3
器材因素	0.9889	0.0509	0.0490	5
环境因素	0.9449	0.2173	0.1870	4

与高校体育风险因素排序相似，中学体育风险的第一位风险源为学生因素，第二位为教师因素，第三位为场地因素，环境因素与器材因素分别排在第四、第五位。对比大学和中学体育风险因素的评判结果可见，前四位的风险因素相同，后面的排序有些差异性。原因可能有两个方面：1.调查时间导致的差距，高校的数据来源 2017 年的调研，中学的调研数据来源于 2019 年；2.可能是因为调查对象的年龄差别而造成的。对中学生而言教师作用性更高，对学校体育活动风险的控制与管理更多，而大学生学习更加自主，自我保护能力更强。但是，不论是大学生还是中学生，学生的因素都是排在首位的高风险因素，可见学校体育风险源呈现跨学段的共同性特点。

总体而言，人的因素是引起体育风险的首位因素，其次为物质环境因素，再次为管理因素，最后为社会因素。从安全科学及事故致因理论的角度，可以将人为因素、物质环境因素视作直接因素，管理因素视为间接因素，社会因素视为基础因素。构建学校体育风险管理体系时，首先是依靠政府和学校的力量预防与控制直接因素，其次通过政府、学校、家庭加强间接因素的管理力度，对于社会因素的管理要整合政府、社会、家庭的力量进行管理。因此，构建学校体育风险管理体系时，要从政府的主导性、学校的主体性、社会及家庭的协同性进行充分的考虑。

第三节　我国三位一体学校体育风险管理体系构建的经验借鉴

20 世纪 70 年代初，美国体育风险管理迅速进入了研究人员的视野，研究内容涉及体育保险、体育产业投资风险和体育教育风险等。经过半个世纪的研究积累，逐渐形成了比较成熟的体育风险管理程序，在风险识别、风险评估以及风险应对上形成了比较规范化、程序化、可操作化的特点。

以美国为首的学校体育风险管理体系体现出多元主体协同管理的特点。美国联邦政府及州政府相关机构的主要职责是通过制定相关标准、指南，引导对青少年体育风险的管理；通过全国伤害监测系统加强对运动伤害的监控；通过法律作为伤害事故纠纷处理的有效手段。美国参与青少年体育伤害预防与管理的部门比较多，联邦政府机构主要包括：美国消费品安全委员会（United States Consumer Product Safety Commission，CPSC）、美国疾病预防与控制中心（Centers for Disease Control and Prevention，CDC）、美国疾病预防与健康促进中心（Office of Disease Prevention and Health Promotion）、美国国家安全委员会（National Safety Council）以及各州政府、教育部门等政府机构。

美国社会组织积极参与青少年运动安全管理工作，从体育活动安全标准、场地器材安全标准、教育宣传、资金募集等方面对儿童青少年的运动安全予以保障。美国参与青少年体育安全管理的社会组织非常多，据不完全统计主要包括：美国材料与试验协会（American Society for Testing and Materials，ASTM）、美国体育场地安全规划组织（National Program for Playground Safety，NPPS）、美国休闲与公园协会（National Recreation and Park Association，NRPA）、美国健身场地协会（National Playground Safety Institute，NPSI）、儿童安全（Kidsafe NSW Inc）、儿童安全国际（Safe Kids Worldwide）、美国健康与体育教育社团（Society of Healthy and Physical Education）、儿童健康（Kids Health）等社会组织。

学校作为儿童青少年成长的重要环境，在青少年运动安全管理中发挥着重要的功能。学校管理者、教师不仅要传递学生安全运动的知识，帮助其养成安全运动的技能，还要成立伤害事故处理应急预案，以及时应对风险。

家庭也是美国青少年风险管理不可或缺的部分，并且在帮助儿童青少年养成安全运动行为养成上具有举足轻重的作用。美国学校十分重视家庭在孩子成长、教育、体育行为等方面的协作。并通过家长开放日、校运动会志愿者等途径让家长积极参与学校体育风险管理工作，帮助家长认知学校体育风险，达成学校体育风险防范共识问题。

一、政府在学校体育风险管理中的监督作用

美国作为联邦制国家，各个州在管理上具有自主权，在国内实行统一的学校体育管理政策是很难的。因此，在学校体育风险管理上，美国政府主要通过立法以及制定场地器材设计、生产、安装、检查、维护、维修等管理方面的标准发挥监督功能。涉及学校体育、青少年校外体育安全管理的美国政府机构主要有美国消费品安全委员会（CPSC）、美国疾病控制中心（CDC）等机构。

（一）制定运动场地安全指南

1. 公共运动场地安全指南

美国消费品安全委员会是美国的政府机构，其职责是对消费品使用的

安全性制定标准、法规并监督执行。1979 年 8 月美国消费品安全委员会的调查报告指出，美国每年有 10 万伤害与公共运动场地有关，其中 10 岁及以下的儿童占到 80%。为规范体育场地和儿童游乐场的安全标准，减少因运动场地器材而造成的伤害，该协会于 1981 年制定了第一版《公共运动娱乐场地安全手册》（*Handbook for Pubic Playground Safety*），经过五次修订后，于 2015 年 12 月出版了最新版，更名为 *Public Playground Safety Handbook*。根据维基百科的界定，"playground"是指设计安全的，供儿童青少年运动、娱乐的场所。《公共运动场地安全手册》中的公共运动娱乐场地包括学校、公园、公共机构、营利性儿童保育单位等非家庭内的供儿童青少年运动和玩耍的场地。场地内的设施一般包括滑梯、秋千、单杆、攀爬梯、攀爬杆、独木桥、跷跷板、旋转绳梯等设施，目的是发展孩子的协调、平衡、力量、灵敏等身体素质，培养孩子克服畏惧心理、挑战自我的意志品质，促进孩子交流、合作等社交能力的发展。《公共运动场地安全指南》涉及的相关概念界定，运动场地的总体规划、选址、布局（如通道布局、按年龄划分活动区等）；场地风险识别，包括跌落、挤压、撞伤等风险识别措施；场地器材的维修，包括器材维护、场地维护，维修记录等；场地器材的具体标准，包括防护栏、防护层标准、设备使用方法、滑梯、平衡木、跷跷板、秋千、攀爬梯等安全标准要求。并附录场地护理检查表以及场地器材安全检测方法，包括测试工具的使用，各个部分的测试方法。

秋千是校内外运动场地常见的器材，深受国内外孩子们的喜爱。但是，总有部分儿童存在趴着或是站着荡秋千的危险行为，为了尽可能地预防伤害，美国相关部门制定了秋千安装标准：

（1）必须用坚固的金属链悬挂秋千座位，秋千支架必须固定得足够牢固，除非用工具才能移动。

（2）S 形挂钩是用来连接秋千链与悬杆，以及秋千与座位的零件，若 S 形挂钩的缝隙过大，会挂住孩子的衣服，勒住孩子，造成伤害。因此，S 形挂钩必须焊接牢固，焊接的缝隙小于 0.04 英寸（相当于 1 毛美元硬币的厚度，如图 2-2、图 2-3 所示）。

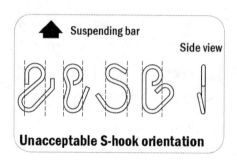

图 2-2　不合格的 S 挂钩　　　　　图 2-3　合格的 S 挂钩

（3）秋千支架的安装要让孩子无法攀爬上去，以防止攀爬造成跌落伤害。

（4）秋千支架上不能安装交叉横杆。

（5）不建议用纤维绳作为悬挂绳，因为时间久了容易老化。

（6）秋千要安置在远离其他活动的区域，以免孩子们玩乐时误闯入秋千活动区域，造成伤害。为确保安全，秋千周围可以用低矮的人工篱笆或是植物篱笆与其他区域隔离开。

表 2-10　秋千最小安全距离表

说明	尺寸	幼童桶式座位	学前儿童带状座位	学龄儿童带状座位
秋千和支架间最小防撞距离	D1	20 英寸	30 英寸	30 英寸
秋千间最小防撞距离	D2	20 英寸	24 英寸	24 英寸
底座底部与地面间距	D3	12 英寸	12 英寸	12 英寸
秋千左右悬绳距离	D4	20 英寸	20 英寸	20 英寸

备注：秋千的坠落高度是指秋千支架的横杆到地面保护层的垂直距离。

（资料来源：引自 CPSC，2015）

单向摆动秋千的安全标准：带状座位的秋千不需要成人监护。秋千的摆荡范围不能与其他活动范围交叉，以免发生撞伤。为降低发生撞击的危险，推荐一个秋千支架上只装两个座位，一个座位只能坐一个孩子。座位要用软质橡胶或是塑料座位，禁止使用木质或是铁质座位。座位边缘必须光滑，没有棱角。若用木屑等柔软的填充物作为防跌落保护层，要在压实填充物后测量厚度是否达到标准要求。

桶式座位秋千的要求：桶式座位供4岁以下的幼童使用，并且要有成人监护。桶式座位秋千的装置相关要求与单项秋千的要求相似。

多向秋千要求：多向秋千一般用三根链子固定在横架上。安置多向秋千的地方不能安置其他器材。为减少伤害，禁止用卡车轮胎。若使用的是钢丝轮胎要检查是否会有钢丝暴露，以免刺伤孩子。也可以用塑料轮胎代替汽车轮胎，轮胎中间要配置防漏网。对于多向秋千一定要经常维修，其受损率比单向秋千高。多向轮胎秋千的悬挂装置上不能有任何凸起。秋千荡起后其座位底部与支架的最小距离不能低于30英寸，秋千底部与地面保护层的距离不能少于12英寸，悬挂中心点与两边立杆的安全距离为座位到悬挂横杆距离的2倍。

2. 家用运动场地安全指南

针对家用运动场地的安全管理问题，美国消费品安全委员会出版了《室外家庭运动场地安全手册》（*Outdoor Home Playground Safety Handbook*）。指南共有15页，全文通俗易懂可操作性强。其提出每年美国有50，000儿童因在家庭内的运动游乐场设备上跌落而到急诊室就诊，其中80%是从设备上跌落而受伤，也有的是被秋千或是可移动的设备撞伤，或是被锋利的器材边缘或尖物刺伤，并且每年都有孩子因受伤而导致死亡。该指南帮助父母知晓安全信息，包括场地器材规划、建设、维护等安全知识。父母可以通过该指南中的《家用户外运动游乐场安全检查表》（*Outdoor Home Playground Safety Checklist*）进行自查风险。虽然该指南不是强制性的，其所提供的措施也不是唯一的风险管理措施，但是委员会相信指南中所推荐的措施，能最大限度地保障场地设备的安全性。指南中的内容共分为8部分：

（1）选址合理。选址时一定要远离人行道、机动车道，要选视线好，容易被家长监测到的地方。家长可以从屋内、阳台或走廊上一眼就能看到场地上的孩子，以增加父母对孩子运动时的监管。运动场地周围要清理干净，场地上方不要有比低垂的树枝、电线，周围6英尺内不能有树桩、树根、大石头、砖块混凝土等杂物。地基要稍微高一点，免得雨水把防护层冲走，并且排水要好。安装无顶棚的金属器材或滑梯时不要安装在阳光直射的地方，以减少夏天孩子被烫伤的风险。滑梯要背向太阳，以进一步减少阳光的照射。场地表面要铺设缓冲材料，其周长要比运动场地的周长至少长 6 英尺。保持安全距离，例如滑梯不能安在秋千前面。运动场要远离非运动性场地，例如玩具沙箱要远离滑梯、秋千。

（2）选择恰当的材料。选择金属材质时要喷漆、电镀或是做其他的防腐蚀处理，但是切记不能用含铅的油漆。选用木质材料时要选择抗虫、防腐性好的木材（如雪松或红木），或是经过处理后具有上述性质。杂酚油漆涂抹的树木或是含有杀虫剂的木料不能用。经过压缩的木质含有其他有害物质的（如砷酸铜）的亦禁止使用。要高度重视设备中硬件的安全性，有些尖锐物品、铁钩会刮伤身体、钩住衣物，甚至会造成孩子窒息。因此，一定要拧紧螺丝、螺帽、垫圈以防脱落。

（3）设备安装要牢固。设备要固定好以免侧翻、倾倒。要严格按照说明安装设备，并且要固定结实，对于裸露的固定物、螺丝、挂钩等要埋藏好或是覆盖好。每两周检查一次设备，加固松散的地方，给金属涂抹润滑油等。禁止在水泥地、沥青地等坚硬的场地上安置运动游乐设备。

（4）选择保护层。泥土不适合做防撞保护层，因为很多因素会影响其缓冲能力。常见的保护层有塑胶层、软木屑层、草坪等。松软物保护层的厚度不能少于 9 英寸，材质可以是软木片、人造木质纤维，可回收橡胶覆盖层的厚度不低于 8 英寸，或是 9 英寸厚的沙子。保护层要均匀、紧凑，定时打理、补充。若运动游乐设备的高度为 4 英尺，保护层的厚度不低于 6 英寸，若低于 6 英寸，保护层无法达到良好的保护效果。除了松软的填充物作为保护层外，还可以用橡胶砖或是橡胶浇筑的保护层。这些保护层需要专业人士来铺设，不能自己装。相关标准可以参考 ASTM F1292 标准（*Standard Specification for Impact Attenuation of Surfacing Materials within the Use Zone of Playground Equipment*）。布置器材时要留足充足的空间，参考《公共运动游乐场指南》。

（5）防止头颈卡夹。设备上有开口的地方不能卡住孩子的脖子或是头。例如，梯子蹬的间距、围栏柱的间距要么小于 3.5 英寸（孩子头伸不进去，防止卡夹），要么大于9英寸（孩子的身子可以钻过去，不被卡住），具体参考《公共运动游乐场指南》第325条，以及附录中测试标准和程序。注意检查滑梯入口或是滑道上有没有缺口、凸起以免挂住衣物，造成窒息风险。

（6）去除悬挂的绳索。悬挂在运动游乐场的绳子是个潜在的风险源，成人要意识到这样容易造成窒息风险，并且要做到未雨绸缪，提前检查。对于攀爬绳要按照说明书拴牢固，以防止绳子缠绕孩子的脖颈。

（7）注意防跌落。所有的攀爬绳梯、梯子、楼梯高度要均匀一致（高度不一致，容易引起跌倒），攀爬绳梯的网格要么小于3.5英寸，要么大于9英寸。阶梯两边要安装扶手，其直径在1~1.5英寸，便于孩子抓握。倾斜角度大于65°的阶梯，必须安装扶手。高于地面30英寸的平台，必须安装防护栏；30~48英寸高的平台，防护栏的高度为25英寸；48~72英寸高的平台，防护栏的高度不低于27英寸；高于72英寸的平台，防护栏的高度不低于33英寸。高平台层之间设有上下双向通道，若有孩子放弃攀爬时，可以下行通道下来，避免上下人员冲突。

对比以上标准，发现国内的运动场地安全标准应进一步细化，以具有操作性。此外，以社区为单位加强小区运动场地的安全管理力度，加大安全运动环境的优化工作。对较大的风险的社区运动场地，要加强维护与修理。例如，不少小区将运动设施直接安置在没有任何防护的水泥场地上；有的运动场地和停车场地挨在一起；有的运动场地周围缺乏安全区域，离树木、围墙太近。

（二）监控运动器材安全隐患

美国消费品安全委员会还在官网上开通场地器材反馈通道，随时收集个体、机构等上报的有安全隐患的运动器材。例如，2021年4月17日，公布了一则消费警告：《停止使用跑步机Peloton Tread+》（Release number：21–113）。代理机构发现有一名儿童因使用跑步机而死亡，数十名儿童因为使用该跑步机而受伤。美国消费安全委员会立即对该事件进行了调查。参与调查的职工认为该款跑步机非常危险，可能引起儿童擦伤、骨折甚至死亡。因此，敦促有该跑步机的家长立即停止使用。而且，联邦法律禁止销售制造商公开宣布自愿召回或是委员会强制召回的任何产品，否则将面临巨额罚款及诚信惩治。

（三）动态监测运动伤害数据

早期美国每年因产品问题引起的伤害、死亡或损坏而遭受一万亿（1 trillion）美元的损失 [①]。为了减少因消费品而引起的伤害，美国政府于 1972 年创立了消费品安全委员会（U.S. Consumer Product Safety Commission，简称 CPSC）。消费品安全委员会作为独立的工作机构，其职责通过解决不合理的风险以减少各类消费品所引起的伤害、死亡以及财产损失。该委员会通过制定统一的安全标准，对 15，000 多种产品的质量进行管理，以减少因产品设计缺陷或质量不合格而引起的伤害。并通过在线产品质量报告系统，对产品质量问题进行监督（Safer Products.gov），最大程度保护了广大消费者的人身安全和财产安全。

美国消费品委员会为了加强管理，降低伤害的发生，于 1970 年成立了美国伤害电子监测系统（National Electronic Injury Surveillance System，简称 NEISS），用于采集监测点发生的伤害数据，并根据观测点的数据对全国性的伤害数量进行估算，以加强对伤害的监管力度 [②]。NEISS 每天可以便捷地从 100 所医院的急救中心获取伤害数据，并可及时对伤者进行调查，追踪伤害发生的原因，以减少此类伤害发生的风险。其所抽取的 100 家医院，根据规模、诊治人数等被划分为 5 个层次，前 4 个层次按照医院的规模和就诊人数进行划分，第 5 个层次是儿童医院的急救中心。

从 1978 年开始，NEISS 扩大与其他政府部门的合作，只要与其签订协议就可共享该系统的数据。从 2000 年开始 NEISS 扩大数据的采集范围，其所采集的伤害数据不再局限于消费品引起的伤害，而是急诊部门接诊的所

---

① United America.About CPSC.（2017-06-12）［2021-04-22］.https：//www.cpsc.gov/About-CPSC/.

② United States Consumer Product Safety Commission. National Electronic Injury Surveillance System（NEISS）.（2017-06-16）［2021-04-22］.https：//www.cpsc.gov/zh-CN/Research--Statistics/NEISS-Injury-Data.

有伤害。同年 NESSI 得到美国伤害预防与控制部（隶属于美国疾病预防与控制中心）的资助，这使得该系统的价值和重要性更加凸显。经过 40 多年的发展，NEISS 系统已经非常成熟，其所收集的数据准确性、真实性非常高，成为其他政府机构和科研工作者重要的研究参考，此外也可供制造商、律师、普通民众等使用 [①]。

美国伤害电子监控系统监控包括运动伤害（分为运动项目、运动场地和休闲体育三类）、溺水伤害、道路伤害、烧伤等在内的 23 大类伤害。如 2017 年 4 月 24 日，该系统对 2009 年至 2014 年因体育设施导致的伤害进行了调查。2017 年 5 月 15 日，发布了青少年休闲体育活动伤害调查，对篮球、橄榄球、棒球、垒球、足球、排球等集体项目的伤害作了报告。美国伤害电子监控系统给美国政府管理部门、学校管理者、科研人员提供了重要的数据支撑，帮助他们知晓伤害的年龄、性别、发生地点、时间等因素，对于制定伤害预防措施起到了关键的作用。伤害监测系统所提供的数据可以免费使用，在很大程度上节约了相关研究成本，减少因重复、交叉调查而造成的资源浪费。

其他国家也陆续认识到伤害电子监控系统的重要性，菲律宾、欧盟等国家 / 地区也建立了自己的伤害监测系统。欧盟于 2011 年在欧盟委员会的建议下开始了"欧洲伤害联合监管行动"，于 2015 年建立了以医院为基础的伤害监测与预防系统（JAMIE）。1996 年，威尔士伤害数据监测系统（All Wales Injury Surveillance System）开始采集数据。苏格兰也从 2010 年开始采集来自急救中心的高质量的数据。北爱尔兰和英格兰用于对数据进行核对的基础设施也已建好。通过伤害数据监测系统致因追踪，可以大量地减少类似伤害的发生率，进而减轻急救部门的负担。如英国自从建立了道路伤害数据监测系统后，开始对道路伤害的原因进行分析，基于数据分析结果，英国对道路建设和汽车设计进行了改善，并最终降低了道路交通事故率 [②]。

---

① United States Consumer Product Safety Commission. National Electronic Injury Surveillance System（NEISS）.（2017-06-16）［2021-04-22.］https：//www.cpsc.gov/zh-CN/Research--Statistics/NEISS-Injury-Data.

② KIRKWOOD G, HUGHES T C, POLLOCK A M.Injury Surveillance in Europe and the UK［J］. BMJ, 2014（9）：349.

（四）引导社会开展安全教育

1. 开展全国性伤害预防行动

在儿童的成长过程中会遭遇很多风险和事故，非故意伤害是致死、致残的首要因素。美国疾病控制与预防中心（CDC）指出非故意性伤害是美国儿童致死的首要因素。2009 年，美国约九百万受伤害的儿童青少年（0–19岁）到急诊中心就诊，其中 225，000 人需要住院治疗，每天 7，100 个运动性伤害病例需要被救治，年估算值为 2，600，000 例，近 9000 名儿童青少年因伤害致死。致死的主要原因包括交通事故、窒息、溺水、高处坠落、运动性伤害等（见表 2-11）。美国、葡萄牙的儿童某些伤害致死率最高，有些致死率达到其他国家两倍。瑞典、英国、意大利、新西兰四国 1–14 岁儿童死亡率在全球最低。若美国的儿童的伤害率，像瑞典 1991–1995 那么低，美国每年至少可挽救 4700 名儿童的生命。

表 2-11　美国 2009 年 0–19 岁儿童五大致死因素列表

排序	1 岁以下	1–4 岁	5–9 岁	10–14 岁	15–19 岁	总计
1	窒息 907（77%）	溺水 450（31%）	交通事故 378（49%）	交通事故 491（68%）	交通事故 3242（67%）	
2	交通事故 91（8%）	交通事故 363（25%）	溺水 119（15%）	其他交通伤害 117（15%）	中毒 715（15%）	
3	溺水 45（4%）	火灾 169（12%）	火灾 88（11%）	溺水 90（10%）	溺水 279（6%）	
4	火灾 25（2%）	其他交通伤害 147（10%）	其他交通伤害 68（9%）	火灾 53（6%）	其他交通伤害 203（4%）	
5	中毒 22（2%）	窒息 125（9%）	窒息 26（3%）	窒息 41（5%）	跌落伤害 58（1%）	
总计	1090	1254	679	792	4497	8312

（资料来源：CDC，2009）

美国儿童青少年致命性性伤害，不仅给儿童青少年的身心健康以及家庭造成巨大的伤痛，同时也给家庭和国家造成每年 87 亿美元的经济损失，其中非致命性伤害造成的总损失达到 27.7 亿美元。2005 年致命性伤害引起的经济损失达 11.9 亿美元（见表 2-12）。2003 年，18 岁以下儿童因运动性伤害而造成的经济损失达 11 亿美元。

表 2-12 2005 年美国 0-19 岁致命伤害因素及经济损失

原因	死亡人数（个）	医疗费用（百万美元）	总损失成本（亿美元）
交通事故	6781	56	8.2
溺水	1120	5.7	1.2
窒息	1047	5.4	0.987
中毒	729	3.4	0.924
火灾	529	7.1	0.547
总计	10206	77.6	11.9

（资料来源：CDC，2009）

大量的研究认为伤害不是随意发生的，是可以预防的。实施预防措施后，美国儿童伤害死亡率在过去的十年中降低了 29%。尽管如此，美国儿童青少年的意外伤害率却没其他疾病预防效果好、下降率高。伤害预防经费的投入严重低于伤害造成的经济损失。如据估算每多花 1 美元用于购买自行车安全帽，则相应的会减少 48 美元的经济损失。因此，2012 年，美国卫生与公众服务部（U.S. Department of Health and Human Services）下属分支机构美国伤害防治中心（National Center for Injury Prevention and Control）出台了《儿童伤害预防国家行动计划》（*National Action Plan for Child Injury Prevention*）。重点对交通伤害、窒息、溺水、运动性伤害进行预防。

行动计划共有 6 个小组负责，每个小组有一个组长和 5-8 名组员，成员来自多个领域，包括儿童健康专家、急诊医护者、儿童权益组织、流行病学家、伤害预防学者、行为科学家、工程师、通讯师、政策人员和 35 个政府机构、非政府机构和大学的人员。行动计划的总体架构是按照疾病预防与公众健康模式构建的（3E 理论，即 Education，Enforcement，Engineering），包括：通过监督和数据采集鉴别危险等级；识别危险因素与保护措施；制定、实施、评估干预措施；在大范围推广经过实践检验的措施和政策。其策略包括：第一，教育预防（Education），通过教育策略帮助公众养成安全行为，预防或降低伤害致死、致残率，如正确使用安全座椅、烟雾报警器、自行车头盔。第二，强制措施（Enforcement），利用法律制度对公众的行为风险和环境风险进行约束，尤其是跟教育共同使用效果更好。完善的法律（Laws）、法规（Ordinances）、规则（Regulation）会增加强制力度。第三，工程防御（Engineering），通过规范环境和产品设计标准，减少环境风险或伤害概率。最好的工程防御是被动防御，如运动游乐场地覆盖防护层，孩子们的睡衣具有防火性等。

该行动组织号召政府、社会、学校、家庭共同参与到行动中来，一起达到降低儿童青少年伤害的目的。具体工作包括：

（1）数据收集与伤害监控。伤害数据监控系统对于准确评估伤害至关重要。美国目前的伤害数据收集系统也需要进一步完善。数据的标准、质量、完整性、准确性对增加决策效果和效率至关重要。而且数据信息系统要允许数据共享，当下互联网数据库就是共享的重要途径。通过大数据共享与分析，有利于加强警局、医院、急救中心之间的合作。此外，该组织提出要扩大现存数据系统采集人群范围，涵盖所有年龄段的儿童青少年。

（2）加大科研力度。包括创建全国儿童伤害研究信息交换中心；识别导致孩子伤害差异的主要指标；通过伤害研究基金培养一批儿童伤害研究者。针对运动性伤害，要填补研究的空白点，优先研究运动伤害风险识别、干预、评估以及预防策略。

（3）加强沟通交流。提高伤害的认知有助于推动计划，促进政策的落实。良好的沟通有助于政策制定者（通过立法保护孩子）、实施者（通过恰当的方式实施保护政策）、家庭（在家里、道路、运动场以及社区内实施保护政策）之间信息的交流与掌握。一个和谐的沟通策略必须要注意倾听，并且要因地制宜地采取有效的沟通途径。内容包括：组织全国和当地的儿童安全活动；搭建线上沟通交流平台；发动当地青年人作为预防措施宣传人，鼓励当地企业资助宣传；通过多种途径，提高运动伤害目标人群的安全意识；广泛宣传高风险运动伤害的识别与安全管理。

（4）教育与培训。教育与培训是一个交叉策略，可以对其他伤害预防策略产生影响。教育的目的是激发改变，训练的目的是获得技能。教育与训练的对象包括家庭和孩子、卫生保健服务者、公共安全人员以及其他专业人士，如工程师、建筑师、记者、教师、科学家。教育培训工作一个复杂工程：首先，鉴别教育缺口，分析紧缺教育资源；其次，将教育资源进行整理、归纳、分析，明确从基础教育到大学教育不同阶段所需求的教育内容有哪些；再次，定时为广大教育部门提供综合的伤害预防教育；最后，利用社区组织开展教育培训，借助智慧教育手段，确保广大公共健康教育工作者都能获得教育机会。要求医生、护士、教师及儿童保育者，要具备伤害预防的知识和技能。具体包括：将伤害综合预防作为健康促进内容；设计测量方法，如通过"报告卡"来测量学校开展伤害预防记录；在医学院、住院处、继续教育学院，加强对医护人员识别和管理常见的损伤以及脑损伤的培训。通过全方位的教育培训可以提升受教育者的安全知识，端正安全态度，纠正不良运动行为。

（5）健康机制与护理。医护人员负责治疗伤病，他们同时也通过保健系统参与预防工作。医护人员是儿童伤害预防最可靠的倡导者之一，可以促进社区与家庭改变，以采取有效手段尽可能地降低伤害率，提升儿童医疗护理的质量和连续性。另外，通过新技术和信息系统提升伤害预防措施的传播。现代化的信息系统有助于为医护人员提供充分的数据资料以优化诊断方案，提高伤害诊治水平。具体的行动内容包括：将伤害风险评估纳入家庭探视项目；创建家庭医疗伤害预防质量检测手段；使用联网数据系统提升治疗方案。告知父母和患儿要加强运动伤害的预防，告知他们识别运动风险的重要性，如怎样识别脑震荡，以及发生扭伤后要进行充分休息。

（6）政策。政策是指有关运动环境安全和决策制定的法律、条例、激励措施、行政行为、志愿行为，是基于体制制定的，是尤为关键的部分，会通过改变环境而影响个体的行为而影响总体。过去关于环境安全、产品安全和安全行为的政策标准在美国社区已经发生了改变。政策包括法律、规定或者行政诉讼，对于政府组织和非政府组织而言都是有效改变机制，以保障儿童安全的手段。具体内容包括：加强儿童伤害预防政策分析能力与领导能力的训练；对有利于救治儿童，降低伤害的政策进行备案；对切实可行的保障运动空间安全的措施和政策给予大力支持；加强教练员、体育教师培训政策等。

行动计划的成功实施需要敢作敢为、有效领导、积极合作。儿童伤害具有可预防性，如若采取科学、有效的干预措施，儿童青少年的安全就能得到保障，并且会挽救很多生命和经济损失。

2. 加大高风险运动项目的治理力度

鉴于溺水伤害是威胁儿童生命安全的一个重要问题，因此消费品安全委员会于 2010 年开展了泳池安全运动（Pool Safely Campaign），并成立了泳池安全管理委员会。防治的高危人群包括 5 岁以下的儿童。工作任务是与其他合作机构共同努力，通过教育宣传等途径降低儿童的溺水死亡、非致命性溺水伤害。为切实做好儿童防溺水工作，泳池安全组委会于 2010 年实施了泳池安全计划。

为进一步发挥社会的力量，增强其社会号召力，该委员会与近百家单位建立了紧密的合作关系。这些单位包括各州的安全教育部门或民间组织（如州教育局安全处或社会性安全组织）及一些知名企业或组织。例如，美国红十字会（American Red Cross）、美国防溺水联盟（National Drowning Prevention Alliance）、基督教青年会（YMCA）、沃尔玛（Walmart）等。合作机构在推进泳池安全，提高水域安全意识方面起到了重要的作用。从泳池安全计划实施以来，经过 10 年的不懈努力，美国儿童致命性的泳池溺水事件下降了 17%。

除了消费品委员会对游泳安全的管理与监控外，其他部门也参与了游：泳安全宣传与管理，例如美国疾病预防与控制中心（Centers for Disease Control and Prevention）和疾病预防与健康促进办公室（Office of Disease Prevention and Health Promotion）。2012 年这两个组织共同颁布了国家儿童伤害预防计划（National Action Plan for Child Injury Prevention），就溺水、体育运动与休闲体育伤害的预防等进行了详细的要求。

此外，联邦政府还通过加大资金资助促进运动安全活动的开展。2023年 9 月 14 日，美国消费品安全委员会（CPSC）向包括得克萨斯州北里奇兰山市（City of North Richland Hills）在内的 8 个城市 / 部门资助 2 百万美元以用于治理泳池安全（表2-13）。

表2-13　美国消费品安全委员会资助

Awardees	State	Award Amount
City of North Richland Hills	Texas	$319，485.91
DuPage County Health Department	Illinois	$378，853.67
Florida Department of Health	Florida	$400，000.00
City of Huntington Beach	California	$141，837.00
District of Columbia Health Department	District of Columbia	$64，530.00
Seminole County	Florida	$194，535.00
Harris County	Texas	$394，870.00
City of Amarillo	Texas	$107，853.92

（五）健全法律法规体系，划清责任范围

1.直接原因的判定

判断学校承担责任的时候，学校教职员工的过失行为必须是引起伤害发生的直接原因。直接原因满足两个条件：一是按照此原因自然而连续的顺序发展，发展期间没有收到任何有效的干预，便会产生伤害事故；二是如果没有此原因的存在，就不会产生伤害事故。在判断是否是直接原因的时候，法院除了考虑被告做出的导致伤害的行为外，还要确定被起诉的过失行为是否从其出现至伤害事故发生时都一直在起作用，而且还要判断该行为的做出和伤害的发生之间持续时间的长短。如果出现了过失行为，但是该行为并非导致伤害发生的直接原因，那么过失行为的主体也不用承担责任。例如，若原告受伤是教师转身时其自行进行后空翻而从体育器材上摔落下来导致的，因为其动作是突然的，不可预知的，则该教师不存在过失行为。

2.甘冒风险

"甘冒风险"分为"明示性甘冒风险"和"暗示性甘冒风险"。如果原告事先知道风险的存在并且同意冒险，就是"明示性甘冒风险"。如学生在参加高中足球队之前先签订一份"甘冒风险"的协议，即行为人通过

明确的方式表达了自己愿意承担风险的意愿。另外一种是"暗示性甘冒风险"：虽然没有签订书面或是口头的协议，但是可以从逻辑上推论原告的行为属于"甘冒风险"。例如，观众在观看棒球比赛时，选择没有防护网的座位，即存在"暗示性甘冒风险"。因为，即使这些人没有签订协议，他们也知道会有被球打中的风险。

美国现在的法律已达成共识，即体育本身存在着危险，但是不能据此认为所有的参与者都能认识到这些风险。因此，体育教师或工作人员应当密切关注学生的行为，以便保护学生免受一些不可预见、隐蔽的或者相当严重的危险伤害。但如果学生自愿地参加体育活动，而且了解活动的危险性，则认为学校已经履行了义务。例如，发生在宾夕法尼亚州的一起伤害事故就遵照了这一原则。一位学生参加了一种没有保护性措施，需要用身体进行阻挡、抱住并摔倒对手的体育游戏——"丛林足球"，结果在摔倒时眼睛受伤，导致永久性失明。法院判决认为：该19岁的学生身体条件极好、训练有素，其在感知身体疲劳时却没有通知教练，而是继续进行比赛而最终导致受伤，因此认为其"甘冒风险"，自担责任。再如一位14岁富有经验的骑手因马摔倒而致其受伤，而不是因为赛道的原因引起的，法院也判其为"甘冒风险"。另外，学生只需承担正常条件下参与体育运动的风险责任，对于因教师或教练的疏忽而导致的伤害，他们不用承担责任。学生在参加危险性比较高的体育运动或是野游时，学生承担一定的风险，但是相应的工作人员仍然负有责任保护学生免受可预见的伤害。

3. 善意法则

当学生在校园内因自身原因而受伤，学校教职工的职责是为学生提供与其所受的培训及经验相符的合理的帮助。如果提供了合理的救治，一般来说教职工就不必承担责任了，即便后来证明这种救治可能并不恰当。这种情形下法院一般依据"善意法则"（Good Samaritan Laws）又称"好撒马利人法则"，来为实施保护的个体提供免责保护。善意法则是欧美等国家保护善意救治行为人的一种免责法律制度，指紧急状态下施救者对被救助者施以无偿的救助行为，但却给被救助者造成损害时免除责任的法律制度。

其目的是免除对他人进行救助的"好心人"的后顾之忧，鼓励旁观者对处于危险境地的人予以救助，从而促进更多的旁观者伸出援手，以改善社会道德。

4. 主权豁免

主权豁免（Sovereign Immunity）是教练、教师和学校最重要的抗辩之一。作为基本原则，当学校受主权豁免保护时，教练或教师不能作为个人被起诉，但这一保护是受限制的，不包括教练或教师雇佣职责以外的行为或失职的行为。但是近年来随着教师或教练被起诉的数量增加，主权豁免条款已被动摇。Glenn M.WONG 在其 *Essentials of Sports Law*（第四版）也指出体育教师或教练一般不会因为条款、特权、豁免权而免责。在一些有限的豁免条款中教师或教练的责任可以有所降低，被处罚是因他们确实是存在职务疏忽。另一种情况是教练或体育教师暂时替代父母作为学生运动员的监护人，这种情况下教练或教师会有一些豁免的可能性。

5. 替代责任

替代原则是指"法律上规定的，尽管一个人自身本不应该承担责任或没有错误，但他应为另一个人的过失承担责任"。学校作为学生的监管者、校产的占有者和学生的监管者，可能要对教练或教师的疏忽承担责任。

6. 免责声明

免责声明（Release of Liability）是美国学校在组织校外活动时要求父母签订的法律文件。文件内容包括监护人姓名，被监护人姓名，免责的活动主办单位及相关人员，免责项目，具体内容如示例2-1所示。

示例2-1　免责声明

免责声明

我，父母（或法定监护人）姓名，作为（孩子的名字）法定监护人，特此声明若孩子在活动中发生事故、受伤或死亡，免于****（所有相关单位）及其联合承包商、供应商、参赛者、学生、员工法律责任。

父母或法定监护人姓名　　　　　　　　　日　期

免责声明并非表示学校在组织活动时对学生的安全不负责任，而是在说明学校已经采取了最高等级的安全标准并做了天气等自然灾害的应急预案后，还是可能会发生风险，需要父母或监护人签署免于法律责任。例如，学校受邀请组织学生去参观牛仔竞技活动时，主办方会通过书面形式告知父母或是法定监护人，孩子的安全问题对于主办方来说是最为重要的事情，为了保障孩子的安全，主办方与当地执法部门以及安全管理办公室就活动设施的安全性进行反复检查，并确保该活动的安全保障达到法律法规的最高标准。此外，还表明主办方花费了大量的时间制定了应对天气灾害的应急预案，但其他无法预见的风险可能还是会发生。

二、学校在学校体育风险管理中的主体作用

（一）学校要制定应急行动计划

预防中学体育项目猝死协会工作组将应急行动计划（Emergency Action Plan，EAP）确定为保障中学生健康和安全的关键因素。应急行动计划的重要性在很多其他的文章中有所体现。例如，Jones S E 等人对美国 50 个州和华盛顿哥伦比亚特区以及有代表性的学区进行问卷调查时，84.2% 的地区要求学校制定应急计划，包括应对危机的准备、应对和恢复等问题[1]。Valovich T C 对亚利桑那州的中学体育应急计划进行了调查，其中 143 所中学的体育主任指出，学校为运动队制定了书面应急行动计划。Parsons J T，Anderson S A 和 Casa D J 总结到：大家普遍认识到预防灾难性死亡事件和管理非致命性灾难事件最有效的方法是完善的、经过精心演练的应急行动

---

① JONES S E，FISHER C J，GREENE B Z，et al. Healthy and Safe School Environment，Part I：Results From the School Health Policies and Programs Study 2006［J］. Journal of School Health，2007，77（8）：522-543.

计划①②③④。特定场馆的应急行动计划是学校和体育医疗服务提供者应急准备的基础⑤⑥。提前规划有助于在危机发生时做出快速、协调和有效的反应⑦。所以整体来看，美国的大多数学者、学校和协会都认为学校制定应急行动方案对应对学校体育风险是非常有必要的。

（二）开展运动安全教育培训

美国学校常用的运动安全策略为 S.A.F.E. 策略，具体内容依据根据年龄段不同略有差异。总体而言包括四大部分：监督（Supervision），儿童运动时要有成人监督，要穿合适的运动服、运动鞋，不准穿带绳子的衣服，不许戴围巾或项链；年龄相符（Age Appropriate），运动时要按要求在与自己年相符的区域玩耍，使用与年龄相符的器材，而且要运动量足够（每天至少 1 小时的运动量）；缓冲层（Fall Surfacing），设备周围要有恰当的防跌落保护层（保护层可以是细沙层、细小圆润的碎石层、细木屑层、橡胶颗粒层、草皮或是橡胶层），场地环境要干净卫生；设备维护（Equipment Maintenance），定期维修运动器材，确保器材本身的安全，要求设备要完好无损，使用要正确。为贯彻这一策略，学校会定期为学生和家长举办运

① DEMARTINI J K, CASA D J. Who is responsible for preventable deaths during athletic conditioning sessions? [J].Strength Cond Res, 2011（25）.

② DREZNER J A, CHUN JSDY, HAUMON K G, et al. Survival trends in the United States following exercise–related sudden cardiac arrest in the youth: 2000–2006[J].HeartRhythm, 2008（5）: 794–799.

③ DREZNER J A, COURSON R W, ROBERTS W O, et al. Inter–association Task force recommendations on emergency preparedness and management of sudden cardiac arrest in high school and College athletic programs: a consensus statement [J] . AthlTrain, 2007（42）: 143–158.

④ ADAMS W M, CASA D J, DREZNER J A. Sport safety policy changes: saving lives and protecting athletes [J] .Athl Train 2016（51）: 358–360.

⑤ CASA D J, GUSKIEWICZ K M, ANDERSON S A, et al. National athletic trainers' association position statement: preventing sudden death in sports [J] . Athl Train, 2012（47）: 96–118.

⑥ HERRING S A, KILBER W B, PUTUKIAN M. Sideline preparedness for the team physician: a consensus statement–2012 update [J] . Med Sci Sports Exerc, 2012（44）: 2442–2445.

⑦ US Department of Education. Practical Information on Crisis Planning: A Guide for Schools and Communities. Washington, DC: US Department of Education; 2003. Available at: http: // www. ed.gov/print/admins/lead/safety/crisisplanning.html. Accessed March 20, 2007.

动安全教育培训。

安全教育培训是 S.A.F.E. 策略能否发挥功能的关键所在。因此，学校会通过国家运动安全周来提高家长、儿童对场地器材安全使用与安全风险识别意识，培养家长、儿童场地安全自查能力。NPPS 官方网站会将安全周的内容发布在网上发布。安全周的内容一般为：1. 与学生讨论运动场地安全的重要性；2. 张贴运动场地安全使用技巧，要张贴在学生容易看得到的地方；3. 让学生参与场地安全的检查工作，学龄前儿童（2–5 岁）可使用《学龄前儿童检查表》（Kid Checker for Pre-School Students）进行场地安全检查与自我运动安全行为检查。

通过这种体验式的安全教育方式，让学生深刻体会到运动场地安全和自身运动行为安全的重要性。

此外，学生和家长还要填写誓言表，以类似契约的方式提高安全行为。如学生的誓言内容为：我宣誓要安全地运动；当发现器材有安全隐患时要告知成人；不在危险的器材上活动；坚持在户外活动 1 小时；确保自己在运动场地上遵守 S.A.F.E. 安全原则；我保证我的同伴也会安全运动。

示例 2–2　儿童安全运动誓言（引自 NPPS）

Youth Pledge：

I, ＿＿＿＿＿＿＿＿＿＿＿＿＿＿, pledge to "Play it S.A.F.E. ™ ". I will do this by:

· Looking for unsafe equipment and telling an adult if I come across it.

· I will not play on dangerous equipment.

· I will also play outside for at least 60 minutes a day.

· I will make sure I am S.A.F.E." on the playground.

· I will make sure my friends are S.A.F.E." on the playground.

Hereby signed：＿＿＿＿＿＿＿＿＿＿＿＿＿＿＿

Date：＿＿＿＿＿＿＿＿＿＿＿＿＿＿＿

NPPS

成人也通过宣誓的方式加强运动安全的自我教育。其内容包括：确保孩子的运动安全是我的职责；通过检查确保运动器材安全，确保场地铺设合格的保护面；改善所在社区运动场地的安全环境；鼓励孩子每天在室外活动 1 小时，如示例 2-3 所示。

示例 2-3 成人安全监护誓言（引自 NPPS）

Adult Pledge:

I, _____, pledge to help kids "Play it S.A.F.E.™". It is my job to keep the children safe. I will do this by:

· Checking to assure equipment is safe and there is adequate ground surfacing.

· Supervising children when they play outside.

· Advocating for S.A.F.E. outdoor play spaces in my community.

· Encouraging children to play out doors for at least 60 minutes a day.

Hereby Signed: _____

Date: _____

三、社会在学校体育风险管理中的协管作用

（一）制定运动场地器材安全标准

1. 美国材料与试验协会的标准

美国材料与试验协会（American Society for Testing and Materials，ASTM）拟定的关于运动场地器材标准是至关重要的参考标准。ASTM 有 12，000 条在全球通用的标准，涉及体育场地器材的标准为《体育与休闲设施标准》，该标准几乎涉及体育类所有的运动器材。例如，各种球类器材、极限运动项目器材、各类保护器具以及体育场地覆盖层（实木屑、软塑胶颗粒）等要求。对于身体运动不便，需要特殊体育设施服务的学生群体，其体育场地设施及辅助建设标准依据 2010 年版的《美国残疾人法案》中有关体育场地设施的标准。《美国残疾人法案规定》，为保障残疾人的体育

权利，法案要体育场地设施必须方便残疾人使用。

2. 美国运动场地建设安全规划组织

从 1995 年起，美国运动场地建设安全规划组织成为研究、训练和推进安全运动的领导组织，其宗旨是努力让社区为儿童创造安全、包容、高品质的运动玩耍区。主要任务：每个孩子都能享受安全的运动环境；帮助社区创建高品质的儿童运动、玩耍场所；使得当地部门、州政府和国家领导者支持儿童户外活动。其工作目标：引起社区对儿童户外活动安全的重视；向地方政府、州以及国家呼吁创建安全、包容、高质量的儿童户外运动区；培训从事儿童安全户外场地专业管理人员。在儿童户外运动安全管理方面，该组织提出了 S.A.F.E 策略，并设计了"安全报告卡"用于社区、学校、家庭来检查儿童户外活动安全性。

（二）参与公众运动安全教育宣传

1. 通过传统媒体进行公众教育宣传

美国一位卫生局局长向社会媒体呼吁加大社区运动安全。通过电视、广播、户外广告以及亿万群众所使用的各种新闻媒体加强对大众进行运动价值及运动安全的宣传教育。借助媒体的力量增强社区安全运动氛围，优化社区运动安全环境，告知居民安全运动的重要性。例如，美国在推动泳池安全运动时采用了多种途径进行公众教育。

2. 通过网站普及运动安全教育

根据美国消费品安全委员会（CPSC）2017 年发布的评估报告显示，2014-2016 年，急救中心救治的非致命性溺水伤害患者数约为 5900 人，其中 74% 为 5 岁以下儿童（见图 2-4）[①]。美国消费品安全委员会发布的另一份报告显示，溺水是 0-4 岁儿童意外死亡（Unintentional Death）的首要原因，是 5-14 岁儿童死亡的第二大原因，因此美国非常注重防溺水教育。

---

① United States Consumer Product Safety Commission. New CPSC Report: Fatal Drowning in Pools Involving Young Children Decreases By 17 Percent Nationwide Since 2010 [EB/OC]. [2019-5-6]. https://www.cpsc.gov.

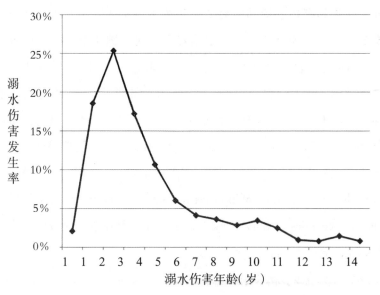

图 2-4　美国 0-14 岁儿童溺水伤害发生的年龄特征

　　游泳安全教育的目的是让成人和儿童提高安全意识，增长安全知识，形成安全行为。因此，教育途径和方法是保障安全教育效果的关键。美国 "泳池安全计划" 设立官方网站（www.pool safety.gov），用于普及家长或监护人的游泳安全知识，提高监护能力。该网站设置七步防溺水安全学习内容：（1）监督（Supervision），如何进行实时监督，是保障泳池安全的重要一步；（2）护栏（Fencing），泳池周围要加上护栏；（3）覆盖（Pool covers），泳池闲置时要用坚固的盖子盖上，防止跌落、溺水；（4）预警（Alarm），为泳池加装预警装置，监测溺水情况并及时发出警报；（5）加盖（Safety Drain Covers），法律规定泳池排水口必须要加盖牢固的盖子；（6）课程（Swimming lessons），通过游泳课学习游泳技能及防溺水技巧；（7）急救（Learning CPR），学会心肺复苏术（CPR）对现场挽救溺水者生命至关重要。

　　为了便于对儿童进行游泳教育，泳池安全委员会为儿童设计了网页 kids corner（https：//www.poolsafely.gov/parents/kids-corner/）①。该网站通过丰

————————

① CPSC.Pool Safely and Michael Phelps Foundation Announce Partnership to Help Families Stay Safer in and Around Pools and Spas［EB/OC］.［2019-06-16］.https：//www.cpsc.gov.

富的教育视频和有趣的活动内容帮助儿童学习游泳安全知识，其内容包括游泳安全技巧、游泳安全誓言、游泳安全歌曲。游泳安全誓言可供儿童在线提交，网页包含基本信息（姓名和邮编）和誓言条目。誓言为四条：（1）不能独自游泳；（2）请父母给我报名学习游泳课程；（3）远离泳池和浴缸的排水口；（4）当在水中和水边玩耍时牢记以上三条。其为儿童创编的游泳安全歌曲（Pool Safely: Simple Steps Save Lives）简单易学，符合儿童的心理特点。其歌词为：要学习游泳（Learn to swim.），不要攀爬泳池安全网和大门（Don't go climbing over the gate.），远离泳池和浴缸的排水口（When you see a drain? Stay away.），去游泳或是在水边玩耍时要有成人陪伴（Ask a grownup to supervise.）①。

3. 借助自媒体强化公众安全意识

自媒体在当今社会发挥着重要的信息媒介功能。因此，通过自媒体进行公众体育安全意识的培养亦至关重要。美国"游泳安全计划"委员会组织开发的游泳安全游戏 App——Adventures of Splish & Splash App 为大众学习游泳安全提供了一个途径。该 App 通过游戏的方式供儿童和家长学习游泳安全知识。游戏共有 21 关，每一关都会展示 3~6 个危险行为，并要求孩子识别这些危险行为。通过这种寓教于乐的形式，加强了游泳安全教育效果。

此外，还可借助大众广泛应用的社交软件加强游泳知识的宣传。借助于社交软件进行游泳安全知识宣传的优势在于提高大家的互动性，加强问题讨论的深入性，增强大众防溺水安全知识需求的个体性。因此，在对儿童及其家长或监护人进行防溺水知识宣传时，除了借助于传统的媒介外，现代化的传播媒介也是必要的手段。

三、家庭在学校体育风险管理中的协同作用

儿童青少年的运动安全必须得到家长的全面支持，才能更好地达到降低伤害的目的。除了美国消费品安全委员会为家庭出版的《家用运动游乐

---

① Pool Safely. Take The Pledge ［EB/OC］. ［2019-06-18］.https: //www.poolsafely.gov/.

场地安全指南》外，一些组织也可通过各种形式加强家庭安全教育。游泳安全运动组织要求家长或监护人，通过网站学习安全游泳技巧，在线宣誓游泳安全誓言①。安全游泳技巧包括：1.禁止儿童独自在水里或水边玩耍；2.教会儿童游泳；3.告知儿童远离排水口；4.确保所有泳池和浴缸的排水口安装防护盖；5.给泳池和浴缸安装合适的防护网、报警器；6.知道如何进行心肺复苏；7.遵守泳池安全誓言。游泳安全誓言包含家长基本信息（姓名和邮编）和誓言内容。誓言为：1.儿童在水里或水边玩耍时，有指定的救生员；2.确保自己的孩子会游泳；3.作为家长或监护人要学习心肺复苏术；4.给泳池安装防护网、安装防护门，给排水口安装防护盖②。

四、国外学校体育风险管理体系的利弊分析

鉴于美国的经济基础和科研基础，美国的学校体育风险管理体系已经比较成熟，政府、学校、社会、家庭都能各司其职共同促进学校体育安全的发展。但是，由于美国是联邦制国家，各个州政府拥有相对独立的教育管理政策、规章制度等规范性文件，其联邦政府的职能发挥受到较大的限制。此次新冠病毒的预防与控制也充分暴露了美国政府职能的局限性和有效性。因此，在学校体育安全管理方面，美国政府的职能也具有局限性。有人提出③因为每个州青少年体育管理机构（NGB）独立执行职能，所以在全国实施最佳的安全政策是有困难的。管理机构在执行当前的最佳实践政策时经常遇到困难，常常只能建议或创建指导方针，而不能授权更改。虽然，美国政府在执行全国青少年安全政策时受到限制，但是美国社会公益性组织和商业性组织以及家庭在青少年体育安全管理方面发挥了很大的作用。

通过美国学校体育风险管理体系可以看出，美国政府在管理中的职能

---

① Pool Safely. Safety Tips［EB/OC］.［2019–06–08］.https：//www.poolsafely.gov/parents/safety–tips/.
② Pool Safely.The Pledge［EB/OC］.［2019–06–08］.https：//www.poolsafely.gov/pledge/.
③ HUGGINS R A，SCARNEO S E，CASA D J，et al.The Inter–Association Task Force Document on Emergency Health and Safety： Best–Practice Recommendations for Youth Sports Leagues.［J］.Journal of Athletic Training，2017，52（4）：384.

主要是通过法律、政策等途径加强对青少年运动物质和社会环境的监督和引导。并通过开展全国伤害预防行动，从运动风险的识别、评估和应对上加以管理，并通过 3E 模式加大伤害的预防效果。美国的社会组织、家庭、科研机构、大学、医院、媒体也积极参与伤害的风险管理工作，发挥了巨大的作用。总体而言，经过 40 多年的治理青少年运动风险的伤害率有了一定的下降。但是，鉴于其社会制度的限制，美国有些地方也依然存在不少管理漏洞。在美国部分小区、学校进行观察时，发现有些低收入人群居住的小区，体育场地器材的安全设施没有按照相应的标准规范进行安装及维护。例如，某对外租赁小区的篮球场为水泥地面，篮球架也已经损坏，滑梯也非常残破，滑道下面防坠落软木碎保护层几乎寥寥无几，坚硬的土地裸露在外面。有的公立小学的田径场还是土场地，滑梯、秋千下面也没有按规定覆盖防坠落保护层。这说明美国在青少年体育安全管理方面也有很多需要改进的地方，尤其是要加强对低收入人群子女运动环境安全的管理。

第四节　我国三位一体学校体育风险管理体系的预期目标

一、创建安全的运动环境

创建安全的校园运动环境是国家的期待、学校的责任、家庭的期盼、社会的愿景；是健康中国体育强国实现的必要保障；是体教融合、"五育"并举真正落实的关键环节。因此，学校体育风险管理目标是通过构建政府主导、学校主管、家庭参与、社会协同的风险管理体系，为学生创建安全、舒适的运动环境，打破束缚学校体育发展的枷锁，减轻学校、体育教师的风险压力，降低风险事故的发生，最终促进学生的体育参与，提升学生的身心健康。

二、达到"阳光治理"目的

公开、透明是学校体育伤害事故社会治理的基本态度。学校体育伤害事故可能发生在各个阶段、各个学校。当事件发生后，无论是学校还是家长都想维护本方的利益，采用各种方式和手段使得本方利益最大化。双方为责任承担的比例而引发纷争，此类纠纷实质上是损害赔偿问题的纠纷。学校为了快速平息事件以及降低事件带来的影响，大多数情况下选择与家长进行协商，赔偿钱款，采用"私了"的方式结束纠纷。"私了"虽是一种快速处理方式，但因其处理方式不透明，容易引发"学校管理不当、教师失职"等言论，反而对学校造成更多的负面影响，陷入恶性循环。倡导阳光处理，走正规程序，过程透明才是确保事故处理公平、公开、公正的不二法则。

三、形成正规维权方式

学校坚定立场，家长正规维权是学校体育伤害事故治理的正确方式。以往学校体育伤害事故处理中，不乏家长受人唆使前往学校闹事的例子，引发众多群众和媒体的关注，更有甚者采取一些不理智的行为，严重影响学校的教学秩序，阻碍了学校工作的正常开展。强调正规维权不是让家长放弃维权，相反是利用法律的武器正当捍卫人身权益。学校在面临家长不理智的行为时，也应坚定自身立场，坚决运用法律维护学校的权益，而不是家长"一闹事"就"赔钱了事"。学校若不能坚定自身立场，长期拿钱解决问题，不仅让自身陷入恶性循环，从长远看，更会阻碍了学校体育伤害事故处理程序规范化的进程。

四、明确责任划分标准

依据相关法律法规，明确责任划分是学校体育伤害事故治理的重要一环。以往《中华人民共和国民法总则》《中华人民共和国侵权责任法》《最高人民法院人身损害赔偿司法解释》以及《学生伤害事故处理办法》等法律法规、规范时交付是处理学校体育伤害事故的主要依据。上述法律法规等在制定过程中没有考虑到学校体育的特殊性，容易导致学校体育伤害案件的实际裁决中存在差异，学校和教师承担责任过重等情况[①]。法律缺陷导致了对伤害定责时无法可依的现状，进而影响到案件的判罚。《民法典》中的"自甘风险"法条，即危险自愿承担，是我国第一次确认"自甘风险"为免责事由，对于具有完全民事能力的体育伤害事故的判罚具有直接指导意义。对于幼儿园、中小学体育伤害事故的判罚还要参考《中华人民共和国民法典》第 1199 条至 1201 条有关教育机构责任的条款，看是否尽到教育管理职责。如果 8 周岁以下的无民事行为能力人在幼儿园、学校或其他教育机构学习、生活期间受到人身损害的，幼儿园、学校或者其他教育机构应当承担侵权责任；但是能够证明尽到教育、管理职责的，不承担侵权责任[②]。8 周岁以上限制民事行为能力人，因为已具备了一定的识别能力，学生或者学生的监护人应当承担举证责任。如果伤害不是因为学校未尽到相应的责任而引发的，学校不承担赔偿责任，也不应基于公平责任承担损失，否则，将极大挫伤学校体育工作开展的积极性，不利于学校体育教育的开展。

五、发挥社会保障效能

保险是学校体育社会保障中最重要的措施，完善学校体育保险体系，发挥保险职能是学校体育伤害事故社会治理的最优保障。当前，针对学校推出的主要是校方责任险；学生方面有医疗保险、学生平安保险（简称"学平险"）和意外伤害保险，有些家长选择性办理其中一二，也有部分家长选择叠加多种保险，降低因医疗或意外伤害带来的损失。

但现有的学校体育保险存在一定的局限性。例如，保障范围有限，缺乏针对性，赔付金额较低等问题。访谈中还了解到有些学校的校方责任险并未落实，难以发挥作用，一旦发生伤害事故，学校和教师的压力非常大。

---

① 刘乃宝，严峰，杨铭.学校体育伤害事故的责任归属与保障机制研究 [J].体育与科学，2015，36（1）：91-95+1

② 赵毅.民法典与体育强国建设 [J].体育科学，2020，40（6）：9-14.

相比而言美国的体育教师有保险作为保障压力较小。美国俄亥俄州立大学的教授指出美国学校购有学区险，若非体育教师的责任而产生的费用，可用学区险进行支付。孩子可先就医后付费，而且费用由家庭医疗保险支付。医院的账单由保险公司全权负责处理，投保人只需与保险公司进行交接，省去了投保人与医院处理账单的烦琐环节。因此，建立健全学校体育保险机制，发挥学校体育保险职能最大化，是减轻教师教学压力，保障学校体育工作顺利开展的有效举措。

第五节　我国三位一体学校体育风险管理体系的组织结构

一、形成政府主导，三位一体的组织体系

合理的治理体系是治理社会问题的必要前提。为加强学校体育伤害事故的治理效果，有必要构建相应的治理体系。因学校体育伤害事故处理的复杂性，需要发挥政府、学校、家庭、社会四个方面的功能，构成政府主导，学校、家庭、社会三位一体的综合治理体系。综合治理即在党委、政府的领导下，充分发挥教育部门的骨干作用，组织和依靠学校、家庭和社会共同协作，综合运用法律、文化、教育、经济等手段，加强对学校体育伤害事故的处理能力，降低学校体育伤害事故的不良后果。政府层面主要负责根据宪法或其他相关法律，组织制定或补充学校体育伤害事故处理中所使用的规范性文件，督促运用法律手段处理学校体育伤害，引导学校体育风险管理工作的有序开展。如《中华人民民法典》增加了"自甘风险"法条，这对学校体育伤害的处理以及学校体育工作的开展产生重要的影响。《学校体育运动风险防控暂行办法》《五部门意见》等相关文件，对指导学校建立风险管理体系亦具有重要的意义。此外，作为政府部门负有引导社会

大众客观认识学校体育的本质，客观对待学校体育风险，形成正确的共识。"司法机关要加强案例指导，引导社会依法合理认识学校的安全责任，明确学生监护人的职责。"①

学校作为育人单位首先要尽到教育、管理责任，加强对在校师生的安全教育，建立风险防范体系，尽其所能为学生创造卫生、安全的运动场所。"学校要做好安全事故的信息发布工作，按照规定主动、适时公布或者通报事故信息。对恶意炒作、报道严重失实的，学校要及时发声、澄清事实"。②

家庭作为社会的基本单元，要履行好监护人的职责，加强对孩子安全意识的培养，传递孩子正确的体育价值观，客观地对待学校体育伤害事故，为孩子购买体育伤害险等具有同等功能的保险，当孩子在运动中受伤时采用合法途径维护孩子的合法权益。此外，充足的户外运动有助于增强孩子的体质，提升孩子的自我保护能力，降低高风险运动事故的发生，所以家长应鼓励孩子积极参加校外体育锻炼。

社会在学校体育伤害事故的治理中亦具有举足轻重的作用。公众要以公正客观的态度对待学校体育伤害事故，尤其是社会媒体要秉持公正的态度来报道学校体育伤害事故，切勿带有"舆论倾向性"，或是带"节奏"等偏颇行为。社会媒体还应配合政府部门做好社会宣传与大众教育，营造依法解决学校安全事故纠纷的社会氛围。社会保险要积极发挥其保险功能，因地制宜地开发适合学校体育伤害事故特征的保险品种。社区作为家庭活动的重要场所，应该努力为小区的儿童创建安全、舒适的运动环境，鼓励儿童青少年积极锻炼。只要政府 – 学校 – 家庭 – 社会发挥综合能力，学校系体育伤害事故的治理效果就会得以不断改善。

---

① 山西省人民政府办公厅关于加强中小学幼儿园安全风险防控体系建设的实施意见［J］.山西省人民政府公报，2018（1）：27-35.
② 中国教育新闻网.教育部等五部门关于完善安全事故处理机制维护学校教育教学秩序的意见（教政法〔2019〕11号）.EB/OL］.（2019-08-20）［2021-04-29］.http://www.jyb.cn/rmtzcg/xwy/wzxw/201908/t20190820_254048.html.

二、突出政府主导地位，推进法治化管理

建立健全法律法规体系是学校体育伤害事故社会治理的必要路径。明确责任划分是学校体育伤害事故处理的关键环节，司法诉讼是体育纠纷最具强制力的解决方式[1]。《五部门意见》指出，"健全学校安全事故处理的法律服务机制。有条件的地方可以设立学生权益法律保护中心，以政府购买服务等方式，聘请法律专业服务机构或人员，为学生提供法律服务。杜绝不顾法律原则'花钱买平安'。坚决避免超越法定责任边界，片面加重学校负担、坚决杜绝'大闹大赔''小闹小赔'。及时处置、依法打击'校闹行为'。以法律维护老师和学校应有的尊严，保护学生生命安全"。[2]

访谈结果显示，美国、日本等发达国家学校体育伤害事故责任判罚，并没有像我国这样困难，这得益于其较为完善的法律体系。鉴于此，应进一步加大"涉体"配套行政法规的支持和协调力度，提供制度化解决方案[3]。《中华人民共和国民法典》第 1199 条、1200 条对于无民事能力和限制民事能力的人在幼儿园、学校或其他教育机构学习、生活期间受到人身伤害的，幼儿园、学校或者其他教育机构应当承担侵权责任；但是能够证明尽到教育、管理职责的，不承担侵权责任[4]。这些法条较之以往的侵权责任法加强了对学校体育伤害事故处理的针对性，对于减轻学校思想负担，全面落实国家学校体育政策具有重大的意义。法律不仅对学校体育伤害事故的认定、责任划分、事故处理程序和责任赔偿制度进行明文规定，还能依据法律对学校是否尽到安全保障义务、保险如何赔偿进行判定；在此基础上，法律条文的规定应尽可能详细、全面、容易理解，最好配以实务操作手册，避

---

① 王家宏, 刘广飞, 赵毅等.中国深化改革相关法律问题研究[J].体育科学, 2019, 39（11）: 3-13.
② 中国教育新闻网.教育部等五部门关于完善安全事故处理机制维护学校教育教学秩序的意见（教政法〔2019〕11号）[EB/OL].（2019-08-20）[2021-04-29].http://www.jyb.cn/rmtzcg/xwy/wzxw/201908/t20190820_254048.html.
③ 王家宏, 赵毅.改革开放40年我国体育法治的进展、难点与前瞻[J].上海体育学院学报, 2018, 42（5）: 1-8.
④ 钟恒炳.夯实安全基石 建设平安校园——校园（体育教学工作）应对突发安全事故的实践[J].中国学校体育, 2021, 40（3）: 14-15.

免产生不同的理解；最后，在制定法律时，要避免立法冲突、反复立法。任何法律都要以宪法为母法，且特别法的制定要配合一般法的使用。另外，法律应强调包括以下四点：第一，法律中应明确规定学校体育伤害事故的定义和范围；第二，对学校体育伤害事故归责原则和责任归属进行清晰界定和划分，且适用于学校体育伤害事故的责任划分，保障各方利益；第三，用法律条文的形式固定学校体育伤害事故处理程序；第四，制定相应的赔偿制度，对保险、基金等补偿制度进行立法规定。

当前，学校体育伤害事故容易引起纠纷的另一原因，是缺乏完善的伤害赔偿标准，导致"赔少了家长不满意，赔多了学校很吃力"的现状，没有固定的伤害事故赔偿标准，赔偿具有随意性，也难以让人信服。因此，可以效仿交通事故意外伤害赔偿标准，制定清晰的学校体育伤害事故赔偿标准，赔偿金额清晰且公开，一目了然，避免学校和家长因赔偿金额而引发纠纷。

三、凸显学校主管职能，提升善治能力

健全学校体育运动风险防控体系，养成学校善治能力是学校体育伤害事故社会治理的本质和核心。"治理"的本质就是善治，最终使公共利益得到最大化的一种新型社会管理方式[1]。善治是未来中国青少年体育治理的主题方向[2]。我国政府也大力提倡学校善治能力，完善风险防控体系以及学校安全事故处理和风险化解机制，提出"完善学校安全风险预防体系，健全学校安全风险管控机制，完善学校安全事故处理和风险化解机制，强化领导责任和保障机制"。"各级教育部门要指导、监督学校健全安全事故处置机制，制定处置预案、明确牵头部门、规范处置程序，完善报告制度，提高工作规范化、科学化、专业化水平"[3]。"学校体育运动风险防控遵循

---

[1] 俞可平.善治与幸福[J].马克思主义与现实，2011（2）：1－3.

[2] 鲁长芬，丁婷婷，罗小兵.美国青少年身体活动的治理历史、特征与启示[J].北京体育大学学报，2019，42（8）：27－36.

[3] 中国教育新闻网.教育部等五部门关于完善安全事故处理机制维护学校教育教学秩序的意见（教政法〔2019〕11号）[EB/OL].（2019-08-20）[2021-04-29].http://www.jyb.cn/rmtzcg/xwy/wzxw/201908/t20190820_254048.html.

预防为主、分级负责、学校落实、社会参与的原则。教育行政部门和学校应当建立健全学校体育运动风险防控机制，预防和避免体育运动伤害事故的发生"①。健全学校体育运动风险防控体系，可以从建立健全事故应急处理机制、启动心理疏导机制、筹备专项基金以及完善监控设备等方面共同推进。完善的学校伤害事故应急处理机制有助于避免二次人员受到伤害，降低伤害事故后果的严重性。

　　建立健全伤害事故应急处理机制，可以从五个方面着手。第一，制定学校伤害事故应急预案，确保学校体育伤害事故处理流程规范、完善。第二，完善风险防范制度及重大安全事故信息监测报告网络，对可能存在的风险加以监控。第三，改善师生安全教育培训措施，提高实操能力，各级各类政府及学校对师生的安全教育培训十分重视，但不足之处是缺乏必要的实操训练。如心肺复苏术对临场挽救运动猝死、溺水等极为重要，但是很少有体育教师受过专门培训，容易错失宝贵救治时间。第四，当事故发生后，做到四个迅速：迅速送治，迅速调查，迅速通知家长，迅速向相关部门汇报。第五，协助做好保险理赔工作和安抚工作。在事故应急处理中，学校和老师要保持冷静、沉着和积极主动的心态，秉承合法、公正处理的原则，协助做好后续工作。

　　健全的心理疏导机制有助于减轻伤害事故造成的心理创伤，缓解心理压力。学校体育伤害事故难免会对学生、家长和体育教师的心理造成不同程度的影响。因此，在事故发生后，进行一定的心理疏导显得十分必要。

　　筹备专项基金作为推动学校保障体系完善的重要方式之一，有助于转移学校体育活动中的风险，解除学校的后顾之忧。专项基金的筹备有两种渠道，第一种是学校通过各种渠道募集资金，设立伤害事故专项基金，以应对突发伤害事故后对学生的紧急救助②；第二种途径是教育局与保险公司

---

① 教育部关于印发《学校体育运动风险防控暂行办法》的通知——学校体育运动风险防控暂行办法 [J].中国学校体育，2015（6）：24-25.
② 高进，石岩.学校体育活动伤害事故的致因来源与防范策略[J].教育理论与实践，2008（36）：56-58.

等企业联合筹备体育运动伤害专项基金，形成"保险赔付为主，基金补贴为辅"的赔付机制，用于解决学校伤害事故赔付难、学生保障低的困境。

完善的监控设备是加强学校保障体系必要的一环，齐全的监控设施有利于伤害事故的调查与处理，可以解决"证据固定难"的问题。也能对学校体育安全工作的开展起到一定的监督作用。

四、发挥家庭助管地位，提高家庭参与性

家庭的积极参与是学校体育风险管理必不可少的组成部分。例如，美国通过学校安全周，陪伴孩子参加体育活动，参与社区儿童青少年运动环境的安全管理，参与学校体育活动志愿者等途径积极参与学校体育活动及风险管理。我国可以借助家长会、家长知情同意书、家长安全告知书、家长学习平台等途径，促进家长对学校体育伤害特征、学校体育风险识别、预防与控制以及风险转移方法等知识的学习与了解，也可以通过社区对运动安全教育进行专栏学习。除了加强家长对运动安全的教育外，提高家长对体育运动价值及其特征的认识，有助于家长对学校体育伤害的充分理解，有利于学校体育伤害事故的法治化治理。

五、强化社会协同地位，完善体育保险体系

构建学校体育保险体系是加强学校体育伤害事故社会治理的经济手段。当务之急，一是要构建更加完善的体育保险体系，二是通过多种途径不断增强家长的保险意识。美国、日本等发达国家得益于相对完善的保险体系，学校、家长不担心孩子医疗费的支付等经济问题，学校体育伤害事故的处理相对容易。如美国一家风险处理服务公司（Risk Placement Services）旗下的博林格运动休闲公司（RPS Bollinger Sports & Leisure）具有 60 多年的体育运动保险服务历史，并多次负责运动保险投保指南的起草工作[1]。日本家

---

① PRS Bollinger Sports and Leisure.Sports insurance［EB/OL］.（2020–06–15）［2020–07–29］. https：//www.rpsins.com.

庭的国民健康险或厚生险，投保额度低，赔偿额度高。因此，美国、日本的父母基本上不担心孩子在体育课上的受伤问题，对待运动伤害也比较理智、开明、客观，一般不会发生"校闹"等不理智行为。可见，完善的保险体系对于学校体育工作的顺利开展至关重要。

《焦作市人民政府办公室关于加强中小学幼儿园安全风险防控体系建设的实施意见》指出"建立多元化的事故风险分担机制。可以积极探索与学生利益密切相关的体育运动伤害等领域的责任保险，充分发挥保险在化解学校安全风险方面的功能作用"[①]。《五部门意见》也强调："形成多元化的学校安全事故损害赔偿机制。学校或者学校举办者应按规定投保校方责任险，有条件的可以购买校方无过失责任险和食品安全、校外实习、体育运动伤害等领域的责任保险。"[②]《学校体育运动风险防控暂行办法》第二十条亦指出："教育行政部门和学校应当健全学生体育运动意外伤害保险机制，通过购买校方责任保险、鼓励家长或者监护人自愿为学生购买意外伤害保险等方式，完善学校体育运动风险管理和转移机制。"[③]经过政府引导，加以社会需求，学校体育伤害相关的保险业务近几年得以较快地发展。我国可以应用学校体育伤害事故赔付的险种，主要有城镇医疗保险、学平险、消防责任险等，见表2-14。

表2-14 我国现有学校体育保险险种

保险对象	一般险	特别险
学生	医疗保险（城镇居民医疗保险或农村合作医疗）、学平险、意外伤害保险	青少年活动、运动赛事、青少年球类运动险等
学校	校方责任险	场地器材保险、校际赛事活动保险、教师责任保险

① 焦作市人民政府办公室关于加强中小学幼儿园安全风险防控体系建设的实施意见 [J].焦作市人民政府公报, 2018（4）: 6-12.
② 教育部等五部门关于完善安全事故处理机制维护学校教育教学秩序的意见 [J].教育科学论坛, 2019（27）: 3-6.
③ 教育部关于印发《学校体育运动风险防控暂行办法》的通知 [J].中华人民共和国教育部公报, 2015（6）: 7-9.

　　学生医疗保险（城镇居民医疗保险或农村合作医疗）、学平险或意外伤害保险，此类保险均由家长自行替学生选择是否参保。医疗保险主要保障因疾病而产生的部分费用，而学平险或意外伤害保险则更趋向于赔付由于意外而造成的部分损失，两者相辅相成。

　　校方责任险是学生在校园内或者在学校组织的活动中发生意外事故时，学校对学生依法应负的民事赔偿责任保险[1]。现有的学校保险则以校方责任险为主，校方责任险为学校和受伤学生提供了一定的保障。但是单一的校方责任险不足以应付高额的赔付金，应适当购买一些特别险：一是场地器材保险，当学校体育伤害事故发生在运动场地内，该保险可以提供一定的经济保障。如访谈中台湾大学的一位教授指出，台湾地区的学校购有场地险，用于支付场地设施缺陷而导致的伤害费用。如今，部分保险公司也推出了场地险。二是赛事活动险，当学校组织或带队参加比赛时，校际赛事活动保险能分担部分风险，为赛事的组织和举办提供一系列保障。如中国大地保险、中意财险等保险公司售有业余运动赛事险。所有这些保险可以通过网上购买，操作非常方便。保险类型有一星期或一个月的，也有长期保险，平均费用为1~2元每天。三是教师责任险，为了缓解当前体育教师压力大的现状，可推出教师责任保险。当学生遭受重大伤害或死亡而教师需要进行赔偿时，配合校方责任险等险种的使用，为教师提供基础的保障，减轻体育教师的压力。

　　我国的体育运动保险随着社会的需要，也在不断地推出新品种。关键是要提升家长对保险重要性的认知，并能主动为孩子购买相应的保险，以达到风险合理转移的目的。此外，针对体育教师职业的特殊性，推出相应的保险，以分担体育教师的思想压力，缓解教学焦虑。

六、四方协同，建立健全第三方协调机制

　　建立健全第三方协调机制，加强学校体育伤害事故社会治理的社会参

---

[1]　方志平.我国学校体育保险的科学建构［J］.体育学刊，2010（6）：30-34.

与度。当前，学校体育伤害事故处理不当，一经报道，往往引起各种不好的舆论。为了使教师形象不被弱化，为减少学校与家长的矛盾，大力提倡第三方协商调解机制，协助学校体育伤害事故的处理，此举有助于减少校方与受伤学生方的接触频率，有益于控制甚至降低矛盾升级，削弱学校与家庭间的信任危机。成立协商与调解机制亦符合国家体育安全事故处理政策。《五部门意见》提倡"健全学校安全事故纠纷协商机制。推动学校建立专业化的安全事故处理委员会，统筹学校安全事故预防与处置""建立由教育、法律、医疗、保险、心理、社会工作等方面专业人员组成的专家咨询库，为调解工作提供支持和服务"①。

建立健全第三方协调机制，可以仿照交通事故处理流程，引入第三方调处机构，结合收集到的各种证据，客观、公正地制作出事故认定书，分清事故当事人各方的事故责任，确认各方的赔偿比例。在整个处理与赔偿的过程中交警和保险公司起到调解纠纷的作用。交警作为第三方，在处理交通事故时，保持公平公正的态度，不偏袒任意一方，故交警对于交通事故的处置结果令人信服。处理学校体育伤害事故时，第三方调处机构应是独立存在且独立运行的，便于协调伤害事故的责任划分和赔偿，并对整个过程进行监督。例如，由上海市政府牵头的课题研究结果表明，可以用两种方式引入社会组织作为第三方介入比较难处理的校园运动伤害事故：一、借助于现有的医疗纠纷调解委员会，并加入体育专业人员和家长代表；二、以政府购买服务的方式培育一个专门处理校园体育运动伤害事故的机构②。

随着社会安全意识的发展，我们国家对儿童青少年的安全问题也越来越重视，监管组织也逐渐专业化。中华人民共和国教育部以及中国疾病预防控制中心是监管校园伤害最高级别的官方组织。民间有关学校体育伤害监管的组织相对比较少，目前来看中国教育学会与中国儿童少年基金会共

---

① 教育部等.教育部等五部门关于完善安全事故处理机制维护学校教育教学秩序的意见［J］.教育科学论坛，2019（27）：3-6.

② 翁铁慧，何雪松.学生校园体育运动伤害事故的社会治理：基于上海的研究［M］.上海：华东师范大学，2017：122-125.

同推出的"校安全教育和安全管理工程"（简称校安工程）是一个比较大的组织①。其工作任务是：探索符合我国需求的"校安工程"有效途径和模式，打造一个实践性、实用性和实效性相结合的"校安工程"体系，切实解决各地工作过程中遇到的实际问题。校园安全工程门户网站——中国安全教育网以关注青少年安全成长为核心，以漫画、视频、动画等方式生动展示安全知识，全方位提高学生的安全素质。其网站的数据显示，现已有超过15万6千所学校开展安全课程，148万8千多名教师参与授课，8512万多名学生参与学习。"运动伤害""溺水"是其中两大重要的问题。关于"运动伤害"的预防知识点，包括运动的基本常识、不同季节进行运动的注意事项、体育课安全注意事项、不同项目的安全注意事项、不同部位受伤处理办法、不同类型受伤后的紧急处理方法等内容。该网站的安全知识比较全面，知识内容比较浅显易懂，易于理解。但是，遗憾的是有关体育场地、器材安全的监管问题没有涉及。其他一些门户网站有关于体育运动安全的零星介绍，但相对而言不够系统、操作性不够强。希望能在此基础上就儿童青少年的运动安全问题成立专门的组织，使运动伤害的预防更加专业化，操作性更强，以鼓励和保障更多的儿童安全地参与体育运动。

---

① 张巨生. 中山市旭日初中生命教育实践研究［D］. 武汉：湖北大学，2015：27.

第三章

我国三位一体学校体育风险管理体系的职能

第一节 政府的主导职能

一、积极推进学校体育安全法治化管理

（一）推进学校体育风险管理的法治保障

依法治校是国家的重要决策，国务院指出"鼓励地方出台学校体育法规制度，为推动学校体育发展提供有力法治保障"[①]。《五部门意见》明确规定："营造依法解决学校安全事故纠纷的社会氛围。推动学校安全法律制度建设，鼓励各地制定或修改、完善学校安全方面的地方性法规。学校要切实树立依法治校、依法办学理念，通过法治思维和法治方式化解矛盾纠纷。"[②] 法治预防已成为学校体育伤害事故预防与控制的重要一环。学校有关部门应制定相关规章制度，明确体育教师在安全教育、器械检查、学生运动监管等方面的职责，加强对体育教师伤害事故处理方法的培训，体

---

① 中共中央办公厅 国务院办公厅印发《关于全面加强和改进新时代学校体育工作的意见》《关于全面加强和改进新时代学校美育工作的意见》[J].中华人民共和国国务院公报，2020（30）：20-26.

② 中共中央国务院办公厅.关于全面加强和改进新时代学校体育工作的意见[N].人民日报，2010-10-16（5）.

育教师有意识地对学生进行安全教育以提高学生的安全防护意识。[①] 加强学生伤害事故的立法工作的同时，建议多方筹措专项基金和有关保险险种，并防止因噎废食的做法。[②]

《中华人民共和国义务教育法》第二十四条规定："学校应当建立、健全安全制度和应急机制，对学生进行安全教育，加强管理，及时消除隐患，预防发生事故。"

《中华人民共和国消费者权益保护法》第十九条指出，经营者发现其提供的商品或者服务存在缺陷，应当立即向有关行政部门报告和告知消费者，并采取停止销售、警示、召回、无害化处理、销毁、停止生产或者服务等措施。

《中华人民共和国体育法》规定："学校应当按照国务院教育行政部门规定的标准配置体育场地、设施和器材。配备合格的体育教师，保障体育教师享受与其工作特点有关的待遇。"

《未成年人保护法》（2020年修订版）规定："学校、幼儿园应当建立安全管理制度，对未成年人进行安全教育，完善安保设施、配备安保人员，保障未成年人在校、在园期间的人身和财产安全。学校、幼儿园不得在危及未成年人人身安全、身心健康的校舍和其他设施、场所中进行教育教学活动。"

《学校体育工作条例》第二十一条学校应当制定体育场地、器材、设备的管理维修制度，并由专人负责管理。

《学校卫生工作条例》第十条规定："学校体育场地和器材应当符合卫生和安全要求。运动项目和运动强度应当适合学生的生理承受能力和体质健康状况，防止发生伤害事故。"

《中共中央、国务院关于加强青少年体育增强青少年体质的意见》提出，加强体育安全管理，对体育教师进行安全知识和技能培训，对学生加强安

---

① 冯辉.我国学校体育伤害事故的法律思考［J］.青少年体育，2020（6）：53-54+66.
② 陈博.高校体育中学生伤害事故的法律责任探析［J］.成人教育，2004（11）：69-71.

全意识教育。加强学校体育设施建设与维护管理。完善学校体育和青少年校外体育活动的安全管理制度，明确安全责任，完善安全措施，做好大型活动的应急预案，防止发生群体性安全事件。

《关于推行校方责任保险完善校园伤害事故风险管理机制的通知》既强调充分利用保险化解校园安全事故责任风险，解除家长、学校后顾之忧，避免或减少经济纠纷，减轻学校负担；也强调学校要积极开展安全教育、完善安全管理制度，做好风险评估。

《关于进一步加强学校体育工作的若干意见》指出各地有关部门要指导和监督学校体育安全工作，学校要健全风险管理体系，社会要参与学校体育风险管理机制的完善，形成政府主导、社会参与的学校体育风险管理机制，内容包括安全教育培训、保险赔付等，并强调要落实安全责任制，加强对体育设施的维护和使用管理，依法妥善处理学校体育风险事故，切实保证使用安全。

《学校体育运动风险防控暂行办法》第九条强调按照《中小学生学籍管理办法》加强对学生健康状况的管理，按规定对学生进行健康体检，建立健康档案，并要求家长积极、认真配合工作，学校提供学生真实的健康状况，对于身体异常的同学，要安排适宜的体育保健课。同时第三章和第四章分别针对常规要求和事故处理提出了意见。

《五部门意见》对于学校体育安全的要求主要有：一、着重加强学校安全事故预防，强调各级教育部门要相互配合依法加强对学校安全工作的督导、检查工作，指导学校完善安全风险防控体系，完善学校安全管理组织机构和责任体系，健全问责机制。二、规范学校安全事故处置程序。发生重大事故，主要负责人要牵头处置，必要时由当地人民政府或相关部门牵头处理。事故处理过程中沟通渠道要便捷，及时告知受伤方事故纠纷处理的途径、程序和相关规定，主动协调，积极引导以法治方式处置纠纷。三、健全学校安全事故处理的法律服务机制。四、形成多元化的学校安全事故损害赔偿机制。学校或者学校举办者应按规定投保校方责任险，有条件的可以购买体育运动伤害等领域的责任保险。要通过财政补贴、家长分担等多种渠道筹措经费，推动设立学校安全综合险，加大保障力度。

《关于全面加强和改进新时代学校体育工作的意见》明确加强制度保障，鼓励地方出台学校体育法规制度，完善学校体育法律制度。并提倡"建立政府主导、部门协同、社会参与的安全风险管理机制。"并再次提出："试行学生体育活动安全事故第三方调解机制。强化安全教育，加强大型体育活动安全管理"[1]。该意见相比之前的法规政策更加清晰地指出了法律和保险管理学校体育风险必备的保护盾；强调了要形成政府、学校、家庭协同的风险防范与处理机制；提出引进第三方调解机制；最后强调要强化安全教育，从源头上预防与控制学校体育风险。

学者们也呼吁，"现代社会是法治社会，实行法治原则才能切实体现公平正义，把各项社会治理纳入科学化、规范化、法治化的轨道"[2]。闫建华[3]等人的研究提出，我国学校体育风险发生后的责任划分主要基于两个原则。一是"过错责任原则"，是指基于故意或过失侵害学生的权益，并且造成了损害的情况下，行为人才承担损害赔偿责任。另一是"过错推定原则"，是以行为人的过错为最终归责原则。该原则使用的意义在于更有利于保护弱势受害人的合法权益，是过错责任原则的特殊情况。过错责任原则是侵权责任中最主要的归责原则，也是体育活动侵权行为最基本的归责原则。相比而言，我国关于责任划分与认定方面略显粗糙，很多界定会受实际因素所左右。

明确政府教育主管部门是责任主体之一；建立完善的责任赔偿及免责制度，实行学校体育伤害事故赔偿责任社会化；同时建议明确以过错责任

---

① 中华人民共和国中央人民政府.中共中央办公厅 国务院办公厅印发《关于全面加强和改进新时代学校体育工作的意见》[EB/OL].（2020-10-15）[2021-05-21].https://www.gov.cn/gongbao/content/2020/content_5554511.htm.

② 魏礼群.中国社会治理通论[M].北京师范大学出版社，2019（8）：1-7.

③ 闫建华.学校体育运动伤害事故的特征、法律归责及风险防控措施研究——基于对58例裁判文书的荟萃分析[J].成都体育学院学报，2017，43（5）：13-19.

为主及甘冒风险原则的适用，摒弃公平责任原则 ①②。督促学校要建立健全相关制度并督促检查 ③。

综上所述，有关法律法规和相关指导意见对学校体育伤害事故的预防和处理作出了指示。诸多学者通过研究也提出了许多建议，集中体现在学校要建立完善的体育伤害事故管理机制，建立学校体育伤害专项保险，让学生积极参保以解决伤害带来的后续影响。学校是教育公益性机构，通过保险可以有效缓解伤害引发的赔偿问题，学校体育伤害事故保险制度该如何实施，哪些事件属于保险理赔范围，经费来源以及经费监管等问题有待进一步探索。

二、推进学校体育风险事故的法治管理

体育伤害事故的归责问题仍是学校体育工作面临的一个难点，因此加强学校体育伤害事故管理专项立法是重点，明确责任主体，从国家层面给出具体可行的指导意见是学校体育安全法治化管理至关重要的一环。

（一）我国学校体育风险事故责任认定的法律依据

学校体育伤害事故发生地点在学校，受伤主体是学生，一旦发生伤害事故，责任界定即成为事故双方关注的焦点。在处理学校体育伤害事故时，目前依据的法律法规有《中华人民共和国侵权法》《中华人民共和国教师法》《中华人民共和国未成年人保护法》《中华人民共和国民法典》等。

《中华人民共和国教师法》第八条提到，教师应"制止有害于学生的行为或者其他侵犯学生合法权益的行为，批评和抵制有害于学生健康成长的现象。"

《中华人民共和国教育法》第七十三条规定："明知校舍或者教育教

---

① 谭小勇, 向会英, 姜熙. 学校体育伤害事故责任制度研究 [J]. 天津体育学院学报, 2011, 26（6）: 521-526.

② 宁伟, 谭小勇. 校方在学校体育伤害事故中的法律责任与义务 [J]. 体育科研, 2012, 33（1）: 44-48.

③ 张厚福. 学校体育中伤害事故的法律责任探讨 [J]. 武汉体育学院学报, 2001, 35（1）: 29.

学设施有危险，而不采取措施，造成人员伤亡或者重大财产损失的，对直接负责的主管人员和其他直接责任人员，依法追究刑事责任。"

《学生伤害事故处理办法》第二章事故与责任方作出规定，提到"学生伤害事故的责任，应当根据相关当事人的行为与损害后果之间的因果关系依法确定。"

《中华人民共和国民法典》第一千一百七十六条（自甘风险）："自愿参加具有一定风险的文体活动，因其他参加者的行为受到伤害的，受害人不得请求其他参加者承担侵权责任；但是，其他参加者对损害的发生有故意或者重大过失的除外。"在第一千一百九十九条对过错推定责任进行规定，指出八周岁以下的未成年人在幼儿园、学校或其他教育机构学习、生活期间受到伤害，若是这些机构能够证明其尽到教育、管理职责则不承担责任，否则要承担责任[1]。第一千二百条则对过错责任提出了规定，指出满八周岁未满十六周岁的未成年人在学校或其他教育机构学习、生活因这些机构未尽到教育、管理职责的，应当承担侵权责任。第一千二百零一条对补充责任进行了规定，指出八周岁以下无民事能力或满八周岁未满十六周岁的未成年人在幼儿园、学校或其他教育机构学习、生活期间因这些机构以外的第三人而造成的人身损害，第三人承担侵权责任，这些机构则承担补充责任。这些法条的出台对于促进学校体育的发展具有极其重要的意义，为依法处理校内外体育伤害事故提供了法律依据。

学校体育风险事故的责任划分原则，是其法治治理的关键环节。学者们依据国家有关侵权责任划分的原则，也给出了自己的见解。张厚福[2]等认为承担学校体育伤害民事法律责任的基本原则有三种：过失原则、无过错原则和公平责任原则。同时提出"要区分直接原因和间接原因，间接原因负次要责任；要区分主观原因还是客观原因，主观原因负主要责任，客观原因负次要责任或无责任。体育教学训练竞赛中出现的伤害一般说来学校

---

[1]　陈小平,欧阳宇星,邹渊主编.《贵州省学校学生人身伤害事故预防与处理条例》解读与适用[M].北京：中国民主法制出版社,2016.

[2]　张厚福.学校体育中伤害事故的法律责任探讨[J].武汉体育学院学报,2001,35（1）.

和教师要负主要责任。课外学生自己练习中对自己或他人造成伤害,学生负主要责任,学校和教师只负间接管理责任;要区分事故发生在校内和校外,如发生在校外,由学生自己、其监护人或对学生造成伤害的组织及个人承担责任。学校和教师一般不负责任"。韩勇[①]指出学校体育伤害的责任构成应当具备四条件:一是损害事实的存在,二是行为的违法性,三是违法行为与损害事实之间具有因果关系,四是行为人在主观上有过错。同时认为认定学校体育伤害民事责任的原则应该是:一般归责原则、过失推定原则为例外、慎用公平责任原则。

责任主体的划分依据是学校体育风险事故依法治理的重要一步,有的学者认为教育行政部门和其他机关也是法律责任对象。位桂香[②]认为:"体育伤害事故法律责任的主体是应当承担体育伤害事故的法律责任对象,主要包括教育部门行政机关、其他机关;教育工作行政机关以及其他机关在内的工作人员;开展体育教学活动的校方、校长、体育教师以及其他管理人员;学生、父母或学生的其他法定监护人;其他负有遵守国家教育法以及体育法义务的公民以及法人。"谭小勇等提出"学校体育伤害事故中,对学校体育伤害事故承担责任的人或单位就是该伤害事故的责任主体,也是赔偿责任人。而在实践中因体育的特殊性往往对事故负有责任的不止一个,即学校体育伤害事故的责任主体是一个混合责任体。同时分析得出目前我国责任主体一般不包括政府教育主管部门,追究的是学校或校长的责任,具有不公平性,认为应将相关行政机构纳入责任主体范围。并且分析了过错责任原则、无过错责任原则、公平责任原则、过错推定原则、甘冒风险原则,这四个原则在体育伤害事故中的适用情况"[③]。常华、周国群提出学生伤害事故责任必须从学校和教师的管理职责范围和过错上加以确定。学校和体育教师在组织管理体育活动中,负有对学生管理、保护和安全教育的职责。

---

① 韩勇.侵权法视角下的学校体育伤害[J].体育学刊,2010,17(11):39.
② 位桂香.学校体育伤害法理依据探索与预警干预体系建设研究[J].西安体育学院学报,2018,35(5):537-540.
③ 谭小勇,向会英,姜熙.学校体育伤害事故责任制度研究[J].天津体育学院学报,2011,26(6):521-526.

认为对学校，在责任关系上涉及更多是职务责任和个人责任，在责任方式上主要涉及赔偿责任①。

也有学者提出学校体育安全事故责任认定包含以下几个方面：不可抗力因素或同一自身性质导致的意外行为；校方或教师责任，学校是学生学习和成长的重要场所，对学生负有教育、监督和管理的责任；学生自身责任，是指因为学生自身原因，致使出现体育安全事故，使自己的身心受到伤害；行为人责任，是指学校体育安全事故的发生是由学生本人和学校之外的其他人的过错，给受害学生带来身体或心理伤害的责任。同时认为要遵循过错原则、公平原则、过错推定原则②。陈博按责任主体将学校体育伤害事故分为四类"因学校、教师过错造成的伤害事故；因学生本人及其监护人有过错而造成的伤害事故；学校、教师、学生和肇事方共同过错而造成的伤害事故；学校、教师没有过错，因意外事件或不可抗力而造成的重大伤害事故"③。

（二）我国学校体育伤害事故责任认定的经验借鉴

日本的学校体育开展得比我国早，学校体育风险管控经验相对丰富。自明治维新后，日本开始全面引进西方的体育教育理念，并通过立法手段推动学校体育的发展。日本法律明确了学校体育伤害事故中学校、教师和学生各自应承担的责任和义务。学校体育事故发生时的责任划分清晰明确，有效避免了发生事故时师生之间的矛盾和家校之间的矛盾。课外活动中发生事故时分为两种处理方式，因设备的缺陷发生事故时，设施所有者承担无过失责任；当班教员的过失、违反当班教员安全注意义务、违反学校的安全注意义务导致发生事故时，学校作为教职员的雇佣者需要承担赔偿责任。因此，对于课外活动中运动员之间的事故，没有明确违规，并且因预

---

① 常华，周国群.学校体育教学活动伤害事故预防及处理探析［J］.山东体育学院学报，2009，25（11）：91–93.
② 贾然然.学校体育安全事故归责原则和纷争焦点［J］.体育科技文献通报，2021，29（1）：157–158+165.
③ 陈博.高校体育中学生伤害事故的法律责任探析［J］.成人教育，2004（11）：69–71.

测允许的范围内的动作导致的事故，不发生赔偿责任。

综上所述，我国相关法律对学校体育伤害的责任判罚进行了规定，尤其是《中华人民共和国民法典》中的"自甘风险""责任推定""补充责任"等法条对学校、教师、第三方的责任都有了较为明确的界定，有利于责任的划分及相应的经济赔偿。相关研究者对学校体育伤害责任主体的法律归责也进行了积极有益的探索，提出了自己的观点。通过法律及文献分析，可见我国学校体育风险事故的责任划分主要基于两个原则。一是以"过错责任原则"为归责原则。只有在基于故意或过失侵害学生的权益，并且造成了损害的情况下，行为人才承担损害赔偿责任。另一是过错推定原则，是以行为人的过错为最终归责原则。该原则更有利于保护弱势受害人的合法权益，是过错责任原则的特殊情况。相比而言，我国关于责任划分与认定方面有待进一步细化，以免受到社会实际因素的左右，或是出现法律漏洞。为达到依法治理学校体育伤害，为学校体育工作提供充分的法治保障，当地政府教育行政部门和司法部门应当为学校提供必要的法律援助或志愿服务，增强学校、教师、学生知法、懂法、用法、守法的意识和能力。

二、建立健全场地器材安全管理标准

安全、科学、健康的场地器材设施是青少年体育发展的必要物质基础。为促进青少年体育场地器材的安全化、标准化管理，国家出台了一系列的法规、政策。《中华人民共和国义务教育法》第十六条对学校选址和建设标准进行了规定，提出"应当符合国家规定的选址要求和建设标准，确保学生和教职工安全"。《国家中长期教育改革和发展规划纲要》明确提出，尽快使义务教育学校体育场地基本达标。《国务院办公厅关于强化学校体育促进学生身心健康全面发展的意见》（国办发〔2016〕27号）第十条明确指出，把学校体育设施列为义务教育学校标准化建设的重要内容，以保基本、兜底线为原则，建设好学校体育场地设施、配好体育器材。《体育强国建设纲要的通知》（国办发〔2019〕40号）强调要健全青少年体育服务体系。尽管如此，近年来有关毒跑道、劣质体育器材等场地器材问题仍屡见报端，威胁着青少年的身心健康。国外青少年体育场地器材的生产、安装等相关标准执行时间较早，在实践中积累了较多的管理经验。

（一）国际体育场地器材安全管理标准

1.国际运动层面科学协会

国际运动层面科学协会（International Association for Sports Surface Sciences，ISSS）成立于 1985 年，总部位于瑞士，是以研究团体和科学家为成员的独立的科学组。目前 ISSS 有 17 个成员国，团体会员 21 家，个人会员 9 名，名誉会员 5 名。2000 年中国田径协会田径场地人工合成面检测实验室（简称中田协检测室）加入 ISSS。该协会的主要工作任务包括运动层面标准的制定，运动层面设计、材料、环保、安全等方面的测试。例如，人工草坪、跑道、地板、各种球类合成面标准的制定及质量检测。ISSS 为国际田联（IAAF）、国际足联（FIFA）、国际篮联（FIBA）、国际曲联（FIH）等提供运动面层相关的科学技术依据。国际奥运会、足球世界杯等涉及场地运动的竞赛项目，其面层制造技术和性能均参照 ISSS 研讨协定的标准和规则，并接受 ISSS 成员单位（作为检测的会员单位）的技术性能检测。国际运动层面科学协会在运动层面的材料、设计、检测等方面具有丰富的经验和先进的科学技术，其专业的工作经验和科学技术对于保障青少年运动场地的安全性具有重要的意义。

2.国际运动设施生产协会

为加强学校、公园等儿童运动、娱乐场所场地器材质量的进一步监管，国际运动设施生产协会（International Play Equipment Manufactures Association，IPEMA）根据美国材料和试验协会（ASTM）的有关标准（ASTM F1487-11，ASTM F1292-13，ASTM F2075-15，ASTM F3012-14）以及加拿大有关体育场地器材的标准（CAN/CSA-Z614-14）对产品进行认证。IPEMA 是非营利性、会员制贸易组织，总部坐落于宾夕法尼亚州。其宗旨是提高儿童运动环境的安全性、环保性，以鼓励儿童多运动。经过该协会认证的产品，会让广大消费者在购买和使用时更加放心。

3. 欧洲运动娱乐场地及设备标准

欧洲制定了运动娱乐场地常规安全标准，目前使用的是 2019 年更新的 EN1176 标准，共分为九部分。

（1）EN1176-1 列明了常规安全要求和检测方法。此标准可以检查器材的材料、设计是否符合安全标准。标准要求材料的质量必须符合最高标准，设计必须符合使用者的生理和心理特征，只有确保器材设计的科学性、合理性，符合人体力学特点，器材才能进行生产。运动器材设备在生产时必须要按照制造标准严格生产过程，所采用的各种材料必须符合标准要求，严禁以次充好，或是私下更换材料。器材在设计和安装时要详细地计算冲击区域、缓冲区域、坠落高度，相关设备安装时的最小安全空间距离。

（2）EN1176-2 关于秋千的特殊安全要求和检测方法。在 EN1176 部分列出了与秋千安全有关的特殊安全要求。包括对秋千的界定、模型示例，同时提供关于地面的自由安全空间或座位的位置、稳定性、框架、悬挂点等其他相关的信息。

（3）EN1176-3 列明了关于滑梯的附加特殊安全要求和检测方法。像其他标准一样，本部分指明了与固定安装有关的滑动设备及其附件的安全要求。例如，规定禁止在滑梯面上使用金属材料。对于特殊设备而言，这是一个重要的参考，也成为了地方立法的必要参考。

（4）EN1176-4 列明了有关空中索道的附加特殊安全要求和检测方法。这一安全标准规定了适用于孩子在重力作用下移动运输缆绳质量与规格要求。

（5）EN1176-5 列明了有关旋转木马的附加特殊安全要求和检测方法。本规定只适用于直径超过 500 毫米的旋转木马，不能用于没有宣传功能的设备和由发动机启动的设备。这些特殊的旋转木马对高度、坠落区域、冲击区域、每个类型项目的旋转速度都有单独的要求。

（6）EN1176-6 列明了摇摆装置的附加特殊安全要求和检测方法。例如，跷跷板、秋千及其他类型的相关原件，他们可以由使用者发动，而且一般由围绕中心保持平衡的刚性组件组成。

（7）EN1176-7 列明了对安装、检查、维护和操作的指导。该标准是关于安装、控制、维修和保障运动场地娱乐设施运行的重要指导方针，包括辅助元件（关口、护栏和其他台面）的维修维护等。要求设备和元件的检查应该与制造商的要求相一致，详细列出维持运动空间安全的具体说明。

（8）EN1176-10列明了有关完全封闭的游乐设备的额外特殊安全要求。安置在室内或室外的封闭的运动娱乐设备，必须有单独的进口区和出口区。此外，必须提供逃生路线，坠落防护区和冲击防护，还要具备成年人帮助儿童的通道。

（9）EN1176-11列明了有关空间绳网的额外的特殊安全要求。上述标准对儿童运动娱乐区的安全进行了详细的规定，并强调减轻受伤风险的一个重要的因素是所有冲击区域使用的防护材料的质量和标准是至关重要的。

4. 其他安全管理组织的标准

美国消费品委员会、美国材料和试验协会为美国运动场地制定了严格的安全标准。美国体育场地安全计划组织（National Program for Playground Safety，NPPS），美国安全协会（National Safety Council，NSC），美国娱乐与公园协会（National Recreation and Park Association，NRPA）以及儿童健康组织（Kids Health），儿童安全组织（Safe Kids USA）也为体育场地器材安全标准的发展起到了重要的推动作用。美国娱乐与公园协会（NRPA）从1996年开始，每年轮流在美国各大城市举办一次休闲与公园设备贸易展览，让消费者参观、了解标准、安全的体育休闲与公园设备信息，目前已经成为美国最专业、最大的休闲及公园设施设备贸易协会，为众多购买单位或个人提供了专业、安全的产品购买通道。除了政府和公益组织外，美国的一些营利组织也非常关注青少年体育的安全问题。

（二）国际体育场地器材安全管理特点

1. 标准细致，可操作性强

美国公共泳池和家庭泳池的数量众多。致命性溺水伤害曾是构成美国0-4岁幼儿的第一大死因，是5-14岁儿童的第二大死因。因此美国消费品安全协会为减少儿童溺水死亡率，制定了详细的泳池安全条目[①]：（1）泳池内的水不能浑浊，泳池底要清晰可见，能够看见泳池底部的硬币；（2）泳池泵、过滤器、消毒设施、加热器要正常工作；（3）安全器材要达标，并定期检查自动体外除颤仪（AED）、救生通道、救生杆、背板（搬运伤员时可固定其脊柱，防止二次伤害）；（4）水的质量要达到国家标准（ANSI/APSP-11 2009），氰尿酸不能超过 100 ppm；（5）水的深度要明确地标出，泳池底部有斜坡时要标记清楚深度，以便游泳者能意识到危险；（6）禁止头部先入水，并要明确标出禁止跳水（头部先着水）；（7）分道线要符合标准，使用时要有人看护；（8）安装紧急救援按钮或是电话；（9）水的湿度和通风条件要符合 ACSM（American College of Sports Medicine）制定的标准，若天花板或墙上因过于潮湿而出现菌斑则视为不达标；（10）救生员的座椅和设施要能正常工作，并能观察到整个泳池，所有的设施要符合工业产品标准；（11）泳池扶梯和台阶设计要合理，要防止儿童卡夹；（12）水温要在 25.6~28.9 摄氏度（78~84 华氏度）；（13）泳池内光线要明亮，应急照明灯要安装在泳池的扶梯旁；（14）排水口的保护盖要安全；（15）提前鉴定因泳池的设计缺陷而可能引起的危险，并采取恰当的方法进行补救；（16）要系统地记录泳池每天使用情况，并备案；（17）整个游泳馆，包括更衣室和泳池每天都要有一位具有急救和心肺复苏术资格的人监管；（18）器材安全警示和使用指南要贴在器材上容易看到的位置；（19）员工要先接受器材使用的训练，并严格遵守器材安全使用指南；（20）要根据法律的规定，对泳池的设备进行及时调整。

2. 科学性强，符合发育特点

在设计或是评估体育场地的安全性能时，不仅要考虑到场地器材单个部分的安全问题，也要考虑到场地器材的整体布局。体育器材的设计、安置和维修是保障体育场地器材安全的关键环节，每一个环节都应该考虑到

---

① United States Consumer Product Safety Commission. National Electronic Injury Surveillance System（NEISS）[EB/OC].（2017-06-16）[2019-5-19].https://www.cpsc.gov/zh-CN/Research--Statistics/NEISS-Injury-Data.

使用对象的年龄、能力、智力以及社会技巧方面的差异。幼儿（6个月至2岁）、学龄前（2岁至5岁）和学龄儿童（5岁至12岁）在体格、能力、智力等方面差别巨大，体育场地器材的设计、安装必须符合相应年龄段的特征，否则容易引起不必要的伤害。器材在安置时要布局合理，明确标出使用对象的年龄、安全使用指南以及是否需要成人监护。因此，场地器材设计者要非常清楚各年龄段儿童青少年生理、心理、运动能力的特点，并在大量地投入生产前反复进行实验，以不断提高场地器材的安全性能，降低其安全隐患。

3. 标准严格，注重头部防护

美国医院急救中心每年约救治2万例与体育场地器材有关的伤害。在这些伤害案例中头部伤害的比例较高，造成的后果更加严重。有关报告指出，其所调查的2691例发生在运动场上的伤害中44%为跌落伤害，因器材断裂、翻倒、设计缺陷、安装不合理而造成的伤害达23%[①]。美国1981年版《公共运动场地安全指南》非常关注高处坠落所造成的伤害，如头部伤害，为避免坠落时造成严重伤害，该指南要求体育器材、儿童运动娱乐设施不准安置在水泥地、沥青场地及铺砌的坚硬场地上。2008年版《公共运动场地安全指南》强调的重点也涉及防止跌落造成的伤害，具体为：（1）减少器材跌落或撞击安全隐患；（2）器材周围及地面铺设保护层；（3）防止头部被卡；（4）器材的规格、功能及使用者年龄规定；（5）器材安装和维修程序规范；（6）防止器材尖锐部分对使用者造成伤害。为防止跌落伤害，美国对场地保护层的材质、厚度、弹性、缓冲能力都有明确详细的要求。如美国材料和试验协会（ASTM）对人工合成的各类草坪、塑胶场地材料标准和性能测试标准就非常系统、规范。

4. 跨部门合作，协同保障性强

因为体育场地器材的设计、生产、安装及使用所经过的环节比较多，

---

① CPSC. Handbook for Pubic Playground Safety［EB/OC］.（2016-07-08）［2019-7-17］.https://www.cpsc.gov/s3fs-public/325.pdf.

相对于其他日常设施而言其潜在的风险更高。有时单一部门能力有限，甚至有些力不从心，为了使得标准更加科学有效。国际及美国相应的体育组织会联合其他相关的体育组织共同制定不同种类场地器材的标准。如国际田联与国际运动层面协会、国际运动设施生产协会、体育与休闲设施协会等国际性体育组织合作以保障体育田径场地、各类球场表面及防护装置标准的科学性、环保性、安全性。美国消费品委员会与美国材料与实验协会、美国体育场地安全计划组织、美国安全协会、美国娱乐与公园协会、儿童健康组织、儿童安全组织共同合作，各司其职以保障青少年体育场地器材标准更符合其青年身心发展的特点。

5. 管理程序化，严控高危风险

在保障场地器材本质化安全的同时，加强对高危项目的严格检查与管理是保障青少年运动安全的另一举措。游泳是美国广大青少年喜欢的运动项目之一，因此溺水伤害也是威胁其人身安全的一个重要因素。为了降低溺水伤害的风险，美国对泳池工作人员的要求非常严格，并通过员工守则、监督制度、指导与培训，减少失职、渎职现象。具体内容为：（1）员工守则。根据国家或相关部门有关预防溺水的法律、政策制定泳池安全规则，并张贴在显著的位置，并要求工作人员遵守。（2）证书/证明齐全。救生员证、急救证、心肺复苏术资格证、泳池经营证要齐全并及时更新；（3）员工培训制度。为新员工提供工作指南和培训，对老员工也要定期重复培训；员工具备对应急事件的处理能力。（4）监督制度。监督计划要详细，涵盖所有的员工的职责、轮班和休息制度；安全检查员的签名要符合规范，字迹清晰；对于违反规则的员工要给予惩罚，以免出现严重失职；在安全问题上禁止任何员工存有侥幸心理。（5）加强指导与培训。对救生员、教练和指导员提供继续教育与培训。培训内容与工作人员的职责相符合。任何教跳水的教练或教师必须具备运动解剖和运动生理学知识，并非常清楚人体生理结构。培训内容由有经验的培训师选取，培训前对学习者的基础进行测试，培训后进行严格的考试。

（三）我国现行场地器材安全管理标准

我国编订的《中小学体育器材和场地》国家标准（标准编号：GB/T 19851-2005），经国家质量监督检验检疫总局、中国国家标准化管理委员会批准发布。该标准是我国义务教育阶段中小学体育器材配备和场地建设的规范性文件，并要求自 2005 年 10 月 1 日在全国范围内实施，全国小学、初中的体育器材、场地按照新标准进行购置、配备和建设。该标准共分为 12 部分，分别详细规定了健身器材、体操器材、篮球架、篮球、排球、软式排球、乒乓球台、乒乓球、羽毛球拍、网球拍、合成材料面层运动场地以及学生体质健康测试器材。此外，我国于 2011 年 11 月 1 日由中国标准出版社出版的《室外健身器材的安全通用要求》（GB 19272-2011）也是重要的参考标准。该通用标准由中华人民共和国国家质量监督检验检疫总局和中国国家标准化管理委员会共同发布。标准对器材的命名、材料性质、有害物质、外形和结构设计要求、器材的空间、防护装置、主要部件的静负荷能力、稳定要求、安装要求、使用寿命、环保要求、多种器材附加要求（篮球架、乒乓球台、滑梯等固定、活动器材）、残疾人器材附加要求、材料检验标准及方法、运输、管理与维护进行了较为详尽的说明。但近几年频发的"毒跑道""毒教室"等场地器材事件，说明了部分标准存在缺陷，引起了社会和教育部的高度重视。为修订标准存在的问题或缺陷，经过多方调研、论证，由教育部牵头，清华大学、国家体育总局体育器材装备中心、武汉体育学院等 26 家企事业单位，历时 2 年共同修订的国家强制标准《中小学合成材料面层运动场地》（GB 36246-2018）于 2018 年 5 月 14 日正式发布，并于 2018 年 11 月 1 日开始全国实施，原 2005 年发布的《中小学体育器材和场地第 11 部分：合成材料面层运动场地》（GB/T 19851.11-2005）即废止。新标准规定了中小学合成材料面层与场地的术语和定义、分类、技术要求、试验方法、取样要求及检验规则[①]。相较以往的标准，新的国家标准更加科学合理，不仅对合

---

① 国家标准化管理委员会.《中小学合成材料面层运动场地》（GB 36246-2018）标准［EB/OC］.［2019-07-18］.http://www.sac.gov.cn/.

成材料面层成品中的有害物质限量做了规定，对铺装时使用的非固体原料汇总的有害物质限量也做了规定。旧的国家标准对 7 项有害物质做了限量规定，新的国家标准升为 18 项，并细分为有害物质含量、有害物质释放量、气味三大类。新国标是我国体育场地器材行业一把新的标尺，有助于保障青少年体育场地器材的规范性、环保性、安全性。除了国家标准外，北京、内蒙古、河北、山东、上海、湖北、广东、新疆、云南等省市也出台了相应的运动层面标准①。

新国标较之旧国标有了更大的进步，但是标准的生命力在于执行，如要保障这些标准得以严格落实，完善的质量监管组织是必不可少的。

（四）我国场地器材安全管理标准的完善

1. 加强质检机构的执行能力，提高质检技术水平

体育场地器材安检组织的执行能力及安检水平是关系到场地器材安全标注能否真正落实的重要一环。尽管，我国《中学小学器材和场地》国家标准 5.12.2 中明确指出："器材中不应使用有毒、有害的危险材料，以免影响器材使用者的身体健康。"该标准并注明"危险材料包括：石棉（绒）、铅制品、甲醛、煤焦油（煤沥青、柏油）、苯酚（石碳酸）和聚氯联苯（PCBs）等"。但是"毒跑道"等问题仍没有杜绝。发生在北京市第二实验小学白云路分校的"毒操场"问题，以及苏州、无锡、南京、常州、深圳、上海、杭州等地"毒跑道""毒操场"事件，一方面说明市场监管不力，另一方面说明安检技术水平有待提高。报道指出有些塑胶跑道甚至是用废轮胎、电缆生产的，这使得跑道、操场可能存在极大的安全隐患和环境污染问题。但是，当地的监测机构可能无法监测出其有毒物质。例如，轰动全国的杭州外国语"毒跑道"事件发生后，几个监测机构的结果都是合格的，直到送到北京国家级监测中心才得出塑胶跑道中含有有毒化学物质的结论②。可

---

① 国家标准管理委员会.中华人民共和国地方标准备案公告[EB/OL].(2017-11-24)[2019-07-19]. http://std.sacinfo.org.cn/gnocDb/queryInfo?id=0347267DF0F51C324ACF55C69C21F8AD.
② 万宇，白银龙.健康中国背景下学校体育设施质量安全监管研究［J］.广州体育学院学报，2017，37（4）：100-102.

见，加强体育场地器材的安检能力和科学技术至关重要。学习国际管理经验，政府职能部门牵头成立相应的监理机构，出台监理标准，把专业的环保检测作为跑道、操场施工验收的标配。

2. 设立体育场地器材安检员认证制，提高安全管理水平

目前还未见我国有关器材安检员资格认证制度的相关政策。因此，全国缺乏大量专业的器材质检员、管理员。中小学器材室一般都由体育教师兼职管理。高校体育场地器材管理一般都由后勤集团管理。场地器材管理员多数都是从社会上招聘的普通工作人员，不具备专业的器材安全检查管理能力，难以做到专业的场地器材维护工作。建议我们国家也制定相应的管理制度，要求工作人员经培训合格后上岗，以加强对场地、器材的专业检查和维护，将体育场地器材的安全做到最大化，尽最大努力避免类似黑龙江齐齐哈尔某中学体育馆坍塌悲剧的发生。

3. 加大对劣质场地、器材的法律制裁力度

美国法律对伪劣产品及诚信缺失的惩罚力度非常大，一旦企业被惩罚就可能面临倒闭的巨大危险，并可能被终生限制进入相关行业，使得生产商或建设单位不敢贸然犯险。国内也有研究指出校园塑胶跑道安全防控方法与控制机制的法律化是未来的发展趋势。对从事违法生产建设的主体，应严格法律责任，加大惩处力度，并引入惩罚性赔偿机制，提高罚款额度，同时采取多种处罚手段，以遏制违法生产建设的风气[1]。教育部明确指出对于学校体育场地器材的管理以学生健康为原则，对于教育部和学校相关人员在体育场地建设过程中，因徇私舞弊、玩忽职守等造成体育场地设施不符合质量标准甚至"有毒"的相关负责人，要坚决予以严肃查处，绝不手软[2]。对相关企业加强法治管理的同时，政府职能部门要制定严格的行业准入制度，提高行业标准，将资质较差、信誉不足的相关企业排除"安全门"

---

① 丁国民，高炳巡.校园"毒跑道"的症结及法律对策研究[J].武汉体育学院学报，2016，50（11）：36-41.

② 任国平.中华人民共和国教育部有关负责人回应学校塑胶跑道质量问题：不符合质量标准的塑胶跑道要立即进行铲除［J］.人民教育，2016，14：65-66.

外。总而言之，在青少年体育场地器材安全管理方面要以政府、市场、社会相互配合的模式协同管理，既要有州政府的主导性管理，又要有市场自律，还要有社会监督①。

三、完善我国伤害监测系统

我国的伤害监测系统在全国设有 43 个监测点，共有 129 家医院参与。伤害报告流程如下：1. 伤者到医院就诊；2. 医护人员填写受伤人员信息；3. 医院部门搜集、核查伤患表格；4. 当地疾病控制与预防中心搜集、审核医院上报的伤患信息；5. 省（直辖市）疾病控制与预防中心搜集、审核各地市疾控中心上报的伤患数据；6. 中国疾病控制与预防中心汇总数、分析结果。该系统的监测结果显示，2006 年至 2011 年我国的伤害人群呈上升趋势②，这引起了国家的高度重视，随之采取了积极的预防措施，并取得了显著的效果。根据国家统计局发布的《中国儿童发展纲要（2011—2020 年）》统计监测报告，2019 年 18 岁以下儿童伤害死亡率为 11.42/10 万，比上年下降 2.7%，比 2010 年下降 49%。

鉴于我国伤害监测系统发展较晚，还存在一些问题需要改进，如数据的准确性、时效性以及管理的完善性等问题。此外，相对于国外的伤害监测系统，我国的伤害监测系统开放性稍显不足。在中国疾病预防控制中心的官网上没有发现伤害监测系统的专栏，关于伤害评估报告也没有对运动伤害的报告。我国各项体育事业正在蓬勃发展，体育伤害的数量将会大量增加。建设高效率的数据监测系统对于监测伤害的发生，分析伤害的特征至关重要，希望我国的伤害数据监控系统能为更多的政府部门和科研工作者使用，共同努力降低我国体育伤害及其他伤害的发生率。

---

① 刘丽华，高飞 . 健康中国视域下我国校园毒跑道治理研究 [J] . 体育文化导刊，2017，（9）：20-24.

② DUAN L L，DENG X，WANG Y et al. The National Injury Surveillance System in China： A six-year reviw [J] .Injury，2015，26：574.

四、制定全国青少年运动安全指南

美国为应对儿童青少年运动风险，制定了《公共运动游乐场地安全指南》和《家庭运动游乐场地安全指南》，以指导公众如何识别、评估、预防、应对常见的运动风险，提高了大众的运动安全意识，降低运动风险事故的频次及危害。我国学者虽然有关于运动安全的研究，如杨忠伟、李豪杰撰写的《运动伤害防护》，沈洪主编的《学生运动安全手册——教师用书》，陈佩杰主编的《学生体育运动安全管理手册》等著作为体育教师和高年级学生提供了一定安全指导。但是，对于大众和低年龄儿童而言专业性过强，另外不足之处是这些著作主要针对具体的运动损伤而提出预防措施，对于场地器材的安全隐患以及识别方法没有告知。因此，国家有必要协同政府、科研机构或院校、社会等共同地研制适合我国国情而又具有推广性的"运动安全指南"，以供学校、家庭、社会参阅。

五、开展全国运动安全教育

美国为应对严重的儿童青少年运动伤害问题，于 2012 年开始"儿童伤害预防国家行动计划"，联合儿童健康专家、流行病学、伤害预防研究者、通讯专家等多个行业的人才参与，并组织大学、政府机构和非政府机构一起实施该计划。呼吁社会组织、家长共同参与，开展适合当地儿童青少年的运动安全计划。通过数据收集、伤害监控、科学研究、信息交流、教育培训、监控机制与护理、法律法规等规范性文件，加强对儿童青少年伤害的治理。以此，提高政府、学校、家庭、社会对伤害的共同认知，达到同频共振的协同效果。如为切实做好儿童防溺水工作，泳池安全组委会于 2010 年实施了泳池安全计划，经过 10 年的不懈努力，美国儿童致命性的泳池溺水事件下降了 17%[①]。

---

① United States Consumer Product Safety Commission. New CPSC Report： Fatal Drownings in Pools Involving Young Children Decreases By 17 Percent Nationwide Since 2010 [EB/OC] ． [2019-5-6] （2021-04-23）.https：//www.cpsc.gov/Newsroom/News-Releases/2017.

我国体育事业正处于快速发展的上升期，被视为提升国民健康、促进健康老龄化的重要措施，健康中国体育强国是国家的重要战略，更是"十四五"时期的重要工作。习近平总书记对体育的重要性更是多次作出指示。2016年会见第31届奥运会中国体育代表团时，习近平总书记提出，"体育是社会发展和人类进步的重要标志，是综合国力和国家软实力的重要体现'发展体育运动，增强人民体质'是我国体育工作的根本任务"[1]。2019年，会见国际奥委会主席巴赫时，习近平总书记指出"全面健身运动的普及与国际体育合作的程度，也是一个国家现代化程度的重要标志"[2]。2018年，出席全国教育大会时，习近平总书记指出"要树立健康第一的教育理念，开齐开足体育课，帮助小学生在体育锻炼中享受乐趣、增强体质、健全人格、锤炼意志"。习近平总书记的讲话内容充分彰显了国家政府和领导人，发展全民体育事业的决心和信心。全民健身运动不仅要学会如何健身，还需要学习如何预防运动风险。借此时机，在全国范围内开展运动安全计划是十分契合社会需求和人民需要的。国家可以借助各级政府、各级学校、社会组织，共同拟定全国运动安全计划，提高公众的运动风险认知，达到全国上下、家校一体的运动安全教育目的。

（一）普及运动安全教育，加强风险防控能力

威格尔沃思（Wigglesworth）指出，某个事故原因构成了所有类型伤害的基础，这个原因就是"人失误"。隋鹏程等人[3]提出的新多米诺骨牌理论也指出安全管理工作的中心是防止人的不安全动作，"防止事故的着眼点，应集中于设法消除不安全动作，使系列中断，则伤害便不会发生"，并且认为："人为的失误常常是事故的直接原因，它是问题的中心。控制事故的方法也必然针对人的失误，包括防止管理者失误，加强工人的安全教育和培训。"

---

① 任鹏博，张健，张建华，等. 习近平新时代体育强国思想的核心内涵、价值指向与实践特质[J]. 南京体育学院学报，2020，19（11）：1-6.

② 《体育与科学》编辑部. 从体育救国到健康中国、体育强国的发展之路——中国共产党建党100周年体育大事记[J]. 体育与科学，2021，42（01）：30-33.

③ 隋鹏程，陈宝智，隋旭. 安全原理[M]. 北京：化学工业出版社，2005：55-58.

在安全科学中，安全教育被认为是防止人的不安全行为的重要途径。教育策略也是美国安全运动行动的重要措施，认为"教育是绝大多数公共健康的基石。通过教育告知公众潜在风险和安全措施，帮助公众养成安全行为"。

我国党和政府十分重视安全教育。2021 年 3 月教育部印发了《关于做好 2021 年中小学幼儿园安全管理工作的通知》，要求"进一步加强安全教育工作，统筹用好国家和地方教育资源，将安全教育贯穿于学校教育教学各个环节"，强调"积极构建学校、家庭、社区协同育人机制"，最后指出"进一步推动家长落实监护责任，提醒家长切实履行好学生看管监护责任，严防离校期间出现监管真空。重点强化对家长预防学生溺水工作"[①]。《义务教育体育与健康课程标准》在义务教育阶段的每个学习水平上都增设了"增强安全意识和防范能力"的学习目标。例如，水平一的目标是"注意穿着合适的运动服装上课，运动前做准备活动，在规定的场地内活动，合理正确使用体育器材"[②③]。水平二、水平三、水平四则分别对"自我保护和相互保护知识、消除体育活动中安全隐患的方法、预防中暑"；"初步掌握运动损伤及常见意外伤害的预防与简易处理方法"；"比较全面地掌握安全运动、保护他人和自我保护的方法"提出了目标要求。《普通高中体育与健康课程标准》规定"掌握并运用安全运动、预防常见运动疾病和突发事故、消除运动疲劳的知识和方法，如心肺复苏、溺水救护等知识与技能；预防和简单处理骨折、扭伤、肌肉拉伤、运动性晕厥、运动性哮喘、运动性腹痛等知识方法"为高中阶段必修必学内容[④]。

体育与健康课程标准已为学生安全运动知识和能力的培养指明了目标，关键问题是能否在学校体育工作中真正落实。因此，王子朴呼吁"在学校体育活动中，要变零星式安全教育和被动防范教育为系统性全方位的安全

① 王小令. 幼儿角色游戏材料投放的误区及改进策略［J］. 儿童与健康，2021（3）：36–37.

② 中华人民共和国教育部. 义务教育体育与健康课程标准［M］. 北京：北京师范大学出版社，2020：12.

③ 汤万松，周庆元. 叶圣陶体教修身思想浅析［J］. 湖南社会科学，2015（2）：219–222.

④ 中华人民共和国教育部. 普通高中体育与健康课程标准［M］. 北京：人民教育出版社，2020：17.

教育"。但是，在安全运动教育开展中也存在现实的难题。徐美贞[1]提出"开展安全教育工作的一大难点是教师缺乏必要的安全知识和技能"。刘艳虹等人的调查表明，教师的主要困难是"安全教育资源不足"和"学生对安全问题不重视"。姚云建议开展学校安全教育要做到：1.细化安全教育内容；2.让学生掌握安全教育的实际技能；3.有针对性地开展安全教育；4.以学生乐于接受的方式开展安全教育；5.以单独设置课程并结合课程渗透方式进行安全教育。

国家对于防溺水教育是极度重视的，2020年7月3日，国务院教育督导委员会办公室部署开展"教育防范学生溺水专项行动"，提出各地各校要落实好"五个方面"的行动，确保每一个学生都能牢记防溺水"六不"要求。通过校内校外并举，教育防护并重，严管监督并行，有效减少学生溺水事件发生。并强调，教育防范学生溺水专项行动将纳入2020年度对省级人民政府履行教育职责评价。国务院教育督导委员会办公室曾在过去几年多次发布预警，防范学生溺水事故发生，强调"要灵活开展预防溺水安全教育，将工作重心切实转移到预防上来。要健全突发事件应急管理机制，完善、细化溺水应急处置预案，做到分工明确、责任到人、常备不懈，确保一旦发生险情，能高效开展救援及处置工作"[2]。暑期一般是溺水事故多发时期，学校一般会通过书面或是网络的形式开展"不准私自下水游泳、不准擅自与他人结伴游泳"等防溺水"六不"宣传[3][4]。此外，有些学校和当地教育主管部门通过电视节目等方式邀请治安民警、相关专家向家长、群众讲解预防溺水安全常识，切实提高学生的避险防灾和自救能力。

---

[1] 徐美贞.中小学教师对学校安全教育工作的认知态度［J］.教育科学研究，2005：32-35.

[2] 中华人民共和国教育部门户网站.国教育部发布防范假期学生溺水事故预警将防溺水工作重心切实转到预防上来［EB/OL］.（2016-08-05）［2018-10-08］.http：//www.moe.gov.cn/srcsite/A11/s7057/201705/t20170527_305964.html.

[3] 刘宜海.农村中学防溺水安全教育及对策研究［J］.教育界，2021（5）：12-13.

[4] 乔薇，滕怀强，鹿元飞等.10位大学生村官呼吁：担负起让农村少儿远离危险的责任［J］.党建，2012（7）：44.

（二）加强体验式教育，提升学生安全运动能力

国家对于溺水事故高度重视，并通过教育部官方网站多次发布预警。这对于提高各省市教育厅、各级各类学校的防范意识和指导工作的开展至关重要。在落实国家要求，面向中小学生开展运动安全教育时，应尽可能地发挥现代科技的力量，创新安全教育手段，增多体验式教育。健康教育与健康促进常用的行为改变理论为"知信行"理论。"知信行"（Knowledge，Attitude，Belief，Practice，KABP 或 KAP）是西方学者 20 世纪 60 年代所提出的行为理论模式，这一理论提出了知识、信念、态度和行为实施之间的递进关系模式，即知识→信念→态度→行为实施。而使知识转为能力的关键是体验，尤其是对于低龄儿童，体验式的教育方式效果优于说教式的教育方式。

澳大利亚是四面环海的国家，引发其国家突然死亡事件的原因中，溺水身亡排名第二，为了减少青少年溺水身亡事件，该国十分重视游泳教育和救生教育普及。该国儿童刚刚出生不久后就接受游泳训练。许多学校要求学生必须学会四种泳姿，还从游泳尖子中挑出专门人才，进行水上救生的培训[1]。通过训练的青少年可以去浅滩享受游泳或戏水带来的欢乐。有研究资料显示，澳大利亚把水域安全教育纳入到学校教育规划后，溺水死亡率大幅度地降低了，"5—14 岁儿童的溺水死亡率从 19 世纪 70 年代超过 3.0/10 万的水平降低到了 2002 年的 0.8/10 万"[2]。

美国的家庭游泳池和社区游泳池十分普遍，因此美国也十分重视游泳教育。美国健康研究所的一项报告表明，接受了正式游泳课训练的孩子，溺水死亡的比例大幅度降低。美国健康研究所的报告指出："少年儿童上游泳课的年龄越早，保护性效果越佳，溺水死亡事件发生率也大大降低。"水上救生专家也强调，热爱游泳运动的孩子一定要牢牢树立"多上课、少丢命"的信念。

---

[1] 刘国栋，张文华.游泳安全从娃娃抓起 [J].游泳，2010（2）：27.
[2] 郭巧芝.广东省连平县小学生溺水健康教育干预近期效果评价 [D].广东：暨南大学，2010：6.

（三）借助现代科技力量，创新安全教育手段

美国很多家庭都有泳池，因此泳池安全的重要性不言而喻。美国消费产品安全协会（CPSC）为了加强对儿童青少年的安全教育，自2010年实施了泳池安全计划。美国泳池安全计划充分借助于现代媒介及通信软件对儿童青少年进行防溺水教育，通过网站上的教育视频和活动帮助孩子学习游泳安全知识、游泳安全技巧、游泳安全歌曲、游泳安全誓言等。游泳安全计划委员会组织开发了一款安全游戏（App）—Adventures of Splish & Splash，帮助家长加强对儿童的游泳安全教育。

教育部《防范假期溺水事故的预警通知》要求"明确重点，灵活开展预防溺水安全教育"，并指出借助新闻媒体、广播电视、微博、微信等开展防溺水"六不"宣传。中央电视台也曾经做过防溺水的公益广告，提示儿童去游泳时要有成人陪伴。除了这些媒介外，还可设置专门的防溺水教育网站，系统地向家长、儿童提供防溺水的技巧。教育部也建议针对儿童的心理特点和认知能力，为我国儿童开发公益性的防溺水教育游戏软件。通过儿童乐于接受的学习形式，提高防溺水教育效果。

对于室内游泳池可以加强科技预防力量。美国有些科技公司在1987年前研发了防溺水报警系统。防溺水报警系统的功能是监测水纹波动，一般分为三类：第一种是置于水面；第二种是置于水中；第三种类似于腕表可以戴在儿童手腕或脚踝上。以上三种监测器监测到水纹异动时，会向遥控报警接收器发出警报。据美国消费品安全委员会的调查显示，美国每年售出24,000套防溺水报警系统装置。

六、完善体育师资培养计划

美国的运动场地器材安全检查员、运动伤害防护师对于场地器材安全风险的防范和伤害的及时救治至关重要。我国可以将这些经验纳入体育师资培养计划中，提高体育师资识别风险、应对风险的能力。目前有些体育院校已经意识到该问题的重要性，并在尝试将急救知识列入培养计划。例如，

S大学体育学院在专业见习周，聘请红十字会的专业培训员用一天的时间（8个学时），为大三年级体育教育专业的学生提供急救知识和技能培训。学生在培训员的指导下，借助于教具练习心肺复苏术操作方法，然后学习常见运动伤害的包扎和应急处理方法，培训结束后接着进行急救知识的考查，考试合格的学生由红十字会颁发红十字救护证。经过培训后，学生对于急救知识和方法有了充分的理解，提高了运动风险的应对能力。对于今后走向教育工作岗位大有益处。因此，呼吁国家将红十字救护证作为体育教师必备的上岗条件之一，以提高全体一线体育教师的运动风险事故的应对能力，减少运动性伤亡率。

随着健康中国战略的逐步推进，各部门也在努力落实健康教育工作。2020年，中国红十字会总会和教育部联合下发——《中国红十字会总会教育部关于进一步加强和改进新时代学校红十字工作的通知》（中红字〔2020〕24号）就全面做好学校红十字工作作出要求，提出"积极开展红十字应急救护培训，把学生健康知识、急救知识，特别是心肺复苏纳入教育内容，培训培养急救教育教师，开发和拓展红十字应急救护课程资源"，并对小学阶段、中学阶段、大学阶段的重点学习内容进行了分类。

七、建立健全第三方协调机制，削弱信任危机

当前，学校体育伤害事故若处理不当，一经报道，往往会引起各种不好的舆论。为避免学校与家庭出现矛盾升级，应大力提倡第三方协商调解机制，协助学校体育伤害事故的处理。第三方协调机制有助于减少校方与受伤方的接触频率，有益于控制，甚至降低矛盾升级，削弱学校与家庭间的信任危机。成立协商与调解机制亦符合国家体育安全事故处理政策。教育部等五部门提倡"教育部门会同司法行政机关推进学校安全事故纠纷调解组织建设，聘任人大代表、政协委员、法治副校长、教育和法律工作者等具备相应专业知识或能力的人员参与调解"。例如，上海市政府牵头的课题研究结果表明，可以用两种方式引入社会组织作为第三方，介入比较难处理的校园运动伤害事故：一、借助于现有的医疗纠纷调解委员会，并

加入体育专业人员和家长代表；二、以政府购买服务的方式建立一个专门处理校园体育运动伤害事故的机构。

综上所述，学校体育伤害事故的处理涉及校方、家长、学生和社会，包括医疗、法律等多方因素的综合问题，如何通过教育减少事故发生，并且以客观、科学、合法、有效的方式处理事故是当前预防和处理学校体育伤害事故的关键。

第二节 学校的主管职能

一、完善学校体育风险管理制度

《中华人民共和国义务教育法》规定学校应当建立、健全安全制度和应急机制，并要求县级以上地方政府定期对学校校舍安全进行检查、维修。为加强各级各类学校体育运动风险防控工作，保障学校体育工作健康有序发展，教育部于 2015 年印发了《学校体育运动风险防控暂行办法》（教体艺〔2015〕3 号）。《学校体育运动风险防控暂行办法》（简称《办法》）是目前我国针对学校体育运动风险管理的专门性文件。由于以往有关学校安全政策的文件中，没有针对学校体育运动安全风险管理的专门性文件，对于如何防范体育运动伤害事故以及发生伤害事故后如何厘清职责、如何处理等也不够清晰。基于以上原因，很多地方和学校尤其是中小学，为避免发生体育运动伤害事故，往往采取减少或取消体育活动、降低体育项目难度等妥协措施，来维护学生安全。该《办法》的出台，为学校有序、健康地开展学校体育工作起到了"松绑"作用，为学校建立风险管理制度、规范学校体育运动各环节的风险控制提供了基本依据。

各级各类学校应以《办法》为指导纲领，创建本学校的体育运动风险管理制度；增强学校的体育风险应对能力；降低学校被投诉的风险和经济压力；减轻一线体育工作者的思想负担；为学生创建安全的运动环境；降低学校体育伤害事故的发生率。完善的学校体育风险管理制度对于控制风险以及风险发生后的及时应对至关重要。风险管理是国外很多校园俱乐部降低法律责任的关键，通过风险管理对潜在风险进行分析和预防，以便于形成合法、安全的操作程序，以利于创造一个安全的运动环境。

（一）成立体育风险管理组织体系

成立学校体育风险管理小组（见图3-1），并通过例会识别和评估学校的体育风险情况。学校体育风险管理小组主要负责下述工作：第一、制定学校伤害事故应急预案，确保学校体育伤害事故处理流程规范，方案完善。第二、完善风险防范制度及重大安全事故信息监测报告网络，对可能存在的风险加以监控。第三、改善师生安全教育培训措施，提高实操能力。政

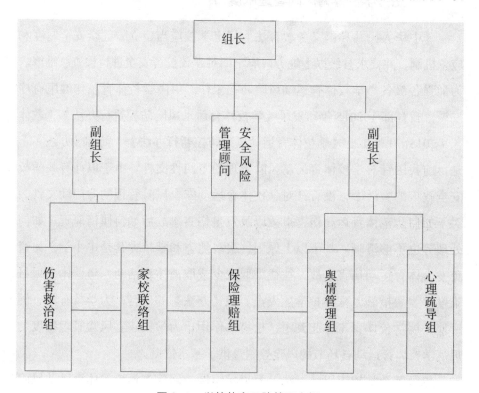

图3-1　学校体育风险管理小组

府及学校对师生的安全教育培训十分重视,但不足之处是缺乏必要的实操训练。如心肺复苏术对临场救治极为重要,但很少有体育教师受过专门培训,容易错失宝贵的救治时间。第四、做到四个迅速,"迅速送治,迅速调查,迅速通知家长,迅速向相关部门汇报"。第五、协助做好保险理赔工作和安抚工作。在事故应急处理中,学校和老师要保持冷静、沉着和积极主动的心态,秉持合法、公正处理的原则,协助做好后续工作。

学生一旦出现严重的运动伤害,学校要迅速采取应急预案,让学生尽早得到有效的治疗,使事故后果控制在最小的范围内。因此,学校应具备切实可行的突发事件应急管理制度,包括领导小组的设置以及物质、经费保障制度。领导小组的设置是学校体育伤害事故处理的人员保障;物质和经费制度是学校体育伤害事故应急处理的物质保障。有的学校规定若发生突发伤害事件,校医可以在 24 小时内调用校内车辆,并可以直接到财务处预支经费,以保障将受伤严重的学生在最短的时间内送到医院。与此同时领导小组还会及时通知家长,以使家长在第一时间了解学生的伤情或病情。学校应与 120 急救指挥中心、附近医院建立应急服务机制,应急领导小组、班主任、体育教师熟知应急医务电话,一旦出现事故由第一发现人迅速告知应急领导小组或是直接拨打应急医务电话。为便于其他人协助联系医务人员,可以将应急医务电话张贴在体育场馆、场地明显的位置处。

(二)建立学生健康档案制度

魏勇[1] 提出:"无论从学生健康角度而言还是从学校管理角度而言,建立健全完整的健康档案,都是确保学校正常教学秩序,提高学生体质,预防意外伤害的重要保证。"学校应重视预防学生因运动禁忌证 而引起的体育风险事故。学校应在新生入学前给家长发放学生健康调查表(信息包括学生的监护人的联系方式、工作单位、学生有无运动禁忌证等),给每位

---

[1] 魏勇 . 重视学生体格检查,建立健全学生健康档案以确保学校体育安全 [J] . 体育教学,2008,(2):69.

学生建立健康档案。学校在调查清楚每个学生的健康状况后，把患有运动禁忌证的学生告知其班主任及任课体育教师，以便体育教师在安排教学内容时能做到心中有数，避免让患有运动禁忌证的学生参与不适宜的运动项目。

随着区块链技术的日益成熟，学校可以利用区块链技术与医院健康大数据进行对接，建立学生健康档案数据库，为教师了解学生的体质健康状况提供途径，有利于及时发现不适合进行某项体育运动的学生，减少由于学生健康状况不良引起的学校体育运动风险。为了增强学生对于数据库的信任，充分保护学生的个人隐私，可利用区块链单向加密及分布式记账的技术特点创建学生健康档案区块链。在内部安全方面，学生对于自己的健康信息拥有独立管理的能力，每次对学生健康信息进行查看时都必须经过本人同意，最大程度地保障了每一位用户的隐私。区块链技术保障了数据的不可篡改性，很大程度上为健康数据进入系统后的溯源和监管提供了便利，教师不用验证学生健康状况的真实性，双方在相互信任的基础上进行信息交流；在外部安全方面，区块链作为一种可信的算法，加密方式难以破解，能够保证每个学生健康信息的安全。

（三）健全运动伤害心理疏导机制

学校体育伤害事故不仅对学生的身体造成了巨大的伤害，对学生、家长和体育教师的心理也造成了不同程度的影响[1]。因此，在事故发生后，进行一定的心理疏导是十分必要的。若影响相对较轻时，可采用慰问、安抚的形式进行一些疏导，调节和舒缓情绪；若有一定心理负担时，心理辅导老师可进行针对性的心理辅导和治疗；若事故造成的心理影响较严重时，需到专业机构进行心理指导和治疗，以帮助快速恢复心理健康。

（四）筹备运动伤害专项救治基金

专项基金作为推动学校保障体系完善的重要方式之一，有助于解除学

---

[1]　申德峰.中学学校体育伤害事故责任认定及赔偿问题的研究［D］.华东师范大学，2006：2.

校的后顾之忧。筹备途径有二：一是学校通过各种渠道募集资金，设立伤害事故专项基金，以应对突发伤害事故后对学生的紧急救助[①]。二是由各地教育局、保险公司等联合筹备体育运动伤害专项基金，吸纳学校加入，形成"保险赔付为主，基金补贴为辅"的赔付机制，用于解决学校伤害事故"赔付难"，学生"保障低"的困境。例如，2016 年上海市教委提出了建立上海市学校体育运动伤害专项保障基金的设想，中国人寿上海市分公司积极响应，为此项公益性基金进行承保。此项基金有几大亮点：一是不涉及责任，不管是学校责任还是学生责任，只要发生意外，则进行保障；二是保障范围全面，但凡学校组织的体育活动，不分校内校外，不分活动形式，均给予保障；三是规范管理，"以支定收"是基本理念，学校每年为每个学生缴纳 2 元，基金配合校园保险的实施，学校自愿参加，基金每三年进行一次评估和调整。此举得到了多方的支持和配合，作为全国学校体育伤害专项基金的首创，开启了体育风险转移的另一扇大门。

（五）完善校园体育安全监控措施

有律师指出，"证据固定难"是学校体育伤害事故的真实写照，即学校体育伤害事故发生后，难以固定证据，难以还原现场。这无疑加大了校园安全事故责任认定的难度。为解决该难题，可以在学生集中活动区域安装摄像头，当事故发生后，造成伤害的原因一目了然，更容易让人信服。监控设备不仅有利于固定证据，也便于伤害事故的责任认定。

二、规范学校体育风险管理程序

完善的学校体育风险管理程序是执行学校体育风险管理制度的关键一环，因此应拟定合理的学校体育风险管理程序。建议根据各校的实际情况，制定相应的风险管理程序。一般而言要包含以下几个环节：

---

① 刘河旺，李建波.学校体育伤害事故风险管理的实践研究——以武汉地区高校为例［J］.赤峰学院学报（自然科学版），2011，27（3）：124-127.

1. 成立风险管理小组，遴选风险管理负责人——以校长为第一负责人，以主抓学校体育为主的副校长为第二责任，以体育教研室主任为第三责任人，以体育教师、班主任、校园安全风险管理顾问为风险管理小组成员；

2. 分析风险管理的关键对象。学校体育风险管理的关键对象是学生的不安全运动行为以及场地器材的安全状态；

3. 分析校园体育风险内容——学生自身风险、场地器材风险、运动环境风险、运动项目风险、第三者风险等；

4. 鉴定风险——综合考虑可能会发生哪些危险，设想发生的原因以及发生的过程；

5. 评估风险——设想风险事故发生后可能导致哪些后果，是否会导致人身损害、经济损害或者教师或学校的声誉损害，事故的严重程度如何，能否承受；

6. 设计风险应对策略——通过场地器材安全检查制度、运动项目安全检验、学生体质筛查、运动安全教育等方式降低可预判的风险，通过购买保险转移不可预判的体育风险；

7. 与管理者就风险管理策略进行沟通——风险管理策略的关键在于实用性，风险管理的制定者应与风险管理的实施者就风险管理策略的科学性、可行性进行沟通交流；

8. 将学校风险管理计划纳入学校会议的议程——风险管理策略应形成计划，并定期在学校会议上进行讨论，以加强其科学性、合理性及实用性；

9. 监督学校体育风险管理的实施情况，并根据需要进行修订——应由校委会成立学校体育风险管理计划监督小组，以监督学校体育风险管理计划的落实情况，减少风险管理计划重形式轻实施的现象，切实落实风险管理计划，保障学生的体育运动安全。

三、完善学校体育风险管理策略

（一）通过购买保险合理转移风险

1.学校积极购买校方责任险，合理分割责任风险

保险是常用的风险管理工具，有助于降低学校和学生的经济负担，减轻体育教师的思想压力。校方责任险有利于防范和妥善化解各类校园安全事故责任风险，解除学校、家长的后顾之忧，保障广大在校生的权益，避免或减少经济纠纷，减轻学校办学负担，维护校园和谐稳定。随着社会的发展，商业保险在教育中的价值也日益凸显。为进一步提高学校的风险应对能力，降低学校的风险负担，2002年9月《学生伤害事故处理办法》（教育部令第12号）第三十一条指出"学校有条件的，应当依据保险法的有关规定，参加学校责任保险。教育行政部门可以根据实际情况，鼓励中小学参加学校责任保险。提倡学生自愿参加意外伤害保险"。为建立和完善校园意外伤害风险管理机制，中华人民共和国教育部、财政部以及中国银行保险监督管理委员会（现国家金融监督管理总局）发布的《关于推行校方责任保险完善校园伤害事故风险管理机制的通知》（教体艺〔2008〕2号），决定在全国中小学推行意外伤害校方责任保险制度。为了降低体育运动风险对学校体育工作的束缚，《学校体育运动风险防控暂行办法》第四章第22条明确提出"教育行政部门和学校应当健全学生体育运动意外伤害保险机制，通过购买校方责任保险、鼓励家长或者监护人自愿为学生购买意外伤害保险等方式，完善学校体育运动风险管理和转移机制"。

《关于推行校方责任保险完善校园伤害事故风险管理机制的通知》就投保范围、责任范围、赔偿范围、经费保障、责任限额进行了说明。投保范围包括由国家或社会力量举办的全日制普通中小学校（含特殊教育学校）、中等职业学校；责任范围包括校方责任保险基本范围，包括因校方责任导致学生的人身伤害，依法应由校方承担的经济赔偿责任。赔偿范围由各省、自治区、直辖市应参照《最高人民法院关于审理人身损害赔偿案件适用法律若干问题的解释》规定的项目，结合当地实际情况确定校方责任保险赔偿范

围。义务教育阶段学校投保校方责任保险所需费用，由学校公用经费中支出，每年每生不超过 5 元，其他学校由省市、自治区、直辖市参照《中共中央、国务院关于加强青少年体育增强青少年体质的意见》（中发〔2007〕7 号）的精神，制定相关办法。并要求各省级教育行政、财政部门和保险监管机构制定本行政区域实施校方责任保险制度的政策和办法。校方责任险有助于减轻校方负担，但对于学校无责任引起的学生伤害则无法赔付。因此，应当针对学生的特点开发相应的学生保险。

校方责任险不足之处是难以应付高额的赔付金，为弥补其不足，建议适当购买一些特别险：一是场地器材保险，当学校体育伤害事故发生在运动场地内，该保险可以提供一定的经济保障。如有些地区的学校购有场地险，可赔付场地设施缺陷而引起的伤害。如今部分保险公司也推出了场地险。二是赛事活动险，用于赔付赛事过程中发生的伤害事故。大型保险公司一般都有售有业余运动赛事险。这些类型的保险可以在线上购买，而且可以按天售卖，购买起来非常方便。三是教师责任险，为了缓解当前体育教师压力大的现状，可推出教师责任保险。当学生遭受重大伤害或死亡而教师需要进行赔偿时，配合校方责任险等险种的使用，为教师提供基础的保障，减轻体育教师的压力。

2. 鼓励学生积极购买保险，恰当获取医疗保障

随着社会的进步，经济的发展，很多家长购买保险的意识也越来越强。但是，也有不少家长担心买保险容易，理赔难。学校可以设立专门的部门或是请专业人士辅助家长处理理赔事宜，协助家长与保险公司进行沟通，尽可能地消除家长的疑虑、困惑。学校可以向家长提供社会信誉良好，保险额度高的保险公司和保险品种，建立起家长对保险公司的信任。

对美国、日本的家长进行访谈时，发现美国、日本民众保险购买意识比较高，体育保险购买率也非常高，学生普遍都有保险。美国学生体育运动俱乐部为学生购买的保险种类一般有：公共责任保险，个人意外险，教练或工作人员责任险，职业健康与安全险，工作人员赔偿金，财产险。通过风险分析，鉴定出可转移给保险公司的风险有：因疏忽而发生的人身伤害险，因疏忽而由第三方造成的风险，教练或是教师因失职而造成的风险，

教练或教师人身风险，学校财产损失风险。购买保险时要注意以下几项：保险覆盖的内容有哪些，哪些不在保险范围内，保险对象是谁，保险起止日期，保险覆盖的地点，保险的保额是多少，保险理赔渠道。例如，美国学校购有学区险，家庭购有医疗险。学区险用于支付非教师责任而产生的诉讼费等费用，若是教师责任导致的伤害，则教师自己承担费用，美国家庭保险用于支付学生自身责任而产生的医疗费用。

日本家庭购有国民健康险或厚生险，孩子（一般不大于 15 岁，各个城市年龄规定不同）看病医疗费全免，即使是成人治疗也只要支付医疗费的30%。日本的高等院校、幼儿园、保育所等都购有保险。根据日本的保险政策，运动引起的突然死亡赔偿 3000 万日元（若是上学途中死亡赔偿 1500 万日元），非运动情况下的突然死亡赔偿 1500 万日元（上学途中死亡也是赔偿1500 万）。充足的赔付金为学校和家庭提供了足够的资金保障。

我国面向学生的保险有医疗保险（城镇居民医疗保险或农村合作医疗）、学平险或意外伤害保险，此类保险均由家长自行替学生选择是否参保。医疗保险主要保障因疾病而产生的部分费用，而学平险或意外伤害保险则更趋向于赔付由于意外而造成的部分损失，两者相辅相成。此外，应针对学生不同的需求，形成多方位、多层次的学生保险体系：（1）运动训练保险，确保特长生在训练中出现意外伤害事故后能获得足够的医疗费用于治疗伤病；（2）体育赛事险，作为比赛期间对学生提供的充分的经济担保；（3）专项保险，以保障具有身体对抗性项目的正常教学。如保游网售有青少年活动、运动赛事、综合户外等类型的保险。人保财险则售有运动意外险，其中包括高风险运动险、青少年球类运动险。

（二）签订运动安全协议书，风险提前告知

美国在暑假期间会为中小学生组织各种各样的夏令营互动，为了提升学生安全运动意识，强化自我保护能力，达到安全运动、减少伤害纠纷的目的，各组织单位都会要求学生签署运动安全协议书。例如，美国佐治亚大学（University of Georgia）为中小学生举办的篮球夏令营活动的协议书长

达 9 页，协议内容分为 5 类：参与人知情同意书、行为守则、医疗授权书、免除责任和不起诉协议、照片和录像媒体发布授权书。

1. 参与人知情同意书（见表 3-1）

表 3-1　参与人知情同意书

<table>
<tr><td colspan="2" align="center">参与人知情同意书</td></tr>
<tr><td colspan="2">夏令营信息</td></tr>
<tr><td colspan="2">名称：_____日期：_____地点：_____</td></tr>
<tr><td colspan="2">参与人信息</td></tr>
<tr><td colspan="2">姓名：</td></tr>
<tr><td colspan="2">地址：_____州_____城市_____邮编_____</td></tr>
<tr><td colspan="2">手机：_____出生日期：_____性别：_____</td></tr>
<tr><td colspan="2">紧急联系人</td></tr>
<tr><td colspan="2">至少要填写 2-4 个紧急联系人。每个联系人都能电话通知到，并且当紧急情况出现后，若父母或监护人无法联系到，其他联系人具有代替父母到达活动现场，并带孩子离开的权利。</td></tr>
<tr><td colspan="2">姓名 1：_____关系：____手机：_____单位电话：_____</td></tr>
<tr><td colspan="2">姓名 2：_____关系：____手机：_____单位电话：_____</td></tr>
<tr><td colspan="2">姓名 3：_____关系：____手机：_____单位电话：_____</td></tr>
<tr><td colspan="2">姓名 4：_____关系：____手机：_____单位电话：_____</td></tr>
</table>

2. 未成年人行为守则

此行为准则是为保障在佐治亚大学参加该活动的所有参与人的安全与健康。此准则适用于所有的参与人，包括未成年人、未成年人父母以及志愿者，见表 3-2。

表 3-2　未成年人行为守则

未成年人行为守则

参与人姓名：

父母／监护人姓名：

夏令营名称：

要求：

（1）遵守夏令营的规则与指南以及有关此次活动的特殊要求。

（2）遵循夏令营工作人员所下达的所有的指令与指示。

（3）行为要有礼貌，尊敬同伴、父母、志愿者、工作人员以及其他人员。不论何时语言和行为举止要得当。

（4）遵守当地、州或是联邦的法律。

违反此行为守则会受到一系列纪律处罚。为保障所有参与人员的人身安全与健康，有时会采取一些行为纠正措施。当参与人员违反此规则时会受到纪律处罚，情节严重的会被终止参加此次夏令营，禁止参加以后由佐治亚大学举办的所有夏令营。

确认与同意

我已经阅读了此行为守则并遵守所有条目。我知道若违反此守则可能会导致被禁止参加夏令营，由此造成的一切损失由个人或父母（监护人）负责。违反守则后的惩罚决定由夏令营组织者决定。

参与人签字：_____ 日期：_____

我已阅读并理解此行为守则，并确保我的孩子遵守此守则。此外，我理解并同意当孩子违反守则时会被终止参加该夏令营，由此造成的经济损失由我负责。

父母／监护人签字：_____ 日期：_____

3. 医疗授权书

（1）参与健康情况表

参与人向夏令营组织方报告个人健康状况属自愿行为，但是提前报告参与人的健康状况有助于在其受伤或生病时给予恰当的救治。相关问题包括：

参与人是否存在一些健康问题需要避免参加一些活动或是夏令营工作人员需要注意的问题？

您的孩子是否需要其他帮助以便于安全地参加夏令营活动？

您的孩子在参加夏令营活动期间是否需要服用一些药物？如果需要，请完成以下表格（表3-3）。

表3-3　参与健康情况表

参与人姓名：	出生日期：
地址：	邮编：
家庭医生姓名：	家庭医生联系方式：
医疗保险公司：	保险号：
过敏史（食物、昆虫、植物等）：	

（2）医疗照顾授权书

家长若授权组织方医疗照顾权，则要填写医疗照顾授权书（表3-4）。

表3-4　医疗照顾授权书

> 我非常清楚，我的孩子能够安全地参加营地，并且在此表格中列出了任何活动限制、过敏史、药物服用。我知道，如果情况允许，在给孩子寻求救治前，营地员工会尽可能地联系到我。如果孩子需要紧急救治，营地员工会告知我或我的紧急联系人有关孩子诊断及救治情况。
>
> 我授权营地员工对我孩子所受到的轻微伤害或是疾病进行一般治疗。若伤害或是疾病危及生命安全或需要紧急救治，我授权营地员工在本人孩子参加营地活动时带孩子到当地医疗中心或

（续表）

医疗机构就医。当具有行医资格的医生认为必要时，我授权孩子接受必要的 X 光检查、麻醉、药物或外科诊断与治疗以及相应的住院治疗。我明白，该项授权是在任何具体的诊断、治疗或医院护理之前签订，而且该授权赋予营地员工为孩子寻求医疗救治的权利，并且当有行医资格的医生认为必要时该授权赋予医生救治权利。

孩子在参加营地活动时所支出的救治费用由我们自己承担。我清楚佐治亚大学不提供任何保险，也不负责提交保险索赔。

父母 / 监护人姓名：

父母 / 监护人签字：

日期：　　　　工作电话：　　　　　　手机：

注：所有参与人必须持有近期、有效的体检报告，体检报告在报名前或报名时提交，原件或复印件均可。若参与人无法出示有效体检报告，将禁止参加夏令营活动。

4. 豁免、免责声明和不起诉合约

此外参与人的父母或监护人还需要签订豁免或免责和不起诉合约，见表 3-5。

表 3-5　豁免、免责声明和不起诉合约书

参与人（姓名）和参与人父母或监护人（姓名），考虑到佐治亚大学的赞助以及我们所支付的费用，参与人有权利参加该夏令营的项目。我们同意以下事项：

我非常清楚参加该夏令营活动可能会使我或我的孩子遭受财产损失、身体或人身伤害风险。参与活动的内容可能会包括一些体育活动，比如军训活动、与其他队员的对抗活动，也可能要经过马路和停车场。我明白我或孩子可能会遭受交通事故、跌落伤害、恶劣天气致伤、碰伤、挫折、割伤和擦伤、拉伤和扭伤，接触可能引起死亡的传染疾病，以及其他无法预测的风险。当以上风险

（续表）

> 出现时，我将自担风险，并自愿参加夏令营活动。
>
> 　　为了参加夏令营活动，我会豁免佐治亚大学、佐治亚大学董事会、佐治亚大学成员个体和官员、代理人和雇员；并永远不会因参加夏令营活动所导致的人身伤害、身体损伤、财产损失以及其他后果（不论原因是否可预见）而起诉上述组织或个人；不会因此产生索赔、费用等问题。
>
> 　　我进一步承诺并同意不会因疏忽或其他个人原因引起的参与人损失而起诉佐治亚大学、佐治亚大学董事会、佐治亚大学成员个体和官员、代理人和雇员；永远承诺他们不用承担法律责任。
>
> 　　在签订该协议前，我保证已经仔细阅读并理解上述事项。我明白如果我不签字的话，也不会受到威胁。
>
> 家长／监护人姓名：_____　家长／监护人签字：_____　日期：____

运动安全协议书有助于参与人和家长／监护人理解所参加的活动可能存在的风险，并要求参与人、家长／监护人自甘风险。此类协议优点在于可减轻体育活动举办方的风险压力，令其集中精力全力举办体育活动；缺点是可能会给参与人或其父母造成较大的思想压力。此种情况下，给参与人购买人身保险是最好的风险转移策略。

（三）构建学校体育安全文化，塑造安全运动氛围

邵辉等认为"安全文化是人类在生产、生活、生存活动中，为保护身心安全与健康所创造的有关物质财富和精神财富的总和"[1]。青少年安全运动文化是安全文化的重要组成部分。根据安全文化的概念，可将安全运动文化界定为："为保护运动时人的身心安全与健康所创造的有关物质财富与精神财富的总和。"加强安全运动文化的建设可以营造良好的运动安全

---

[1] 邵辉，邢志祥，王凯全. 安全行为管理［M］. 北京：北京化工业出版社，2008：203.

氛围，从而有利于提高学校体育管理人员、体育教师、学生的安全运动意识以及安全运动素质。其功能主要表现在以下几个方面：

1. 安全运动认识的导向功能

对安全运动的认识，必须通过安全运动文化的建设，通过不断的安全运动文化宣传和教育，使得广大师生树立科学的安全运动意识、安全运动目标、安全运动行为准则，为学校安全地开展体育运动提供正确的指导思想和精神力量。

2. 安全运动观念的更新功能

安全运动文化可向广大的师生传递安全运动新观念和新意识，使广大师生对安全运动的价值和作用有正确的认识和理解，并能运用新的安全运动意识和观点来树立科学的安全运动观，指导自身的活动，规范自己的行为，从而有效地推动学校体育安全。

3. 安全行为的规范功能

安全运动文化的宣传和教育，将会使师生加深对安全运动重要性的理解和认识，从而对师生安全运动行为起到规范的作用，或者在行为上形成自觉的、持久的约束性。

4. 安全运动知识的传播功能

通过安全运动文化的教育功能，采用各种传统和当今的安全文化教育方式，对师生进行各种传统和现代的安全运动文化教育，包括各种安全运动常识、安全运动技能、安全运动态度、安全运动意识、学校事故处理相关法规等教育，从而广泛地宣传和传播安全运动文化知识和安全科学技术。

安全运动文化发展的动力是安全运动教育，安全运动教育是传授安全运动知识、技能，提高和完善人的安全运动素质，使人逐步发展成为理想的安全运动人的重要途径。只有在教育过程中，安全文化才能得到发展，人的安全运动素质才能得到提高。

（四）实施学校体育安全教育，塑造安全运动行为

安全科学技术词典将安全教育界定为："安全教育指为实现安全生产

所实行的教育的总称。"据此，将学校体育安全教育概念界定为：在学校范围内开展的为实现学校体育安全所实行的教育的总称。事故致因理论中的轨迹交叉论指出安全教育不足是导致人的不安全行为产生的重要原因[1]，事故因果连锁理论、瑟利事故模型以及事故的多米诺骨牌理论都强调控制事故发生的一个必要的手段就是防止人的不安全行为，并认为进行安全教育是控制人失误的重要措施，管理失误论也强调应通过安全教育来加强对人的管理。由此可见，安全教育是减少人的不安全行为的必要手段之一。在安全管理学中安全教育不仅是安全文化的重要组成部分，也是安全文化建设的重要措施，是防止人的不安全行为，防止人失误的重要途径。在伤害流行病学的预防理论中，"教育干预"是"四E"干预理论中重要的一个措施。在体育活动风险应对理论中也强调：1.学校要加强安全文化建设，要渗透到教学活动中；认真做好学生、教师、家长的安全教育等；2.体育教师做好安全教育，指导学生进行安全规范的体育锻炼、学习自我保护与相互保护的知识与技能。杨亚琴、邱菀华[2]在研究中强调学校要加强安全宣传，对体育教师进行定期的安全轮训和培训，对学校相关部门、学生、家长进行安全教育。林寅[3]等人建议加强学生安全运动教育，树立伤害预防观念，减少伤害发生率。黄芬[4]等建议应根据中小学生伤害特点和危险因素，有针对性地加强中小学生的安全卫生教育，提高学生的自我保护意识。孙慧春（2003）认为学校应采取措施以增强教育者的法律意识和保护学生的安全意识；加强教育者的职业道德教育；对教育者进行应急措施教育；对学生进行安全防范教育，增强其安全意识以及紧急救护和安全避险、逃生教育，增强其抗拒灾害的能力。王子朴[5]强调在试验的基础上，尽快建立学生安全教育大纲，探索行之有效的教育方法与活动内容。早期的调查结果也显示，

---

[1]　张景林.安全学［M］.北京，化学工业出版社，2009：102-103.

[2]　杨亚琴,邱菀华.学校体育教育组织过程中的风险管理研究[J].西安体育学院学报,2005,22(5):5.

[3]　林寅，徐来荣，丁可，等.16546名中小学生伤害流行病学监测［J］.中华流行病学杂志，2005，26（5）：383-383.

[4]　黄芬，郝加虎，姚应水，等.中小学生伤害的分布及影响因素［J］.中国公共卫生，2003（10）：23.

[5]　王子朴.学校体育与生命安全的辩证关系［J］.体育教学，2008，（2）：1.

体育教师把"规范学生的体育安全教育"作为学校应采取的首要安全管理措施，并且 90.1% 的体育教师支持开展体育安全教育。可见，实施体育安全教育是预防学校体育伤害事故的重要措施。

学校体育安全教育的对象包括学校体育管理人员、体育教师和学生。对学校体育管理人员的培训内容主要侧重于安全运动管理办法，如《中华人民共和国未成年人保护法》《学生伤害事故处理办法》《学校体育工作条例》《中小学幼儿园安全管理办法》等政策法规。对体育教师的干预包括安全运动意识课程目标的制定与实施，课堂管理技巧以及常见体育伤害事故的预防技能和紧急处理技术。对学生的安全运动教育包括安全运动知识、安全运动技能和安全态度教育三个部分。

安全运动知识：主要包括安全运动常识，如着装、自我运动状态的判断、准备活动重要性，以及常见运动损伤以及运动性疾病的预防知识，该阶段主要任务是使学生掌握有关运动性伤病预防和应急处理的基本知识。通过安全运动知识教育，使学生认识到体育运动过程中潜在的危险因素及防范措施。安全运动知识内容包括：安全运动事故案例分析、运动误区、运动装备、常见运动损伤病的原因与预防常识。

安全运动技能教育：其内容包括基本准备活动技能、专项准备活动技能以及常见伤病的紧急处理措施。主要任务是使学生掌握预防运动性伤病的技能。经过安全运动知识教育后，学生掌握了安全运动知识，但是，如果不把这些知识付诸实践，仅仅停留在知的阶段，则难以达到真正的实践效果。学生必须通过在实践中反复练习来掌握安全运动技能，不断尝试才能达到熟练掌握的目的，才能在运动实践中去运用。

安全运动态度教育：安全运动态度培养是安全运动教育的关键一环。实践调查和访谈结果也表明学生安全意识不足是导致运动伤害的重要风险因素。学生在掌握一定的安全运动知识和安全运动技能之后，最关键的是端正安全运动态度。安全运动态度教育的目的，就是使学生尽可能自觉地按照体育教师布置的教学内容或是课外活动内容进行安全运动，减少粗心大意、故意冒险、好高骛远或是故意逞能等危险行为。安全运动态度的形成需要一个长期的过程。由于个体实践经验的不同和自身素质的差异，对安全运动的认识也不同。而安全运动态度的高低将直接影响安全运动效果。而良好的环境氛围可以塑造人的态度和行为规范，为使学生养成良好的安全运动态度，学校应积极构建良好的安全运动文化氛围。

根据前人的研究，将安全运动教育的形式和方法概括如下：

第一，广告式，包括安全运动广告、标语、宣传画、展览、黑板报等形式，提醒人们注意安全运动和怎样才能安全运动。

第二，演讲式，包括教学、讲座的讲演，经验介绍，现身说法等。这种教育方式可以是系统教学，也可以专题论证和讨论，用以丰富人们的运动安全知识，提高对安全运动的重视程度。

第三，会议讨论形式，包括班级讨论、专题讨论、运动伤害事故分析等，是与会者在参与过程中进行自我教育。

第四，竞赛式，包括口头、笔头知识竞赛，如常见运动疾病的预防、常见运动性伤害预防、心肺复苏术等各种形式的竞赛活动，以帮助学生掌握安全运动知识、学会辨识运动风险、科学应对运动伤害，并养成良好的安全运动意识。

第五，声像式，它是用声像等现代技术手段，使安全运动教育寓教于乐。主要有广播、视频、动画、3D 影像等高科技手段。

第六，开展课外兴趣知识选修课的方式，如某中学为学生开设了急救知识课外小组课。教授内容包括：伤病者的搬运，伤口的处理，生命体征（体温、脉搏、呼吸、血压）的观测，骨折的处理，出血的处理，伤口包扎，心肺复苏技巧等知识。并结合试验材料让学生体验包扎技巧、心脏复苏技能（利用心肺复苏模拟人进行演练）。通过这种体验式教学方式让学生了解正确的伤害处理措施，并掌握基本的包扎技巧。

成功的安全运动教育不仅要让学生掌握安全运动知识，而且要能正确地、认真地执行安全运动行为。

四、强化家庭安全意识，达到家校共治

家庭的安全意识对于孩子安全防护以及安全行为的养成至关重要。以溺水防护为例，多项调查结果显示监护不当是儿童溺水最常见的原因。美国 1~4 岁儿童溺水死亡大多发生在父母视线离开的 5 分钟内。成人监护缺失也是我国儿童溺水死亡的常见原因，厦门市 2001~2005 年 1~14 岁儿童的溺水死亡 88% 是在缺乏父母或成人监护下发生的[①]。因此，加强对监护人的教育宣传，增强其安全观念至关重要。在通过传统的家校活动培养家长安全意识的基础上，接触于现代通信媒介加大家校之间的互动与共治亦至关重要，也可以通过钉钉群、微信群、QQ 群等方式加强安全信息的传递，便于教师或班主任及时向家长发放安全运动知识以及预防措施。很多学校为了加强家长对学生的安全监督，在节假日会给家长发放《寒假安全责任告知》《暑假安全责任告知书》，暑期来临时发放《防溺水告知家长一封信》并与家长签订责任书，也可以通过钉钉等线上推送节日安全告知书，如《端午节安全告知书》。

五、做好舆情处理，减少公众误解

在当下数字化、网络化的时代，信息迭代升级更快，其传递方式也愈发便捷、迅速，然而事物都具有两面性，自媒体在带来便捷的同时也会引发新的问题，例如大众舆情危机。"舆情是受众对相关事件大致趋同的观点和态度的意见总和"[②]。若大众舆情不能秉持客观公正的态度对待社会问题，则往往会引起"舆情危机"，引发"社会信任危机""集体行动风险"，甚至引发"政治动乱"。由于学生群体的特殊性，发生在该群体的事件，若经过不良媒体报道，往往会引起社会极大的关注，造成舆情危机。"因伤害事故引发的社会舆情是一柄双刃剑，一方面有助于监督相关责任方的处置进展，保证个案处置的公正性，另一方面却承载着道德与法律、法律

① 郭巧芝. 广东省连平县小学生溺水健康教育干预近期效果评价 [D]. 广东: 暨南大学, 2010, 6: 4.
② 彭颜红. 大数据时代高校负面舆情的有效应对 [J]. 学校党建与思想教育, 2021（647）: 80–82.

与政策、情理与法理之间的争议，甚至充斥着批判、声讨、责难等负能量"①。若社会舆论处理不当容易引起更多的误解与信任危机。因此，学校一定要做好舆情的应对工作，一旦学生发生运动伤害后，学校要通过官方媒体主动、及时、客观地公开事实真相，减少社会的困惑、猜疑，同时也减少了给不良媒体炒作、抹黑甚至歪曲事实的机会。学校在处理舆情时，要既要通人情，也要通法理，道德与法治都要兼顾，在原则问题上以法治为根本，在情感抚慰上，以道德为手段。

第三节　家庭的助管职能

一、加强家庭安全教育，提高家长助管能力

（一）家长及时报告孩子的健康状况

与家长及时沟通可以更加全面的了解学生的体质状况，防止意外事件的发生。要求所有学生家长或监护人填写学生健康表，写明所有已知的健康状况，包括学生的健康情况、运动禁忌证、治疗计划、过敏食物等，包括使用的药物，并告知父母或监护人隐瞒学生健康状况的危险。

（二）积极参加学校举办的安全教育活动

学生的安全教育离不开家长的协助。作为学生监护人的家长要积极参加学校组织的安全教育活动，学习事故发生之后冷静理性依法依规处理办法，多向孩子传授安全经验，时刻了解孩子的身体状况，积极与学校沟通。

学校在开展全教育活动时积极邀请家长参加，或者借助于网络、电视

---

① 王磊，李进付.高校学生伤害事故引发的舆情危机研判及疏导研究[J].思想教育研究，2016（5）：109-112.

广播、家长知情同意书的形式以增进家长对运动安全教育的了解。目前，学校关于运动安全教育中比较多的是防溺水教育，而对于其他运动伤害的预防基本上没有涉及，因此也无法在家庭教育中给予孩子相应的辅导。建议学校每个学期请红十字会工作人员、体育教师、体育安全研究者等相关的人员对家长进行专题教育，以增进家长对运动项目以及运动伤害防护的了解。此举，既可以提高家长的运动安全知识，也有助于家长对运动伤害的接受和理解，对于解决运动伤害事故的纠纷，减少校闹等非法行为，亦有大的帮助。

二、通过区块链技术，提升家校沟通能力

（一）传统家校沟通的局限性

1.学校体育运动风险沟通缺乏基础信任

在治理学校体育运动风险时，维持信任是最主要的。学校体育运动风险沟通不仅是风险信息或预案的告知、引导，而是通过交流来塑造学校管理者、教师、学生和其他相关参与者等可控风险源之间稳定的信任关系。在信任的基础上，相互传递信息及处理意见，确保能够控制每个参与者与潜在威胁的联系。然而，目前学校体育运动风险沟通缺乏一定的信任基础。周建华对学校体育伤害事故的类型及成因进行了分析，指出"学生主观有意隐瞒自身的某种疾病是造成学生主体责任型事故的主要因素"[1]。出于升学目的、隐私保护、由于外形或是生理缺陷导致的心理压力等原因，部分家长可能会隐瞒学生真实的健康状况，致使学校不知道或无法知道学生的特殊体质，无疑增加了学校体育运动风险发生的概率。

2.学校体育运动风险沟通缺乏事后管理

风险沟通也包括社会各方对风险事件的观点和反应，目前学校体育运动风险沟通基本为事前沟通，目的多是针对风险的防范，缺乏对风险事后

---

① 周建华.学校体育伤害事故：类型·特征·成因·风险防范 [J].吉首大学学报（自然科学版），2018，39（6）：74—77.

影响的有效沟通程序。风险沟通中，媒体是一个重要渠道，媒体对风险事件的参与度和报道程度影响着公众的风险感知。《舆论学》指出人类对世界的认识受到所看见的图像和传播媒介的影响。杨志军认为媒体报道能够催化公众的风险感知，使得社会的注意力聚焦在某一事件上，形成强大的民意压力①。学校体育伤害成为社会关注的焦点，在风险事件发生后所产生的社会影响不容忽视。在风险事件中，由于公众对信息的理解能力下降、思维比较局限，无法对各种矛盾的信息做出准确的判断。因此，在学校体育运动风险事后沟通中要保证信息的真实性、开放性以获取公众信任，避免出现不良的舆论导向。

（二）学校体育运动风险沟通机制建构

1、加强学校体育运动风险沟通流畅性

风险沟通是基于不同利益出发点的主体对风险进行定义、建构的过程，学校各部门及师生应明确自己在学校体育运动风险沟通中的角色定位。学校相关部门、教师有着风险知识告知、行为引导的责任，向学生传输有关风险的知识，增进学生的风险认知，协助学生对风险事件进行合理的讨论并形成正确的结论。学生必须加强自身作为风险沟通主体的认知，在进行体育运动时谨记安全第一的观念，遵循活动规则，掌握自身的健康状况，降低体育运动风险的发生，积极参与健康安全讲座，增强自身的风险防范意识和应急处理技能，以减少学校体育运动风险。

2.建立去中心化的多元沟通决策机制

学校体育运动风险防控是学校、学生和家庭多方互动的社会过程，以学校相关机构为管理中心，专家或领导预测风险并给出预案，教师向学生传达这样"自上而下"的决策方式使学生处于被动的状态，容易对风险和决策产生认知偏差，增加双方在风险管理的决策和实施过程中的行为触发甚

---

① 杨志军.公众议程的形成逻辑、演进过程与政策影响——基于一起邻避型环境治理案例的分析[J].南通大学学报（社会科学版），2021，37（1）：85-96.

至激化风险的可能性，影响风险防控的实际效果。通过去中心管理，让学校、家庭、学生等参与者协同合作，针对一个风险议题对风险事件的预测、观点、防控措施等进行充分的对话和意见交换，最大限度地获取各主体对该风险的理解，得出一个共同接受的应对方案。强调了学生及家庭在学校体育运动风险管理中的作用，加强了风险信息在参与者中的流通，有利于学校体育运动风险沟通主体之间的利益共享和风险共担，有利于优化决策的制定，增强各主体尤其是学生的风险应对能力。

3. 保障公众的知情权，构建开放共享的数据层

学校体育由于其广泛的关注度，风险事件发生后必将成为公众舆论的焦点，而社会舆论的导向将对学校体育的发展产生重要影响，忽视对事后的风险沟通容易导致社会焦虑、社会恐慌等舆论危机。"舆论是经过萌芽、整合与权威获得三个阶段形成的"。"在萌芽阶段由于事件发生的突然性，以及个人不同的成长环境、价值观念等因素的影响，舆论呈现出杂糅的特点；在整合阶段，借助各大媒介的传播，各个观点相互交流碰撞形成意见的合流；在权威获得阶段，主流意见将被公众所接受，主导公众的认知及言行，形成正面或负面的社会影响力"[①]。因此，借鉴区块链技术的开放性特点，在学校网站上构建一个开放共享的数据平台，分散数据控制权，由所有参与方共同构建，互相监督以保证信息的真实性，能够确保舆论引导的时、度、效。向公众公开风险事件的发生、处理经过、结果，能够消除信息失真和信息不对称，公开透明，获得公众的信任，降低学校体育运动风险事件对学校体育发展带来的影响。

三、发挥家委会作用，加强场地器材安全管理

随着文明的不断进步，公民意识也在不断觉醒，从而形成社会治理力量。20世纪90年代以来，社会治理变革了传统政府的单一化社会管控治理模式，

---

① 禹华月.重大突发事件舆论的形成机制及其引导原则与路径[J].吉首大学学报（社会科学版），2020，41（6）：129-136.

弥补了国家和市场在调控过程中的缺陷 [①]。家长是现代学校治理体系中的重要组成部分，是重要的教育利益相关者之一。家长参与学校管理是调整学校与社会关系的重要策略 [②]。家长委员会是由家长代表组成的代表全体家长和学生参与学校教育和管理、行使教育监督权和评议权的一种群众性组织，是连接家校关系的桥梁和纽带，是实现家、校共育的重要组织形式。《国家中长期教育改革和发展规划纲要（2010-2020）》明确提出"建立中小学家长委员会。引导社区和有关专业人士参与学校管理和监督"。因此，在青少年体育场地器材安全管理方面也可以发挥家长的社会治理力量。尤其是可以借助家委会的力量。家委会作为在场地建设或器材购买需要招标时，允许家委会成员参与整个招标过程，以从侧面实现对中标单位资质的审核与监督。在学校场地器材的验收和环保检测机制上，也可以引入家长监督制。检测机构的选择要让家长发挥话语权，必须挑选有资质的专业机构进行检测，确保场地器材环保检测结果的科学、准确、可信，而不能任由施工方提供所谓环保检测标准 [③]。

四、提高保险意识，积极为孩子购买保险

家长或监护人的风险意识和保险意识关系着学生在校期间是否具有良好的安全保障。调查显示家长的保险意识在不断提升这是值得庆幸的事情。但是，部分家长对学生在学校受伤尚不能以理性的态度对待，很多时候都比较偏激地认为孩子在学校受伤，学校或是体育教师一定负有难以推卸的责任。对律师的访谈结果显示，家长若不能秉持公正、客观的态度对待运动伤害，而是仅根据个人的主观判断，将学校或体育教师认定为完全责任人，则无疑给运动伤害事件的处理和理赔带来很大的困难，也会耗费学校大量的时间和精力。久而久之学校为减少类似的事件，不得已会降低体育

---

① 王倩倩.社会治理视域下我国公民意识培育研究 [J].理论与改革，2015，（3）：181-184.
② 满建宇.论现代学校治理体系中的家委会建设 [J].中国教育学刊，2014，（9）：44-47.
③ 张立美."毒操场"检测别总在孩子中毒后 [N].民主与法制时报，2016-06-07（2）.

锻炼的负荷，长此以往对整个国家青少年体质的发展和体育事业的发展是不利的。因此，政府、学校和社会要广泛宣传、普及安全运动教育，加强家长对于体育风险的认识；另一方面提升家长的保险意识，通过保险合理转移学校体育风险。如若家长对待学生的体育伤害比较公正、客观，能充分理解学校体育工作的性质，并能顺利地通过保险解决伤害医疗费用等问题，学校、体育教师才能解开安全枷锁和桎梏，学校体育工作才能真正全面、深入地开展。

第四节　社会的协管职能

一、完善社会保险体系，扩大风险应对能力

我国对学校体育保险也越来越重视。2007 年中央 7 号文件颁布，提出由财政部等部门联合对校方责任险投保方式和实施办法制定详细计划。2012 年和 2014 年颁布的学校体育工作指导文件，多次督促妥善处理伤害事件。2016 年的《青少年体育"十三五"规划》，强调建立和完善青少年意外伤害保险制度。2019 年出台的《关于完善安全事故处理机制维护学校教育教学秩序的意见》，鼓励购买校方无过失责任险。这些文件的出台，彰显了国家和政府在健全学校体育保险制度，维护青少年体育安全上的重要决心。

当下完善学生体育伤害保险体系是新时代学校体育发展的迫切需要。很多学者呼吁："探索建立涵盖体育意外伤害的学生综合保险机制。试行学生体育活动安全事故第三方调解机制。强化安全教育，加强大型体育活

动安全管理。"①②③④⑤ 并建议：1.参保险种多元化，开发新的保费来源，与体育彩票、中国红十字会等结合，成立专门第四类保险"体育活动基金险"。2.保险政策具体化，国家制定《体育保险法》《学校体育风险保险法》等与现行新的《保险法》配套。3.保险中介专业化，建立体育保险中介人才市场准入制度，同时建议高校进行体育类保险人才培养。4.参保意识自觉化，做好参保宣传，让学校体育保险透明化，提高学生和家长的参保意识⑥。由国内研究结果和社会现实情况不难发现，完善的体育保险制度是学校体育风险不可或缺的应对手段，加强体育保险体系的完善，是社会协助学校体育风险管理的重要任务。

（一）现有险种名称及保障

1.城乡居民医疗保险

我国的社会保险制度是一项强制社会多数成员参加的社会安全制度，城乡居民医疗保险是社会保险制度中的主要项目之一，职工和学生均在医疗保险制度范围内。在校学生（包括幼儿园、职业高中、中专、技校学生）的医保由学校负责代收，2021年个人缴纳医保费为280元/年，对于在校家庭经济困难学生，如建档立卡贫困户，其子女的医保费用由政府补贴。中小学一般由各班家委会收齐后交给班主任。学校会要求家长都为学生购买此保险，所以该保险的城镇覆盖率基本上达到100%。

---

① 中共中央办公厅国务院办公厅印发关于全面加强和改进新时代学校体育工作的意见 关于全面加强和改进新时代学校美育工作的意见 [N].人民日报，2020-10-16（4）.
② 中共中央办公厅 国务院办公厅印发《关于全面加强和改进新时代学校体育工作的意见》[J].体育教学，2020，40（10）：5-7.
③ 毛振明，于丽，盖清华.新时代加强与改进学校体育工作的新思想和新举措（下）——《关于全面加强和改进新时代学校体育工作的意见》的学习体会 [J].体育教学，2021，41（1）：18-20.
④ 钟恒炳.夯实安全基石 建设平安校园——校园（体育教学工作）应对突发安全事故的实践 [J].中国学校体育，2021，40（3）：14-15.
⑤ 中共中央办公厅 国务院办公厅印发《关于全面加强和改进新时代学校体育工作的意见》《关于全面加强和改进新时代学校美育工作的意见》[J].中华人民共和国国务院公报，2020（30）：20-26.
⑥ 王荷英.学校体育活动中运动伤害保险制度研究 [J].体育文化导刊，2012（10）：78-81.

2. 校方责任险

校方责任险是一种为学校提供保障的保险，当学生在学校管理下发生伤害事故，而学校未尽到相应责任时，校方责任险需进行理赔。校方责任险至今已超过十年，全国范围内的校方责任险为校园安全提供了巨大的保障。安徽省合肥市包河区建立以校方责任险为核心的学生保险机制。该区每所学校都购买了"5+2"的学生保险，即每个学生5元的校方责任险和每个学生2元的附加无过失责任险，保险费用由学校承担①。2009年，湖北省义务教育阶段校方责任险投保率已达到100%，保费为每个学生每年5元，费用从学校公用经费中支出。荆楚网公布的新闻显示，2008年9月到2009年8月，中国人民财产保险公司湖北省分公司共接到校方责任报案数量6292笔，赔付金额共3722万元②；2008年到2015年间，湖北省各保险公司共处理30192件校方责任险案件，赔偿金额总计1.48亿元③，校方责任险为化解学校与家长间的纠纷作出了巨大的贡献。然而，仍有不少校长反映，"安全依然是悬挂在校长头上的一把刀"，虽然买了校方责任险，一旦出现重大伤亡事故，学校还是会被追究进行赔偿，甚至会牵连到相关学校教师奖金的发放。另外，因为校方责任的划分不够清晰，校方无法把握何种情况下无责，不得已将学生"圈养"，尽可能地控制学生的活动范围，很大程度上限制了学生的活动量。因此，详细划分校方责任险的赔偿条目、扩大覆盖面、提高赔偿额度，才能更好地发挥其作用，真正能为学校分忧解难，为打破学校"圈养"局面出力。

3. 学平险

学生平安保险简称"学平险"，属于学生人身意外伤害的一种，采取学生自愿参保原则，每年保费因保险公司不同，保险缴费金额和保额也有差异。承保范围大多包括意外或疾病身故、伤残、住院医疗等几个方面。这

① 彭江龙.撑起学生安全的立体"保护伞"［N］.中国教育报，2016-05-17（10）.
② 罗欣.湖北校方责任险一年赔付4200笔学生缺乏安全意识［EB/OL］.（2009-10-20）［2021-04-25］.https：//www.tmwcn.com/html/news/8/200910/t41072.html.
③ 王永胜.湖北省校责险8年赔付1.48亿折射学生安全意识差［N］.楚天都市报，2016-09-28（4）.

是目前学生投保范围最广的一种商业保险，是对校方责任险的有益补充①。学平险是我国保险市场上存在时间相对较长的意外伤害保险。随着时代变化，该险种也在不断调整自身产品，以更好适应学校市场。

4.意外伤害保险

意外伤害保险有长期和短期两种，学生意外伤害险一般是每年投保，保费多在100元左右。与学平险相比，意外伤害保险更倾向于针对学生的意外伤害。一般来说，意外伤害保险投保费用越高，覆盖范围越广。意外伤害保险包括了学生校内外各种可能发生意外的情况，而学平险更倾向于在学校范围内发生的伤害，包括疾病与意外两大方面。

（二）保险供给主体

医疗保险属于社会保险制度范畴，学生和体育教师的医疗保险都由学校代收。学平险和意外伤害保险均属学生自愿购买的人身保险。以湖北省为例，保险供给主体为中国银保监会湖北监管局管理范围内的42家人身保险公司（见表3-6）②。

校方责任险供给主体由中国银保监会湖北监管局进行公开招标。自2008年以来，每次通过招标，确定3~6家公司承保全省的校方责险，招标每4年进行一次，承保期间每校事故赔偿限额500万元，学生单次事故最高限额40万元③。

表3-6　2019年湖北省人身保险供给主体统计表

序号	保险公司	成立时间	业务经营范围
1	泰康养老保险股份有限公司湖北分公司	2012-05-23	A
2	恒大人寿保险有限公司湖北分公司	2012-09-25	A
3	吉祥人寿保险股份有限公司湖北分公司	2015-12-04	A
4	中国人寿保险股份有限公司湖北省分公司	1996-03-15	C

---

① 黄爱民.大力推进"学平险"全覆盖［J］.中国人大，2019（20）：46.
② 张芳霞.湖北省义务教育阶段学校体育保险需求与供给研究［D］.宜昌：三峡大学，2020：43.
③ 王永胜.湖北省校责险8年赔付1.48亿折射学生安全意识差［N］.楚天都市报，2016-09-28.

（续表）

序号	保险公司	成立时间	业务经营范围
5	中国太平洋人寿保险股份有限公司湖北分公司	2001-12-16	A
6	中国平安人寿保险股份有限公司湖北分公司	2002-12-31	A
7	泰康人寿保险股份有限公司湖北分公司	1998-09-09	A
8	新华人寿保险股份有限公司湖北分公司	2001-04-03	A
9	太平人寿保险有限公司湖北分公司	2004-09-27	A
10	生命人寿保险股份有限公司湖北分公司	2004-11-03	A
11	合众人寿保险股份有限公司湖北分公司	2005-02-02	A
12	信诚人寿保险有限公司湖北省分公司	2005-07-27	A
13	长城人寿保险股份有限公司湖北分公司	2005-12-12	A
14	平安养老保险股份有限公司湖北分公司	2007-02-14	D
15	中国人民人寿保险股份有限公司湖北省分公司	2007-10-16	A
16	农银人寿保险股份有限公司湖北分公司	2007-11-14	A
17	阳光人寿保险股份有限公司湖北分公司	2008-04-21	A
18	北大方正人寿保险有限公司湖北分公司	2007-11-21	C
19	招商信诺人寿保险有限公司湖北分公司	2008-08-27	C
20	中国人民健康保险股份有限公司湖北分公司	2008-04-21	E
21	民生人寿保险股份有限公司湖北分公司	2008-10-10	B
22	百年人寿保险股份有限公司湖北分公司	2009-10-20	A
23	中英人寿保险有限公司湖北分公司	2009-03-18	C
24	幸福人寿保险股份有限公司湖北分公司	2009-12-18	A
25	同方全球人寿保险股份有限公司湖北分公司	2010-04-01	A
26	英大泰和人寿保险股份有限公司湖北分公司	2010-05-24	F
27	国华人寿保险股份有限公司湖北分公司	2010-07-13	A
28	中美联泰大都会人寿保险有限公司湖北分公司	2010-12-29	C
29	安邦人寿保险股份有限公司湖北分公司	2011-04-15	C
30	和谐健康保险股份有限公司湖北分公司	2011-04-15	G
31	中宏人寿保险有限公司湖北分公司	2011-07-26	C
32	信泰人寿保险股份有限公司湖北分公司	2011-12-27	C
33	华泰人寿保险股份有限公司湖北分公司	2012-03-31	A
34	交银康联人寿保险有限公司湖北省分公司	2012-08-29	C
35	瑞泰人寿保险有限公司湖北分公司	2012-11-30	C
36	建信人寿保险有限公司湖北分公司	2013-04-19	A
37	工银安盛人寿保险有限公司湖北分公司	2013-11-25	C

（续表）

序号	保险公司	成立时间	业务经营范围
38	中邮人寿保险股份有限公司湖北分公司	2014-03-31	A
39	太平养老保险股份有限公司湖北分公司	2014-06-25	B
40	中意人寿保险有限公司湖北省分公司	2014-09-04	A
41	光大永明人寿保险有限公司湖北分公司	2015-06-08	A
42	前海人寿保险股份有限公司湖北分公司	2015-11-30	B

备注：上述资料来源于对中国银保监会湖北监管局统计数据的整理，右侧字母代表不同的保险业务（A：个人业务，B：个人、团体业务，C：个人、再保险业务，D：个人、团体、再保险业务等，E：另承担国家配套、政府委托的健康保险业务，F：另承担责任保险等，G：除个人、再保险业务外，承担国家配套、政府委托的健康保险业务）

表3-7　2013—2016学年度校方责任险供给主体统计表

承保时间	供给主体（保险公司名称）	备注
2013—2016年	中国人民财产保险股份有限公司湖北省分公司 中国太平洋财产保险股份有限公司湖北分公司 长江财产保险股份有限公司 中国平安财产保险股份有限公司湖北分公司	2008.9.1—2009.8.31，人保财险共理赔4119笔，金额达3722万元，平安财险也赔偿96.87万元。

（资料来源：中国银保监会湖北监管局统计数据）

表3-7显示，目前关于学校体育风险转移渠道相较过去有了很大的进步，不仅有校方责任险和校方无责任险，为学校提供保障，同时还有在校学生的居民医疗保险，另外有学平险和意外伤害险可以为学生转移部分风险。近几年也有些保险公司针对大学生体育协会、中学生体育协会举办的赛事以及校园赛事开发运动保险，如平安运动险。学校体育风险转移的途径相较过去途径顺畅，方式更加灵活，这对于国家学校体育事业的发展来说是值得庆幸的事情。

（三）保险规模及价格

在保险规模上，校方责任险和在校学生参保的居民医疗保险已实现了全覆盖，学平险和意外伤害险也实现了部分覆盖。学平险倾向于担保在学校范围内发生的伤害，价格因保险公司推出的产品不同略有差别，保费一般在 200 元左右。2021 年中国平安的学生综合保险费为 226 元。学平险的承保范围包括意外或疾病身故、意外或疾病伤残、意外或疾病住院医疗以及意外或住院门诊（表 3-8）。

表 3-8　学生平安险产品对比（部分）

产品名称	中国平安（2021 版）	中国人保（2021 版）
被保人年龄	6-18 岁	3-25 岁
保费	210 元	100 元
意外身故 / 伤残	5 万 /10 万 /20 万 /30 万 /40 万 /50 万	3 万
住院医疗	6 万 /10 万	6 万
重大疾病	5 万 /10 万 /20 万 /30 万	
意外住院	2 万 /4 万 /6 万	1 万
意外门诊	5000 元	
意外住院津贴	100 元 / 天（累计最多为 180 日）	

（资料来源：保险公司数据）[1]

在价格方面，校方责任险价格是全国统一的，而且也是最便宜的，校方责任险每生每年 5 元，校方无责任险为每年每个学生 2 元，承担单位为教育部门公开招标选择的大型保险公司。

学生意外伤害保险分为长期投保和短期投保，一般保险期限为一年，保费在 100 元左右，投保年龄为 18 个月至 17 周岁（见表 3-9）。中国人民保险公司推出的学生幼儿意外保险为三款：省心款（每年保费 30 元）、放心款（每年保费 100 元）以及安心款（每年保费 300 元）。意外伤害保险更倾向于针对学生的意外伤害进行保护，涵盖伤害发生地点的范围更广。安心款的意外伤害保险包括了学生校内外各种可能发生意外的情况（运动受伤、高处跌落、摔伤跌倒、骑车受伤、校车事故、动物咬伤、烫伤受伤等）。

---

[1]　中国平安保险官网 . 平安学生综合保险［EB/OL］.［2021-05-22］.http://baoxian.pingan.com/product/xueshengzonghebaoxian.shtml.

表 3-9　中国人民保险公司意外伤害保险相关产品介绍及比较（部分）

保额详情	省心款	放心款	安心款
意外身故、残疾给付	6 万	10 万	10 万
意外伤害医疗费用补偿	6000	2 万	/
疾病身故给付	/	5 万	10 万
意外住院津贴	/	50 元 / 天	/
意外门诊急诊费用补偿	/	/	1 万
住院医疗费用补偿	/	/	10 万
重大疾病给付（21 种疾病）	/	/	5 万

（资料来源：保险公司官网数据）[①]

学生医保由学校代缴，保费近几年略有上涨，2021 年为 280 元一年，该保险的投保率基本上为 100%。

调查数据显示 60.9% 的家长认为当前保险的价格较为合理，仅 8.8% 的家长认为保险价格非常高。绝大部分家庭每年为孩子购买保险的金额超过 1000 元。

（四）保险政策及法律规范

无论是国家政策还是地方性规定都在不断推动校园安全保障机制的完善。2019 年，《五部门意见》，对保险赔偿机制方面的相关规定，是推动学校保险机制发展的重大举措。《五部门意见》提出通过政府补贴、家长分担的形式设立学校安全综合险，旨在通过中央引导地方、地方引导学校的形式，逐步推动学校保险机制的发展，加强对保险市场需求和供给的完善。

1、政策落实有待推进

以湖北省为例，2008 年湖北省出台了校方责任险实施意见；2016 年《关于进一步做好校方责任保险工作的意见》中对校方责任险形成了统一规范的管理；2018 年湖北省政府强调，保险监管部门要落实监督和管理，保险公司要合理销售保险产品，提升多方保险意识，降低学生在校风险。

---

① 中国人民保险官网 . 学生幼儿意外保险［EB/OL］.（2019-4-14）［2020-09-20］.http：//www.epicc.com.cn/yiwaibaoxian/xsyeywbx/#/main.

目前，校方责任险以强制性购买、强制性保障在湖北省义务教育阶段得到了贯彻与落实。但是，有时限于其他政策的规定（如个别地方规定校方责任险一旦出险，则取消全校教师平安奖金），出现有险不敢报的尴尬局面。希望各级政府在制定政策的时候能充分衡量政策间的契合性。

2. 赔偿标准有待规范

处理伤害赔偿的律师指出，目前学校体育伤害事故的责任认定主要依据《最高人民法院人身损害赔偿司法解释》《中华人民共和国民法典》《学生伤害事故处理办法》等法律条文。但由于上述法律中对责任认定及具体判罚标准不十分明确，在责任认定时容易出现以下问题：法律对判定校体育伤害事故责任时缺乏针对性；法律中对司法赔偿及保险理赔相关问题没有明确规定；"自甘冒险"的具体适用问题有待细化；部分条文在处理学校体育伤害事故时不够清晰。因缺乏对应的法律依据，判罚和理赔始终是困扰学校体育伤害事故处理的难题。很多案例发生后按照法律原则学校不用承担责任，但是往往多数情况下学校为尽快平息社会舆论以及家长的纠缠，依然会选择"花钱买平静"，通过支付一定数额的安抚金或是慰问金以息事宁人。

对体育教师和家长的问卷调查结果也显示，绝大部分体育教师认为学校体育伤害和保险相关的法律法规急需完善。大部分体育教师认为应当出台国家或地方性法律法规对学校体育伤害的责任判罚及赔偿金额进行规范。45.2%的家长认为有关保险赔偿的法律法规完善度一般，认为非常完善的只有7.1%，说明应进一步加强学生保险的法律法规建设。完善的法律法规是学校体育伤害事故责任认定和保险赔付的必要前提，但由于我国法律层面的欠缺，保险市场不够完善，使得我国的学校体育保险未能像日本等国家充分发挥其应有的功能。

（五）保险供给现状及困境

1. 经营利润低，制约保险供给

以校方责任险为例，2018年湖北省义务教育阶段学生保费总计约2627

万元①，然而仅 2008 年 9 月 1 日至 2009 年 8 月 31 日中国人民财产保险股份有限公司湖北省分公司总计理赔校方责任险金额高达 3722 万元②，已远远超出校方责任险的保费收入，保险公司在此险种上处于亏损状态。因此，部分保险公司（中国人寿保险公司等）在部分地区已不再销售学平险，部分保险公司依靠政府政策和资金支持才得以延续。

2. 法制不够健全，理赔标准不明确

由于我国学校体育伤害与保险相关立法尚未完备，在责任认定、保险代理、保险赔偿等方面缺乏法律支撑，影响了学校体育保险的供给。当前，取证难、责任划分难、处置难、理赔难是学校体育伤害事故事后处理的难题。在责任认定和理赔方面还未形成规范，随意化现象较严重，学校拿钱息事的现象比比皆是。

3. 协调与监督机制有待完善

在我国缺乏对学校是否按正规程序处理学校体育伤害事故的监督。在学校体育伤害事故的处理中，建立事故纠纷协调机制十分重要，由于部分学校并没有相应的法律援助机构，处理伤害事故时缺乏专业指导，为尽快平息事件，学校拿钱息事、校闹等情况屡见不鲜。另外，学校保险的销售过程中也缺乏相应的监督机制。例如，在调研过程中了解到，部分保险公司人员专门在学校设立保险宣传点，教师在班上协助宣传某种保险，学生购买后，教师可拿回扣。

学校体育赔偿法律体系是重中之重。应结合多方力量，形成中央为总指引、地方政府为推动力、学校为主阵地、保险公司为主体的学校体育保险供给体系，促进学校体育保险的发展与完善。

---

① 湖北省统计局 .2019 年湖北统计年鉴［EB/OL］.（2019–12–31）［2022–05–25］.http：//tjj.hubei.gov.cn/.

② 罗欣 . 一年赔了 4200 笔校方责任险防范伤害能力待提高［N］. 楚天都市报，2009–10–20.

（六）学校体育保险的发展趋势

1. 尽快完善我国学校体育保险体系

根据我国国情，结合国外学校体育保险的经验，加快我国学校体育保险体系的完善（如图3-2）。例如，中国人民保险推出的学龄保学生幼儿意外保险，就覆盖了运动受伤。中国平安财产保险推出了平安运动保险，包括平安全国青少年运动或比赛责任保险、平安运动赛事责任保险、平安运动意外保险、平安运动交通工具意外伤害保险，并与全国体育运动学校联合会建立了合作关系。

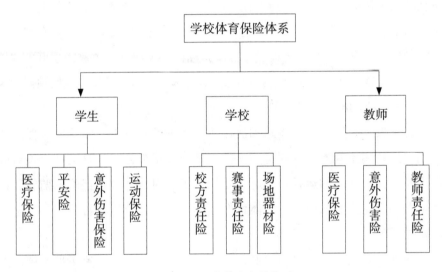

图 3-2　学校体育保险体系

为了给学校提供充分的保护，减少"花钱了事""息事宁人"等学校的无奈之举，除了购买校方责任险和校方无责任险外，还应提供场地器材险。在访谈时台湾大学的教授提到，场地器材险可以充分保障学校因场地器材的缺陷、毁坏等安全隐患所引起的理赔事件。现在校外不少体育培训机构都通过购买场地险来转移相应的风险。

针对当前体育教师有无过失均需理赔的现状，推行体育教师责任险显得十分必要。湖北省部分中小学已实施，教师反馈较好。主要是赔付由于体育教师失职但非故意行为造成的学校体育伤害事故，体育教师责任险承担一定数额的理赔。该险种费用主要由学校和体育教师共同负担，政府可适当给予补贴。据美国的教授反馈，美国学区为教师购买学区险，用于教师非过失责任而产生的一些赔偿费用，对于教师而言减轻了很多负担。

除了在校生居民医疗保险、学平险、意外伤害险外，建议学生在参加体育赛事或校内外体育训练时购买运动险，如中国平安公司为体育赛事专门推出了平安运动险。

2. 完善学校体育保险法治保障

鉴于当前诸多法律中均未涉及学校体育伤害事故责任判定和理赔程序，造成伤害事故处理程序不规范、保险运行不畅通等问题，应该对学校体育责任认定及保险赔付办法进行补充。例如，学校体育伤害事故的调查取证、责任认定、保险理赔相关程序规定。只有学校体育伤害事故法律体系完善，责任判罚才会有章可循，进而利于保险理赔的顺利执行，"拿钱了事""校闹"等非正常现象就会逐渐得到遏制，学校体育工作的发展将更加顺畅。

3. 多方推动学校体育保险运行

在学校体育保险险种体系和法律体系保障的基础上。学校体育保险的作用的发挥离不开多方共同努力。需要政府、保险公司、学校和家长共同推进学校体育保险的运行：政府为主导，促进对学校体育保险的监管；以保险公司为龙头，加快对学校体育保险的开发；规范市场行为，制定合理的赔付标准。

我国保险相对而言保额较低，买保险易，理赔难的现象屡见不鲜，尤其是理赔程序复杂，推诿"扯皮"现象，会让很多家庭望而却步。此外，有些保险的赔付额度非常低，很难提供有效的保护，让不少家长感觉保险像一块"鸡肋"，因此很多家长放弃保险。例如，Y市在校生的城乡居民医保险为280元/年。保险赔付情况如表3-10所示。

表3-10　学生医保住院待遇

医疗机构	起付线	甲类费用	乙类费用
一级	200/100元（二次及以上）	90%	80%
二级	500/250元（二次以上）	75%	65%
三级	1000/500元（二次及以上）	60%	50%

一级医疗机构主要是指以提供基本医疗保健服务为主的基层医疗机构，

如社区医院、卫生院等。二级医疗机构是指向多个社区提供综合医疗卫生服务和承担一定教学、科研任务的地区性医院。三级医疗机构是指以提供综合性医疗服务为主的医疗机构，通常是区域性以上的医院。甲类费用在医疗保险中，主要指的是临床治疗必需、使用广泛、疗效好且同类药品中价格较低的药品或治疗项目的费用。这些费用在医保报销时，通常可以按照较高的比例进行报销，甚至有些地方可以全额报销。乙类费用则是指可供临床治疗选择使用、疗效好但同类药品中价格或治疗费用略高的药品或治疗项目的费用。

每一个报销年度内发生的医疗费用，居民基本医疗保险基金累计支付的最高限额为 12 万元，意外伤害单次住院最高支付额度为 5000 元。

大病医疗的保险待遇起付线比较高，全年支付上限为 40 万元，如表 3-11 所示。

表 3-11　大病医疗保险待遇

1.2 万	60%	65%	75%	75%	40 万元
大病起付标准	自付 1.2 万元至 3 万元之间的部分报销比例	自付 3 万元至 10 万元之间的报销比例	自付 10 万元以上的部分报销比例	10 万元以上的部分报销比例	大病保险全年支付上限

学平险的保费为 100 元 / 人。其保险方案如下：意外伤害医疗保险 200 元为免赔额，其余按 80% 给付保险，一次或累计 3000 元为限；意外伤害或疾病住院医疗保险上限为 5 万元；意外伤残险上限为 4 万元；意外身故保险上限为 4 万元；疾病身故保险上限为 2 万元。从数据上看，父母投入 1 元保险，最多可获赔 400 元。

日本保险业发展得也很成熟，学校体育保险更加公益性、基础性、全面性、覆盖性、交叉性。交叉性体现在从国家到地方，各类保险相互交叉，构成了自上而下的学校体育保险网络，为日本青少年训练、比赛、参与课外体育活动提供了充分的安全保障。公益性主要体现在体育保险购买费用低，赔付额度高。调查显示日本三乡市 2020 年每个学生的医疗保险总额为 935 日元（约 55.1 元人民币），三乡市负担 475 日元，家长或监护人支付 460 日元（约 27.1 元人民币）。赔偿的额度为：因运动引起的突然死亡，赔偿

3000万日元（若是上学途中则赔偿1500万日元），非运动情况下的突然死亡，赔偿1500万日元（上学途中也是赔偿1500万日元）。从日本保险的支付和最高赔付额度上看，日本父母支付1日元，赔付率超过1：65217。有保险作为保障，日本父母对于学校体育工作十分支持，根本不担心孩子会在学校内受伤，也不会担心医疗费用问题，所以在日本校园鲜有发生因伤害医治、赔偿等纠纷引起的"校闹"现象。

蒋怀兴认为，"日本的保险监管体系比较完善，值得我国借鉴。日本有活跃在体育保险业中的中介机构与专业的体育保险人才；在经营主体方面既有专门的体育保险公司，又有兼营体育保险业务的公司；在经营模式方面以社会体育保险为主，商业体育保险为辅"。随着社会的发展，我国的校园伤害保险也得以发展，将为学校体育风险的应对提供更多的经济保障。

与日本学校体育保险公益性特点不同，美国保险商业化程度高。保险公司会根据赛事特点、赛事规模、自然环境、运动场馆环境、主要参赛对象等制定相应的保险品种。例如，医疗保险、学生意外保险为学生提供参与体育选拔、比赛、训练等意外伤害保障。美国学校责任保险包括了学校管理人员、体育教师、教练员等多个需求主体，保险项目包括教练员、运动员、志愿者、指导员等[①]。

2. 国外学校体育保险供给种类

美国的体育保险呈现出供给种类丰富，体育保险业发展成熟，保险监管机构完善等特点。日本学校体育保险险种、项目多样化，各个保险互相独立运行，保险政策相互补充，形成完善的学校体育保险体系。

上述可见，美日两国的学校体育保险供给制度和相关法律支撑体系完善，学校体育保险覆盖范围广，尤其是日本的保险额度高，实现了学校体育风险的成功转移，极大地降低了学校和家庭伤害医疗纷争的概率，便于学校体育工作的全面、深入开展。鉴于此，要想全面发展学校体育工作，必须完善学校体育保险政策。我国学校体育保险在逐步发展的过程中，首先应完善有关学校体育保险的法律法规等文件，充分保障我国学校体育保险业的发展，以为我国各项学校体育事业的发展提供风险保障。

---

① 王何英.学校体育活动中运动伤害保险制度研究［J］.体育文化导刊，2012，（10）：78-81.

3.国外学校体育保险的历史镜鉴

纵观美国、日本学校体育保险发展比较好的原因如下：一是有关保险业的法律法规体系；二是得益于政府的大力引导；三是国民保险意识好，购买意愿强烈。

我国保险业相对于国外起步比较晚，因此学校体育保险有待进一步完善，尤其是要加强学校体育保险的法治管理，扩大其保险的覆盖对象范围，增大保险赔付额度，丰富保险品种，规范理赔程序。以为学校体育工作的深入开展以及"体教融合""五育并举"等政策的落实保驾护航。

二、发挥媒体宣传功能，强化依法治校意识

《五部门意见》明确规定："司法行政机关要协调指导有关部门加强法治宣传教育，增强社会公众的法治意识，培养尊法学法守法用法的社会氛围，推动形成依法理性解决学校安全事故纠纷的共识。"《中国教育报》2016年8月23日第4版刊登了安徽省淮北市教育部门工作人员和学校教师开展的大家访活动。通过发放致学生家长一封信、手机短信、微信提醒、展板展牌宣传等方式，将防溺水知识宣传教育覆盖到每一名家长和学生，加强学生和家长防溺水意识及防护知识。

三、设立第三方监督单位，加强社会监督职能

体育器材场地缺乏第三方单位的安全检测与监管，也是导致场地、器材不达标的成因之一。《中小学体育器材和场地》关于管理与维护的要求为："在中小学安装和使用的各类健身器材，均应由器材所属的学校或所属的直接管理部门或管理单位进行管理。"教育部办公厅关于贯彻执行《中小学体育器材和场地》国家标准有关问题的通知中，要求"各级教育行政部门要广泛开展宣传和普及工作，支持和督促学校执行《中小学体育器材和场地》国家标准，加强对中小学体育器材配备、场地建设的经费投入，落实对实际情况的检查、监督"。然而，仅仅依靠教育行政部门对场地、器材质量的监管是远远不够的。教育行政部门首先精力有限，其次缺乏场地器材质量检测的专业知识和能力。为此，引进第三方专业机构加强

对场地器材质量的监管是必不可缺的。例如，美国除了消费品安全委员会外，国际健身设施生产协会、美国体育场地安全计划组织（NPPS）、美国安全协会（NSC）、美国休闲与公园协会（NRPA）以及儿童健康组织（Kids Health）、儿童安全组织（Safe Kids USA）也高度重视青少年场地器材的质量。有这么多第三方组织参与儿童青少年健身场地、器材质量的监督与约束，生产商和建设单位偷工减料、以次充好等投机倒把的心理就会极大地降低。

四、发挥媒体舆论功能，及时曝光劣质场地器材

除了增加第三方监管单位外，要发挥社会舆论的正向监督作用。尤其是当今新媒体和自媒体发展迅速，民众表达意愿的途径越来越畅通。通过大众传媒的正向舆论功能加强对青少年体育场地器材安全的监管。使得相关企事业单位充分意识到大众口碑、社会声誉的重要性，从而提高企业的自律性，减少违法乱纪行为。发挥大众舆论功能要注意传播理论失范问题，切忌语言暴力、人身攻击、隐私侵犯、虚假信息、群体事件激发等消极行为，而是发挥其实事求是的信息传递和传播功能，目的是实现社会监督功能。此外，媒体在报道时要本着为青少年健康服务的目的，做到一贯而终，深究问题的本质，切实发挥好社会舆论监督功能，而不仅仅是为了"蹭热度""上头条"。若大众媒体发挥好其监督功能，确实能为青少年体育场地器材的安全管理助力。如，随着多方媒体对"毒跑道"事件的不断报道和追踪，最终引起了教育部的高度重视，于2016年成立了塑胶跑道综合治理工作组，并利用暑假期间积极开展排查，铲除93块不合格的塑胶跑道，停建2191块。此后又牵头完成了国家强制标准《中小学合成材料面层运动场地》（GB 36246-2018）的修订工作。可见，社会舆论正向监督功能的重要性。

五、募集社会基金，增强运动风险事故援救能力

救助金是儿童青少年体育风险防范必要的资金支持。美国通过募集教育资金推动防溺水安全教育。我国也应成立相应的救治基金以加大对防溺水等青少年体育安全工作的资助力度。建议我国以红十字会为牵头单位，以中国体育彩票、明星企业、著名体育组织（或社团）为合作单位，成立

中国儿童运动安全基金，以资助贫困地区的溺水治理以及学校体育安全工作。为扩大基金的社会影响力，也可以学习美国经验，请我国体育界、游泳界明星担当形象大使，提高社会影响力。基金会可以采用线上、线下两种方式募集资金或物质。也可以以捐建的方式为农村、城郊等生活区的山塘、水库、江河湖泊等威胁儿童安全的水域，捐建防护网或安装监控装置，为儿童的生命安全设置一份保障。对于居住区溺水风险较高、家庭经济困难、缺少有力监护的贫困边区留守儿童，可以在核实情况后，募集资金为其购买具有定位功能的防溺水电子设备，辅助监护人进行监护。

六、发挥社会的创新能力，加大对运动风险的研究

在美国，协会的建议特别是关于运动损伤的医学协会的建议在学校体育风险管理中具有重要的价值。美国有很多运动协会，如全国高校协会（NCAA）、美国国家体育教练协会（NATA）、国家高中协会联合会（NFHS）、青少年体育联盟（NGB）、高中体育协会（SHSAA）等参与青少年运动风险的防治工作。这些协会时常联合其他医疗协会，例如美国运动医学协会、美国运动医学骨科协会、美国神经外科医生协会、美国运动医学骨科学院等成员一起制定运动风险防范相关建议和政策。例如，美国国家竞技体育协会（NCAA）实施了健康和运动安全政策，并取得了成功。2003 年实施的预防运动劳累性中暑政策和 2010 年的个体镰状细胞特征状态通知（携带镰状细胞特征的人群在进行剧烈运动时面临的风险更高）也是很好的例子[①]。这些风险预防措施实施后，与运动劳累性中暑相关的死亡人数为零，而在实施前，这些州从 1980 年到 2015 年，与劳累性中暑相关的死亡人数占所有死亡人数的 50%。可见，加大体育与其他相关行业的协作，有利于提升风险预防效果。

社会上各协会的参与给了各个学校更多的医学参考价值和学校体育风险管理上的价值。但是，由于各州管理规则差异和各州自制的区别，造成了政策执行方面监管不到位的问题。Adams W M 等在文章中指出：虽然每

---

① ADAMS W M, CASA D J, DREZNER J A. Sport safety policy changes: saving lives and protecting athletes. J Athl Train. 2016, 51（4）: 358-360.

个州的运动医学咨询委员会都由有执照的卫生保健专业人员组成，他们可能会提出健康和安全政策的建议。但这些建议政策的通过和实施的最终决定，通常是高中体育协会（SHSAA）执行委员会负责。该委员会的委员通常没有任何医学专业知识。同样，在立法层面，除非所有利益相关者（即运动医学专业人员、中学行政人员和立法者）都参与其中，否则中学田径运动的健康和安全政策可能缺乏最佳实践的基本要素。即便如此，美国各协会给出的参考意见依然对运动风险管理有参考价值。例如，2002 年全国运动训练协会（NATA）成立了协会间特别工作组，为向参加学校和俱乐部运动的青少年提供适当的医疗服务建议和指导方针。中学运动员医疗服务（AMCSSAA）特别工作组由以下机构的专家组成：17 所学校、卫生保健和医疗协会，由经过认证的体育教练、医生、其他卫生保健专业人员、行政人员和学校校长组成。这项工作不仅仅是针对运动过程中的基本急诊护理，还涉及了伤病预防和日常运动健康护理活动的所有方面，并形成了一份声明。随后产生了医疗护理标准（AMCS），于 2018 年由 NATA 董事会制定并批准。国家高中协会联合会（NFHS）针对高中开展的每一项体育项目，制定并出版了相应的规则手册。该规则涵盖所有运动项目，对运动安全的各个方面进行了的解释，内容涉及比赛场地、运动专用设备和个人防护设备等。如要求运动员要佩戴头盔、护嘴、护耳和护眼，以帮助防止脸部、头骨、脑部和颈部的外伤。此外还有针对死亡风险较高的，劳累性中暑、劳累性镰刀事件专门的管理规则。除了这些手册外 ，NFHS 还出版了一本运动医学手册，该手册包含了对行政人员和运动医学人员的安全建议，是预防高中运动员受伤的最佳实践指南。

我们国家大学生体育协会、中学生体育协会以及中国体育科学学会的运动医学会、学校体育分会也在逐渐发挥自身协会的功能，为我国学生体育事业做出了贡献。例如，大学生体育协会于 2020 年面向协会各分支机构、各会员单位公开招标，以解决大学生体育事业发展所面临的问题。其中就包括"大学生体育赛事与活动安全及风险防控研究"。可见，随着我国体育事业的不断发展，体教融合的不断推进，各个协会将会协同科研机构、高等院校作出更多的努力，以为我国儿童青少年体育事业的发展保驾护航。

第四章
我国三位一体学校体育风险管理体系的评价

第一节　我国三位一体学校体育风险管理
体系的定性评价

一、管理体系合理性评价

为了全面而深入地评估所构想的政府主导三位一体学校体育风险管理体系的科学性与可行性，我们精心组织了一场集合21位权威专家的头脑风暴研讨会。这21位专家构成一个多元化、高层次的顾问团，具体包括：来自基础教育领域的5名中小学体育教研员，他们长期扎根教学一线，对学校体育工作的实际情况有着深刻的理解和独到的见解；10名中小学优秀体育教师，他们在日常教学中积累了丰富的实践经验，对学生的体育需求与安全挑战有着直接的感知；以及6位来自高等教育机构的体育教授，他们不仅拥有深厚的体育理论功底，还具备前瞻性的学术视野，能够从宏观角度为风险管理提供理论支撑。

会议伊始，我们诚挚邀请所有专家莅临现场，并营造了一个开放、包容的讨论氛围。首先，由项目负责人向专家组清晰、系统地阐述了学校体育风险管理的核心目标，即构建一个既能有效预防风险发生，又能高效应对风险事件，同时促进学生体质健康与心理安全的综合管理体系。随后，详细介绍了三位一体（即学校、家庭、社会共同参与）与一主导（政府主管部门）的组织架构及其运作机制，强调各主体间的协同作用与责任明确。

进入核心环节，专家们被鼓励运用各自的专业知识与丰富经验，围绕该风险管理体系的合理性、可行性及潜在改进点展开自由讨论与思维碰撞。通过一系列引导性问题与互动环节，专家们积极发言，不仅分享了各自领域的成功案例与教训，还就体系中的关键要素如风险评估标准、应急响应流程、教育培训机制等进行了深入探讨。

最终，在充分交流与讨论的基础上，每位专家独立对该风险管理体系进行了综合评估，并通过无记名投票的方式表达了自己的意见。这一环节不仅是对前期讨论成果的汇总，更是对体系认可度与改进方向的直接反馈，为后续体系的优化与完善提供了宝贵的参考依据，见表4-1。

表4-1　学校体育风险管理体系合理性评价（n=21）

合理	不合理	总计
20	1	21

备注：n为专家人数

二、管理体系可行性评价

专家组在深入研讨后，对政府主导，三位一体学校体育风险管理体系的可行性给予了高度的认可与积极的评价，一致认为该体系为提升学校体育工作的安全性与有效性提供了坚实的框架与指导。在此基础上，专家们强调了当前需优先推进的几项关键工作，旨在进一步完善体系，确保其落地生根，切实发挥效用。

首要任务是完善对学校体育风险事故的法律法规。专家们指出，鉴于学校体育活动中可能发生的伤害事故，现有法律法规需进一步细化，特别是在伤害事故责任的认定上，要明确界定教师、学校及学生的责任边界。这不仅有助于在伤害事件发生后迅速、公正地处理纠纷，还能有效预防潜在的风险，为师生营造一个更加安心的体育环境。建议通过立法或修订现有法规，引入更为具体、可操作的责任判定标准，同时加强法律宣传与教育，提升全校师生的法律意识与自我保护能力。

其次，全面积极推进社会保险工作成为另一项紧迫任务。专家们强调，完善保险体系是构建学校体育风险转移机制的关键一环。应鼓励家长积极为学生购买涵盖体育活动伤害的保险，同时学校也应探索与保险公司合作，为学生提供团体保险方案，以减轻家庭的经济负担，并确保学生在遭遇意外时能够得到及时、充分的赔偿。此外，学校还需加强与保险公司的沟通协作，确保理赔流程的顺畅与高效，为学生体育活动的安全提供坚实的后盾。

再者，加强对体育教师急救能力的培养被视为提升风险应对能力的核心举措。专家们建议，应将急救技能纳入体育教师职业培训的重要内容，通过定期举办急救培训班、模拟演练等方式，提升体育教师的急救知识与实操能力。同时，推动建立体育教师急救资格认证制度，如颁发红十字救护员证，以官方认证的形式赋予体育教师合法的急救资格，确保在紧急情况下能够迅速、有效地实施救助，避免因缺乏救护资质而错失宝贵的救治时机。这一举措不仅是对学生安全的负责，也是对体育教师职业尊严与专业能力的肯定。

综上所述，专家组的建议为学校体育风险管理体系的深化与完善指明了方向，通过法律、保险与急救能力的综合提升，共同构筑起一道坚固的安全防线，为青少年学生的健康成长保驾护航。

第二节　我国三位一体学校体育风险管理体系的社会效益

一、核心观点被市政府采纳，扩大了社会影响力

研究团队将课题组的主要观点和研究结果形成了决策报告——《加强

校园体育安全治理》，并获得宜昌市人民政府的采纳，刊发在宜昌市人民政府研究室主办的《决策参考》上。《加强校园体育安全治理》一文对青少年校园体育安全治理中的难题、青少年校园体育安全治理理念、青少年校园体育安全治理路径进行了论述，提出了过分夸大学校的责任，"弱者心态"倾向严重，家长诉求不合理，社会舆论导向偏激是青少年校园体育安全治理的重要难题，建议秉承"阳光处理"，坚持正规维权，发挥保险效能，合理转移风险的治理理念。并进一步提出了四条治理路径：构建"四位一体"的治理体系，提升综合治理能力；建立健全法律援助机制，加强法制治理能力；构建完善的学校体育保险体系，强化经济治理能力；健全校园体育风险防控体系，养成学校善治能力。

二、通过学术活动及成果发表，进行了社会宣传

阶段性成果《新时代学校体育伤害事故认知失衡与社会治理》是探索学校体育风险管理体系的道路上一个显著的成果。这一研究成果不仅凝聚了课题组成员的智慧与汗水，更是对当前我国学校体育伤害事故认知现状与社会治理机制的深刻洞察与反思。在 2020 年的中国体育科学学会体育社会学年度会议上，我们有幸携此论文亮相，并做了专题报告，受到了与会专家学者的广泛关注与高度评价。经过大会严格评审，《新时代学校体育伤害事故认知失衡与社会治理》凭借其独特的研究视角、详实的数据分析与深刻的理论探讨，脱颖而出，荣获优秀论文奖，这无疑是对我们团队努力的极大肯定与鼓舞。

不仅如此，课题组所撰写的系列相关论文也陆续在多个权威期刊上发表，进一步扩大了研究成果的影响力与覆盖面。《吉林体院学报》作为体育领域的知名期刊，收录了我们的论文《美国青少年儿童运动伤害特征及其预防》。该论文从不同角度深入剖析了学校体育风险管理的现状与挑战，提出了具有前瞻性与操作性的对策建议，为学术界与实践界提供了宝贵的参考与启示。

此外，《青少年体育》这一专注于青少年体育事业发展的期刊，也发表了我们的论文《高校马拉松赛事风险与对策研究》。该论文聚焦于青少年这一特殊群体，结合其身心特点与体育活动的特殊性，探讨了高校马拉松赛事风险及其治理路径，为高校马拉松的安全开展提供了科学依据与实践指导。

这些论文的发表，不仅标志着我们在学校体育风险管理领域的研究成果得到了学术界的广泛认可，也为我们后续的研究工作奠定了坚实的基础。未来，我们将继续深化研究，不断创新，为推动我国学校体育事业的健康发展贡献更多的智慧与力量。

三、培养了后备研究人才，扩大了科研群体

基于课题研究的深厚理论与科学方法，我们团队紧密围绕学校体育安全这一核心议题，秉持产出导向和项目驱动的原则，不仅在学术探索上取得了显著进展，更在培养后备人才、提升团队整体研究能力方面取得了丰硕成果。

在学术产出方面，课题组以课题研究为基石，精心指导了 2 篇本科学位论文和 3 篇硕士学位论文的撰写。这些论文从多个维度和视角，深入剖析了学校体育安全问题的现状、挑战与应对策略，不仅丰富了该领域的研究成果，也为后续研究提供了宝贵的思路与启示。通过严格的学术指导和细致的修改建议，我们确保了每篇论文都能体现出课题研究的精髓与深度，为学术界的交流与进步做出了积极贡献。

在团队能力提升方面，课题组成员在研究过程中不断积累经验、提升能力，形成了浓厚的学术氛围和高效的合作机制。其中，一位成员凭借在课题研究中的出色表现和对学校体育安全问题的深刻理解，于 2017 年成功考取北京体育大学的博士研究生，继续在该领域深造，致力于探索更为前沿、更为深入的学术问题。另一位成员则在 2020 年因其在研究生阶段的卓越学术成就和积极贡献，被评为优秀毕业研究生，这不仅是对其个人努力的肯定，也是对我们课题研究团队整体实力的彰显，见表 4-2。

表4-2 培养的科研后备人才

项目	内容	研究主题
学术产出	2篇本科学位论文	围绕学校体育安全问题，涉及责任界定、防范措施等。
	3篇硕士学位论文	深入剖析学校体育安全风险管理体系、伤害事故认知等。
人才培养	1人考取北京体育大学博士研究生	继续从事学校体育安全问题研究，深化课题成果
	1人被评为优秀毕业研究生	研究生阶段学术成果丰硕，为团队赢得荣誉

将科研项目与研究生教育紧密结合，不仅能够提升研究生的实践能力和创新能力，还能促进科研成果的转化和应用，实现教育与科研的双赢。课题组以国家社科项目为依托，以《体育教学论》为载体开展了以 OBE 为理念的研究生人才培养模式，结果表明成效显著。课题组所撰写的《OBE 理念下"体育教学论"项目教学模式的设计及应用》，被评为校第二届研究生教学成果奖（三等奖）。这一成就不仅是对课题组辛勤工作的肯定，也是学校对科研项目融入研究生人才培养教育模式高度重视的体现。

《OBE 理念下"体育教学论"项目教学模式的设计及应用》这一成果，是在 OBE（Outcome-Based Education，成果导向教育）理念的指导下，对"体育教学论"这一学科进行了深入的教学改革和创新。OBE 理念强调以学生的学习成果为中心，注重教学的实用性和有效性，这符合当前教育改革的方向和趋势。

该项目教学模式的设计，包括了明确的学习目标、多样化的教学方法、丰富的教学资源以及科学的评价体系等。通过应用这一模式，有效地提高了研究生的教学质量、学习效果和科研素养，促进了研究生的全面发展。

综上所述，课题研究的理论与方法不仅为我们团队提供了坚实的学术支撑，更为培养后辈人才、推动学校体育安全问题的深入研究与解决奠定了坚实基础。未来，我们将继续秉持产出导向和项目驱动的原则，不断探索与创新，为学校体育事业的发展贡献更多智慧与力量。

四、参加了体育师资培养，提升了安全教学意识

积极响应高校服务地方社会的号召，课题组充分施展自身专业优势，深刻认识到体育安全教育是当前教育单位及管理部门亟须强化的服务项目。为精准对接并服务于当地中小学体育教育的实际需求，课题组积极作为，不仅强化了本科生培养体系中的急救知识培训，还巧妙利用教育实习环节，在实习单位广泛传播体育安全教育知识，有效拓宽了服务范围。

此外，课题组负责人多次受邀担任国家培训计划（国培）的讲师，面向来自全国各地的体育教师，亲自传授体育安全教育知识，并开展相关技能培训，成功构建了大学体育安全教育向中小学体育安全教育延伸与辐射的桥梁。

这一加强体育教育师资安全教育能力培养的创新模式，赢得了学校的高度赞誉。课题组精心撰写的本科教学成果报告——《大学体育教育联动与创新》，凭借其卓越的实践成效与理论价值，于 2020 年荣获校"第十届教学成果奖"三等奖，进一步彰显了课题组在推动体育教育安全领域发展方面的突出贡献。

五、开展了运动安全教育课程，传播了运动安全管理理念

借助素质拓展课程的宝贵机遇，我们成功开设了《大学体育安全教育》公共选修课，通过班级授课的形式，深入浅出地向学生们传授运动安全知识，并现场演示常用的运动安全技能，旨在加深他们对体育安全知识与技能的认知与理解。课程结束时，我们采用案例分析的方式，检验学生们对运动安全知识及技能的掌握程度，这一方法显著提升了学生的运动安全知识水平。

尽管每学期《大学体育安全教育》课程吸引了超过一百多名学生的选修，但相较于我校庞大的学生群体，这一数字仍显不足。为了更有效地普及体育安全教育，我们致力于实现该课程与公共体育课（公体课）的紧密联动。在公体课的常规教学中，我们巧妙地融入运动安全常识与技能防护的讲解与练习，充分利用课堂时间，加深学生对运动安全的认知。为实现这一目标，体育学院在全院职工大会及教育教学工作会议上多次重申体育安全教育的

重要性，并要求全体教师在教学过程中积极融入体育安全教育内容，以期达到全校范围内体育安全教育的普及，有效降低人为因素导致的运动伤害。

运动安全理念的升华是构建安全运动环境的核心。前期的科研成果已表明，加强物质因素的安全管理对于减少运动伤害、保障学生运动安全至关重要。因此，为实现运动场所的全面管理，学院与学校后勤集团场馆管理部门建立了管理联动机制，共同加强对室内外运动场地的监管。具体措施包括：指派专职人员在运动场所进行日常管理与巡视，确保场所秩序与安全；在运动场所显著位置张贴运动安全标语，提高学生的安全意识；在运动器械上明确标注安全使用注意事项，指导学生正确使用；对游泳馆等高风险运动场所实施封闭式管理，严格控制人员进出，确保运动安全。这些举措共同构成了一个全方位、多层次的运动安全保障体系。

参考文献

［1］郝光安，工东敏.体育伤害事故案例解读［M］.北京：高等教育出版社，
2010.

［2］韩勇.学校体育伤害的法律责任与风险预防［M］.北京：人民体育出版社，
2012.

［3］秦梦群.美国教育法与判例［M］.北京：北京大学出版社，2006.

［4］赵富学.中国学生体育学科核心素养研究［M］.北京：人民出版社，2021.

［5］王健，陈元欣.国内体育场馆运营管理典型案例分析［M］.北京：北京体育
大学出版社，2021.

［6］陈向明.质的研究方法与社会科学研究［M］.北京：教育科学出版社，
2000：12–23.

［7］风笑天.社会学研究方法［M］.第二版.北京：中国人民大学出版社，2000：
248–318.

［8］劳伦斯·纽曼.社会研究方法：定性与定量的趋势［M］.郝大海，译.（第五版）.
北京：中国人民大学出版社，2007：286–24.

［9］张力为.体育科学研究方法［M］.北京：高等教育出版社，2014：74.

［10］周彩霞.保险原理与实务［M］.北京：中国发展出版社，2017：1–80.

［11］吴明隆，涂金堂.SPSS与统计应用分析［M］.大连：东北财经大学出版社，
2012：661.

［12］林震岩.多变量分析SPSS的操作与应用［M］.北京：北京大学出版社，
2007.

［13］吴明隆.SPSS 统计应用实务——问卷分析与应用统计［M］.北京：科学出版社，2003.

［14］杨维忠，陈胜可，刘荣.统计分析从入门到精通［M］.第六版.北京：清华大学出版社，2018.

［15］周新业.用模糊数学方法对体育教学综合评定的研究［J］.北京体育大学学报，2000，23（2）：234—235.

［16］丛湖平.试论模糊数学在体育科研中的应用[J].西安体育学院学报，1988,5(2)：99–103.

［17］吴秋林.用模糊数学方法建立高校体育素质教育评价模型的研究［J］.北京体育大学学报，2002，25（01）：81–82.

［18］潘庆忠，李望晨，王在翔，等.两种改进加权 TOPSIS 综合评价方法的探讨与实证［J］.中国卫生统计，2011，28（4）：439–441.

［19］习近平.习近平谈治国理政［M］.北京：外文出版社，2020.

［20］斯蒂芬·P. 罗宾斯，玛丽·库尔特.管理学［M］.第七版.北京：中国人民大学出版社，2003.

［21］莫春雷.风险管理体系建设［M］.北京：经济管理出版社，2019.

［22］马斌.社会保障学［M］.北京：科学出版社，2015.

［23］方志平.我国学校体育保险的科学建构［J］.体育学刊，2010（6）：30–34

［24］王家宏，赵毅.改革开放 40 年我国体育法治的进展、难点与前瞻［J］.上海体育学院学报，2018，42（5）：1–8

［25］董小龙，郭春玲.体育法学（第2版）［M］.北京：法律出版社，2013：15–16.

［26］郭树理，肖永平.外国体育法律制度专题研究［M］.武汉：武汉大学出版社，2008，9.

［27］周爱光.体育法学导论［M］.北京：高等教育出版社，2012，8.

［28］齐佳音，张一文.突发性公共危机事件与网络舆情作用机制研究［M］.第二版.北京：科学出版社，2017.

［29］王宏伟.公共危机管理概论［M］.北京：中国人民大学出版社，2015.

［30］BALEY A J，MATTHEWS D L. Law Liability in Aesthetics，Physical Education and Recreation［M］.Second Edition.Iowa：WM.C.Brown Publishing，1998.

［31］SMISSEN B V. Legal Liability of Cities and Schools for Injuries in Recreation and

Parks［M］.Cincinnati：The W.H. Anderson Company，1968.

［32］FINCH C F. Getting sports injury prevention on to public health agendas–addressing the shortfalls in current information sources［J］.Br J Sports Med，2012（46）：70–74.

［33］U.S. Consumer Product Safety Commission. Injuries and investigated deaths associated with playground equipment 2009–2014. https：//www.cpsc.gov.

［34］World Health Organization. World Report on Child Injury Prevention［M］.WHO press，2008.

［35］KIRKWOOD G，HUGHES T C，POPLLOCK A M.Injury Surveillance in Europe and the UK［J］.BMJ，2014（9）：349.

［36］APPENZELLER H. Risk Management in Sport： Issues and Strategies（Third Edition）［M］. Chapter 30 ：Aquatics and the Law［M］.North Carolina：Carolina Academic Pess，2012：391–401.

［37］DOYLE D，BURCH D D. The Encyclopedia of Sports Parenting［M］.Second Edition. New York：Skyhorse Publishing，2008.